Spunda · Baphomet

Dr. Franz Spunda

BAPHOMET

Der geheime Gott der Templer

ein alchimistischer Roman

ANSATA-VERLAG
Paul A. Zemp
Helfenstein
CH-3150 SCHWARZENBURG
Schweiz
1980

1980
ISBN 3-7157-0031-9
© Copyright by Ansata-Verlag, Schwarzenburg
Alle Rechte, auch die des auszugsweisen Nachdrucks,
der photomechanischen Wiedergabe und der Übersetzung
vorbehalten
Schutzumschlaggestaltung: Trudi und William Waldvogel, Heiden
Gesamtherstellung: Zobrist & Hof AG, CH-Pratteln

Erstes Kapitel

Durch die toskanische Landschaft jagte der Zug. Im Gewitterlichte leuchteten die Berge schwefelgelb auf, über die sich, von irren Feuern durchzuckt, tiefgehende Wolken lagerten. Scharf peitschte der Regen die klirrenden Scheiben, stoßweise von rauschenden Schauern überflutet. In einem Abteil saß allein ein Reisender. Er hatte die Stirn an das kühle Glas des Fensters gepreßt und seine Blicke starrten hinaus in das überströmte Gefilde, wo sich die Feuer des Himmels im Brüllen des Donners erbrachen. Von fortwährender Erregung in allen Sinnen matt überschattet, lehnte er sich zurück und wischte sich den Schweiß des Erlebens von der feuchten Stirn. Sein Auge glänzte, als ob es alle Flammen des Himmels in sich aufgesogen hätte, sein wirres Haar lag wie eine Wolke über der bleichen Stirn.

In jähen Kurven raste der Zug talabwärts. Eine Station kam. Mit Knarren blieb der Wagen stehen. Einige Leute liefen draußen auf und ab. Der Jüngling wollte aufstehen, das Fenster wurde aufgerissen und schon begann sich der Zug in Bewegung zu setzen; mit ratlosen Bewegungen klammerte sich ein Mädchen an die Griffstange. Behend half ihr der junge Mann in den Waggon, eine Hand schob ein Köfferchen nach, und die Tür wurde von draußen zugeknallt.

«Ich danke Ihnen», sagte das Mädchen, indem es den Jüngling treuherzig anblickte. «Ohne ihre Hilfe wäre es mir wohl kaum geglückt, mit diesem Zug mitzufahren.» Der Jüngling zagte in Verlegenheit. Zuckte in ihm das Gewitter noch nach, daß draußen in einem lauen Regen abklang? – «Ach, aber das – ich freue mich wirklich, Ihnen behilflich gewesen zu sein. Daß der Zug aber gar keine Rücksicht auf die Reisenden nimmt! Man muß doch einem Zeit zum Einsteigen lassen!» –

«Gott, ich bin ja so ungeschickt, ich fahre das erstemal allein», sagte sie, legte ihr Reiseköfferchen ins Gepäcknetz und strich sich die nassen Kleider zurecht. Dem Jüngling klopfte das Herz, und er wagte nicht, das schöne Mädchen wieder anzusehen. Er jagte sein Gedächtnis nach Worten ab, die man in diesem Fall sprechen müßte. Und er wunderte sich nur, wie er auf ihren Dank dennoch einige Worte in blinder Eingebung gefunden hatte. Unsäglich ungeschickt und albern kam er sich vor. – Mein Gott, noch einmal möchte ich den Klang ihrer Worte hören, noch einmal ihren Blick in meiner Seele fühlen! Ob sie wohl hört, wie laut mein Herz klopft! Wenn ich auch sprechen wollte, ich könnte es ja gar nicht – was ist denn das in der Kehle – Und doch, ich muß! Darf ich ihr eine Erfrischung anbieten? – In Wut und Zorn, über seine eigene Unbeholfenheit wühlten seine Finger in dem Fahrplan und seine Blicke jagten verständnislos die langen Kolonnen der Zahlen und Ziffern. Unaufhörlich ratterte der Zug.

Das Mädchen saß eng am Fenster und betrachtete die großen Tropfen am Glas. Dick und schwer, wie mit geschwollenen Bäuchen saßen sie auf der kalten Scheibe und zitterten mit jedem Schwanken des Zuges mit. Manchmal kollerten zwei ineinander und schlängelten wie ein Blitz nach unten, eine feuchte Spur zurücklassend. Auch das Mädchen atmete unruhig. Die Hast der Erregung war schon geschwunden, aber eine andere Röte überflog ihre Wangen. Sie blickte unentwegt zum anderen Fenster hinaus und Bäume, Häuser und Landschaften flogen an ihrem leeren Blick vorüber, ohne daß sie ihr zum Bewußtsein kamen. Sie hielt ihre Knie aneinander gepreßt; manchmal spürte sie, wie ein leiser Schauer sie vom Kopf bis zu den Fußspitzen durchflog. Sie hatte namenlose Angst, und doch zitterte in ihr eine Seligkeit, wie sie sie früher niemals gekannt hatte. O Madonna, wenn es doch schon vorüber wäre! – Ihr Körper gab jeder Schwankung des Zuges nach und fühlte sich wie von Wogen eines Abenteuers geschaukelt. Seltsame Wollust überkam sie, und sie schloß betäubt die Augen. So mußte die Ewigkeit sein. –

Wieder hielt der Zug. Der Regen hatte aufgehört, und die Abendsonne legte sich mit warmen Goldfarben auf die tropfenden Bäume. – Das Mädchen öffnete ihr Fenster und beugte sich weit hinaus. Ein schwacher Seufzer entfuhr ihren offenen Lippen. Der junge Mann eilte an ihre Seite; sie wies mit der rechten Hand, abwehrend und beschwörend zugleich, in die hügelige Landschaft, wo über einem Pinienwald die gewaltige Kuppel des Doms in den Himmel ragte, der wie matte Seide tiefblau leuchtete. Gebannt sog der Blick der beiden das märchenhafte Bild in sich.

«Firenze», sagte sie leise mit einem Ton der Entsagung, «ich bin am Ziel.» Sein Blick, nunmehr kühner geworden, liebkoste ihr verklärtes Gesicht. Seine Hände tasteten nach ihrer Hand, die sie ihm willenlos überließ, die andere stützte ihr Haupt, auf dem – noch immer an das offene Fenster gelehnt – die Haare im wechselnden Wehen des Windes flatterten Wortloses klang wie Musik aus ihren Seelen in das Bewußtsein der selig verglühenden Tages.

Nach einigen Minuten sprachloser Verzückung sagte sie:
«Es ist Frevel, ich bin Gottes Braut. Ich habe mich dem Kloster versprochen. Schon morgen deckt mich der Schleier», – und sie entriß ihm gewaltsam ihre Hand.

«Es darf nicht geschehen!» Nun galt es Kampf, Kampf gegen Gott. Und die Empörung gab ihm heldischen Mut. «Sie dürfen nicht aussteigen, wir fahren weiter. Der Zug geht nach Rom.»

«Die Schwestern erwarten mich. Der Zug fährt schon ein. Leben Sie wohl! Ich bitte Sie, schonen Sie mich!»

«Ihr Name, Ihr Name, bitte! Ich werde Sie beschützen, ich darf es nicht zulassen, daß – – –» und wollte sich mit einem Kuß auf die ihm verbotenen Lippen stürzen. Da blieb der Zug stehen, der Jüngling taumelte zurück. «Der Name, das Kloster!» kam es aus seinem Munde gepreßt. Das Mädchen stand steil wie ein Bild aus Stein, nur ein Zucken ihrer Mundwinkel verriet den Kampf ihrer Seele.

«Ich heiße Mafalda Rossi. Im Kloster Santa Teresa –» Und schon riß der Schaffner die Waggontür auf. Zwei Nonnen traten heran. Mafalda nahm ihr Reiseköfferchen und stieg aus. Lebhaftes Fragen hub an. Die Menschenmenge nahm die drei auf, noch sah er ihr leuchtendes Haar, den Arm – und sie war verschwunden.

Sie hatte sich nicht nach dem Reisegefährten umgewandt. Kein freundlicher Gruß ihrer Augen hatte ihm Abschied und Lebewohl zugenickt. Seine Knie wurden schwach, er mußte sich setzen. Unsäglich traurig war ihm zumute. So ganz in Liebe zu ihr und nicht einen Blick des Abschieds. Er dämmerte verzweifelt in seinem ersten, großen Schmerz.

Neue Fahrgäste kamen. Rasch besann er sich. Noch war alles zu gewinnen. Er wußte ja ihren Namen. O du Geliebte, wie konnte ich dir zürnen? Ist es nicht ein Zeichen des Eingeständnisses, daß du mir deinen Namen nanntest. Nicht ein Geständnis der Liebe und Aufforderung für mich? – Mafalda Rossi!

Er stürzte aus dem Abteil und bahnte sich wie ein Trunkener

den Weg durch die Menschenmasse. Bestürzt staunend blieb er auf dem Bahnhofplatz stehen. Weich und flutend strich der Abendwind über seine heiße Stirn. Fahl und wie aus Glas wölbte sich der Himmel über ihm. Der weiße und rote Marmor von Santa Maria Novella, ihm gegenüber, fing die letzten Reflexe der abklingenden Wolkenfarben freudig auf. Ihm zu Häupten begannen die Bogenlampen zu zischen im plötzlich schreienden Licht.
Die Vision verschwand. Er winkte einen Kutscher herbei und nannte die Adresse.

In seinem Albergo fand Vincente Lascari ein Schreiben des Advokaten Luigi Barduzzi vor, der ihn dringend ersuchte, sich sobald als möglich nach seiner Ankunft in seinem Bureau einzufinden. Der junge Mann erwog den Inhalt. Zu Hause hatte man wohl Barduzzi des öfteren genannt, aber ohne besonderes Gewicht auf seinen Namen zu legen. Je mehr er darüber nachdachte, erschien ihm desto mehr seine Reise und ihr Zweck abenteuerlich und unwahrscheinlich. War es doch Valentes, seines Bruders, Hirngespinst etwas in dieser aussichtslosen Sache zu unternehmen! Wahnsinn war es, bloß auf einen Gleichklang der Namen hin ein Verwandtschaftsverhältnis mit dem Verstorbenen wittern zu wollen. Nun gut, er war auf Valentes Pläne eingegangen und nach Florenz gefahren, um die Archive der Bibliotheken nach dem Ahnherrn zu durchforschen und den ganzen Stammbaum zu rekonstruieren. Valente hatte die bekanntesten Anwälte von Florenz für seine Sache zu interessieren verstanden und sie von der Ankunft Vincentes unterrichtet. Sollte Barduzzi wirklich einen Anhaltspunkt in dieser unwahrscheinlichen Sache gefunden haben?
Die Lascari lebten seit Menschengedenken hoch oben in den venetischen Alpen, in Feltre. Die Gründung ihres Holzhandels reichte in die napoleonische Zeit zurück, wo der erste dieses Namens, ein Soldat der großen Koalition, sich mit einem Schankmädchen verheiratet hatte. Das Kirchenbuch nannte genau den Tag und die Trauzeugen. Dieser Eugenio Lascari hatte dann einen Pferdehandel begonnen, dann mehrere Wälder am Monte Pavione angekauft und zwei Brettsägen seinem Sohn hinterlassen, der um 1825 das Holzgeschäft begründete, das von seinen Nachkommen in der jetzigen Größe ausgebaut wurde. Niemals hatten die Lascari vernommen, daß außerhalb von Feltre Verwandte lebten.

Vincentes hatte im Speisesaal seine Abendmahlzeit eingenommen und suchte nun den Advokaten auf. Die Via dei Fossi war leicht erfragt, und Lascari trat in die Wohnung des Advokaten ein. – Der Jurist, ein kahlköpfiges Männchen mit rot gedunsenem Gesicht, war gerade nach der Familienmahlzeit beim Kaffee und ging dem Ankommenden, der ihm seine Visitenkarte überreichte, mit Eilfertigkeit entgegen.

«Ah, Herr Lascari aus Feltre! Ich habe Sie mit großer Ungeduld erwartet und hätte Sie oder Ihren Bruder telegraphisch zu mir gebeten, wenn Sie nicht heute gekommen wären.»

«Sie setzten mich in Erstaunen, Herr Doktor. Sollten die Gedanken meines Bruders mehr als Hirngespinste sein? Es scheint ja geradezu absurd, daran zu glauben.»

Der Doktor lächelte. «Ich bin jedenfalls am wenigstens dazu geneigt, an Goldmacherei oder dergleichen zu glauben, mich interessiert nur die juristische Seite dieses Falles. Ich will Ihnen nur darlegen, daß die Ansprüche Ihrer Familie durchaus berechtigt sind, und ich gratuliere Ihnen zu der großartigen Erbschaft.» Er ergriff Vincentes Hände, die er kräftig drückte. Lascari starrte wie geistesabwesend vor sich. «Bitte wollen Sie sich an diesen Tisch bemühen», fuhr Barduzzi fort. «Ich habe in einem Konvolut alle Abschriften gesammelt.»

Sie setzten sich an den breiten Eichentisch, Barduzzi drehte die Stehlampe auf und begann: «Wie Sie wissen, lag die Schwierigkeit meiner Aufgabe darin, ein Verwandtschaftsverhältnis zwischen den Lascari zu Feltre und dem verstorbenen Marchese zu finden. Zuerst durchforschte ich alle einschlägigen Genealogien, und es war mir nicht schwer, den Ahnherrn zu erkunden. – Raten Sie, wer es wohl war!» und er machte eine Kunstpause. Vincente trommelte ungeduldig mit den Fingern auf der Eichenplatte. Der Advokat reichte seinem Gast Zigaretten, zündete ihm und sich an und fuhr fort, indem er heftige Rauchwolken aus seinen Nüstern blies. «Es hört sich fast romanhaft an, was ich Ihnen jetzt erzählen werde. Also! Um 1760 war in Mitteleuropa eine abenteuerliche Gestalt aufgetaucht, die sich Laskaris nannte und vorgab, griechischer Archimandrit zu sein. Dieser Mann rühmte sich, er wäre der letzte Sproß des byzantinischen Kaiserstammes der Laskaris. Er soll tatsächlich im Besitz wunderbarer Kräfte gewesen sein, vor allem soll er mehrere Male vor Zeugen Blei in Gold verwandelt haben. Hier sind die Berichte über erfolgte Transmutationen, die er in Amsterdam, Dresden, Berlin und Krakau vollführt haben soll. Aber da er die Habgier der Fürsten mit Recht fürchtete, sei er immer plötzlich nach erfolgter Goldbereitung bei Nacht und Nebel geflohen und niemand hätte ihn mehr in der gleichen Stadt gesehen. Oft habe er, so in Dresden, einige Unzen seiner geheimen Tinktur zurückgelassen, mit der dann weitere Transmutationen von vielen Pfunden Blei zu lauterstem Gold erfolgt seien. Ich persönlich – verzeihen Sie mir meine persönliche Meinung – kann allerdings nicht an derlei Dinge glauben, jedenfalls aber muß dieser Archimandrit ein ganz außergewöhnlicher Mensch gewesen sein. So viel steht nun fest, daß Laskaris um 1780 nach Florenz gekommen ist, wo er in der Via Tosinghi einen Apothekerladen auftat. Am 26. Mai 1783 heiratete er eine gewisse Eleonora Telli. Hier ist die Abschrift aus den Registern. Merkwürdig ist nur die Angabe des Bräutigams: Alter unbekannt. Wenn er nun von dem Deutschen Böttger um 1760 als ein Mann im mittleren Alter geschildert wird, so muß er am Tage seiner Hochzeit schon recht alt gewesen sein. Und doch war seine Ehe noch fruchtbar. Am 1. Jänner 1785 wird ihm ein Sohn geboren, Eugenio, am 31. Dezember 1786 sein zweiter Sohn Vitale. – Merkwürdig nicht?»

Vincente erwiderte: «Wenn der Archimandrit die rote Tinktur wirklich besaß, so hatte er auch das Lebenselixier. Doch bitte, setzen Sie fort.»

Im Februar 1799 verkaufte er das Haus und die Apotheke in der Via Tosinghi und erstand in Rifredi eine Villa, die nämliche, in der im vorigen Jahre der Marchese starb.»

Vincente unterbrach ihn: «Und auf die bloße Vermutung hin, daß unser Ahnherr Eugenio wie der Erstgeborene des Archimandriten hieß, wollen Sie eine Erbberechtigung unsererseits folgern?» «Nur gemach! Das erste für mich war, Eintritt in die Villa zu Rifredi zu erhalten, die mir heute früh vom Kuratorium bewilligt wurde. Die ganze große Bibliothek des Marchese stand mir zur Verfügung. Ich kramte natürlich zuerst in der Handschriftenabteilung und fand auch ein Tagebuch des Archimandriten, aus dem ich folgende Stelle kopiert habe: «Ich werde Eugenio seinem Wunsch überlassen, er soll Soldat werden. Er ist nicht für das große Arkanum geboren, Vitale soll der Erbe meiner Geheimnisse werden.» Dann später: «Von Eugenio kam Nachricht aus dem Felde. Ihn freut das wilde Soldatenleben. Eugenio hat sich in Feltre mit einer Wirtstochter verheiratet. So geht das Blut eines

Kaisers zugrunde. Es ist Gottes Wille also. Doch in Vitale bricht schon mein Geist hervor.»

Eine Pause entstand. Vincente zerkrümelte den Rest seiner Zigarette. Er war bleich wie Wachs geworden: «Werden diese Blätter genug Beweiskraft vor Gericht haben? Können sie nicht angefochten werden?»

«Nein, Sie und Ihr Bruder sind die einzigen Erben!»

Er konnte es nicht fassen. «Doktor, lieber Doktor, Sie sind ein Engel! Aber mir schwirrt von allem der Kopf, ich bin ratlos und und weiß nicht, wie ich morgen meine Ansprüche vertreten soll. Bitte, telegraphieren Sie sofort an Valente. Er ist ruhig und überlegt, ich selbst würde nur alles verderben. Soviel auf einmal an einem Tag! Ist es ein Märchen, kann ich es glauben?»

«Es ist möglich, daß auch der Titel eines Marchese auf Ihre Familie übergeht, wenngleich sich hier mehr Schwierigkeiten einstellen dürften als in der Erbfolge. Jedenfall werde ich nichts unversucht lassen. – Soll ich Ihnen eine Erfrischung bringen lassen?»

Danke, nein.» Lascari hatte sich erhoben.

«Wie, Sie wollen gehen?»

«Entschuldigen Sie mich vielmals, lieber Doktor, aber Sie werden verstehen, daß ich durch Ihren Bericht so ergriffen bin, daß ich nichts anderes als Ruhe und Schlaf wünsche. Ich möchte vor Jubel und Freude aufschreien und doch liegt etwas zentnerschwer auf meiner Seele. Der Übergang vom Traum zur Wirklichkeit war zu rasch.»

«Sie haben recht, junger Freund, ruhen Sie sich gründlich aus. Morgen werden Sie gefaßter der ganzen Sachlage gegenüberstehen. Haben Sie keine Besorgnis mehr, kein Gericht kann Ihre Ansprüche anfechten. Sie werden schon in einigen Tagen Ihre Villa zu Rifredi beziehen können.»

Vincente drückte ihm herzlich und dankbar die Hand.

«Gute Nacht, Doktor!» Lascari ging wie traumwandelnd über die Treppe, durch die stille Straße und stand am Ufer des Arno. Der Mond goß starkes Licht auf das schläfrige Wasser, das wie eine Schlange zu seinen Füßen lag. Der trotzige Turm des Palazzo Vecchio starrte wie eine erste Warnung in den gestirnten Himmel. Vincente raffte sich mutig auf und fragte einen Karabiniere nach dem Kloster Santa Teresa.

Lascari ging an das andere Ufer. Vor grell beleuchteten Osterien saßen Männer in schmutzigen Arbeitsblusen geräuschvoll beim Wein. Stutzer flanierten vor einer Bar. Feurige Augen geschminkter Mädchen forderten Vincente auf, er aber schritt weiter, wo sich die Straße dunkel gegen die Boboligärten verlor. Hier war es still wie in einem Dorfe. Über der Stadt lag der Schein der vielen grellen Lichter, hier strahlten friedlich und rein die Leuchten des Himmels, die Wächter der Ewigkeit.

Eingeschmiegt in den Abhang des Hügels lag das graue Kloster. Alle Fenster waren erloschen. Lascari lauschte. Kein Ton, kein Geräusch ließ sich vernehmen, nur leise plätscherte ein kleiner Brunnen irgendwo seine melodische Klage. Der Jüngling lehnte sich an die steinerne Pforte, und sein Herz bestürmte die innig Geliebte: «Mafalda, ich rufe, ich, höre mich, ich bin es! Aus dem sanften Schlaf deines heiligen Traumes rufe ich dich auf, erwache durch mich! Unendliches hat mir der heutige Tag durch dich geschenkt. Sieh, ich bin ein Bettler vor dir, ich selbst bin nichts, nur durch dich kann ich sein. Deine Hand hat in der meinen geruht, Mafalda, der Pulsschlag deines Herzens ist übergeflossen in mich, und beide haben wir in gleicher Verzückung gebebt. Ach, das Geheimnis der Stille hat uns für ewig verbunden!»

Seine Liebe strahlte in heiliger Glut der Beschwörung und ergoß sich, wie ein flimmernder Lichtstreif durch das tote Gestein, die Geliebte umkosend. Aber keine Antwort geschah dem inbrünstig Harrenden. Das Kloster hielt die Braut des Himmels wie in einem Sarg umschlossen. Die Sternbilder senkten sich, Kühle schauerte auf. Eine Nachtigall begann im Klostergarten zu schluchzen. Der Jüngling barg sein Haupt in den Händen. –

Am anderen Morgen war Vincentes erster Gang zu Emilio Bolza. Professor Bolza war seit Jahren über den Sommer im kühlen Feltre zur Erholung, und zwischen beiden Männern hatte sich ein inniges Freundschaftsbündnis gebildet. Der Gelehrte, Chemiker im Dienste des Staates, stand im gereiften Alter, war unvermählt und hatte sein ganzes Leben der Wissenschaft geweiht. In seiner Jugend hatte er langjährige Reisen im Orient gemacht, und seine Augen leuchteten noch jetzt, wenn er von seinen Erlebnissen auf Cypern und vom Libanon erzählte.

Als Vincente bei ihm eintrat, fand er den Forscher in seinem Laboratorium. Eine Unmenge von chemischen Apparaten stand in den Schränken und auf den Tischen. Die Luft roch säuerlich nach unbekannten Düften. «Lieber Professor, guten Morgen! Ja, ich bin es, ich sehe, daß Sie sich wundern. Mein Bruder wird heute oder morgen auch eintreffen.»

«Welch eine freudige Überraschung! Hoffentlich bleiben Sie doch für längere Zeit in Florenz? Erzählen Sie mir, was Sie so plötzlich herbeigeführt hat!»

Vincente erzählte ihm das gestrige Gespräch mit Barduzzi, aber je mehr Lascari in Freude hervorsprudelte, desto mehr verdüsterte sich das Antlitz des Gelehrten. Der Jüngling wurde verlegen und unterbrach sich: «Nicht wahr, das alles klingt ganz unwahrscheinlich, ich selbst kann es nicht recht glauben. Aber Barduzzi ist felsenfest davon überzeugt, daß das Erbe uns zufallen muß. Die Beweisführung auf Grund der Dokumente und der eigenhändigen Tagebuchblätter des Archmandriten ist überzeugend, andere Erbberechtigte gibt es nicht.»

Und hat der Marchese kein Testament hinterlassen?»

«Nein!»

«Ich kannte den Verstorbenen flüchtig. Welches waren die näheren Umstände seines Todes? Hat er keine Freunde seines Hauses?»

«Ich weiß nur das, was Barduzzi in Erfahrung gebracht hat. Außer seinem alten Kammerdiener Luigi und dessen Frau wohnte niemand im selben Haus. Selten kam ein Besuch. Etwa einen Monat vor seinem Tod wohnte ein Grieche, namens Leftini, bei ihm, mit dem er nächtelang im Arbeitszimmer erregte Debatten hatte. Drei Tage vor dem Tode ist Leftini abgereist. Nach dem Verschwinden des Griechen sei der Marchese von einer heftigen Erregung befallen worden, er habe keine Narhung mehr zu sich genommen. Die Nacht vor seinem Tode habe ein schrecklicher Sturm um das Haus gewütet und Luigi habe einen Feuerschein aus dem Arbeitszimmer leuchten gesehen, so daß er glaubte, das Zimmer stehe in Flammen. Der Marchese habe den erschrockenen Diener barsch fortgeschickt und hinter sich die Tür abgesperrt. Als dieser am Morgen zu seinem Herrn gehen wollte, war die Tür verriegelt, und da er keine Antwort erhielt, wurde das Schloß erbrochen.

Der Marchese lag tot auf dem Boden in einem doppelten Kreis, der mit Holzkohle gezeichnet war und in dem seltsame Worte und Zeichen standen. Neben ihm stand eine Kohlenpfanne, aus der es noch langsam schwelte. Der Tote war mit einem scharlachroten, phantastischen Gewand angetan, auf dem Kopf einen Kranz von verschiedenen Kräutern und in der Hand ein langes, schmales Schwert.–»

Vincente hielt ein, Bolza glühte in Erregung.

«Weiter, weiter! Erzählen Sie alles!»

«Außerhalb des Kreises lag auf einem schwarzen Marmorwürfel das abgeschnittene Haupt eines schwarzen Ziegenbockes, daneben in einer Silberschüssel dessen gestocktes Blut und neben dieser der Körper des Tieres.»

«Kann man die Kreise noch sehen?»

«Nein, unglücklicherweise hat sie Luigi nach dem Weggehen der gerichtlichen Kommission weggewischt. – Ist dieser Tod nicht seltsam? Was halten Sie davon?»

«Rasch, rasch, wir müssen an Ort und Stelle alles in Augenschein nehemen. Kommen Sie, Vincente!» Er riß den Hut vom Nagel und stürmte mit ihm davon. Vincente hatte Bedenken, ob man sie in die Villa einlassen werde. «So wollen wir den Advokaten mitnehmen. Er hat als Führer des Prozesses Zutritt.»

Barduzzi wurde aus seiner Kanzlei geholt, und im scharfen Trab ging es auf der staubigen Straße nach Rifredi. Luigi öffnete das knarrende Gitter und Bolza stand in dem Sterbezimmer des Marchese. Auf dem Tisch lagen noch Schwert und Mantel, die Räucherpfanne und ein ein Dreizack. Bolza ergriff das Schwert und betrachtete es genau. Zwei Halbmonde aus Silber schmückten den Knauf. Am Griff und auf der Klinge waren seltsame Zeichen und hebräische Worte eingeprägt, und der Gelehrte las auf der anderen Seite die Worte:

Vince in hoc, Deo duce, ferro comite.

Nun war kein Zweifel mehr, welchen Tod der Marchese gestorben war. Er legte das Schwert langsam hin. «Reden Sie, Professor, was soll das alles bedeuten?» drängte Lascari.

«Gleich, gleich», und er entfaltete den weiten Mantel, der über und über mit fremdartigen Zeichen in Goldstickerei besät war. Bolza nahm ein Papier zur Hand und kopierte die Symbole, Schnörkel und Geheimzeichen.

Da hörte man unten Lärm. Eine fremde Stimme redete auf Luigi ein, der mit gleicher Heftigkeit antwortete. Luigi stieß einen Fluch aus, Tritte hallten auf der Treppe, die Türe wurde aufgerissen und eine fremdländische Gestalt wurde sichtbar. Schwarzes Haar wehte wie Rabengefieder im Luftzug, flackernde Blicke maßen herausfordernd den Gelehrten.

«Wer sind Sie, was wollen Sie hier?» hielt Bolza dem funkelnden Auge stand.

«Ich bin der Freund des Marchese, mein Name ist Leftini.»

«Luigi hat von ihrem unheilvollen Einfluß erzählt. Sie haben den Tod des Marchese auf dem Gewissen. Sie haben ihn dazu verleitet, sich magischen Versuchen hinzugeben. Ich werde darauf dringen, daß Sie gerichtlich verhört werden.»

Leftini ging einige Schritte näher. «Das werden Sie nicht wagen, es steht für Sie zuviel auf dem Spiel. Ich allein weiß von den eigentlichen Schätzen, die dieses Haus birgt. Ohne mich wird kein anderer in ihren Besitz gelangen.»

«Sie drohen vergeblich. Ihre Erpressungsversuche sind kindisch.«

«Herr, Sie wissen nicht, worum es sich handelt! – Kann ich einige Worte mit Ihnen unter vier Augen sprechen?» «Vor diesen Herren brauchen Sie keine Geheimnisse zu haben. Doktor Barduzzi und Herr Lascari haben im Gegenteil das größte Interesse, von Ihnen eine Aufklärung darüber zu erhalten, was Sie etwa einen Monat vor dem Tod des Marchese zu diesem geführt hat.» Der Grieche biß sich in die Lippen. «Nach dem Empfang den man mir bereitet hat, werde ich mich hüten, etwas von den Geheimnissen des Marchese zu veraten. Man möge mich gerichtlich verhören. Bin ich schuld an seinem Tod? Wer kann es wagen, das zu behaupten!» sprach der Fremde erregt.

Barduzzi lenkte ein: «Wir wollen versuchen, uns zu vertragen. Nehmen Sie die Worte des Herrn Professors nicht übel auf und beantworten Sie meine Frage.»

Leftini tastete seinen Gegner ab. «Ich bin Liebhaber mittelalterlicher Wissenschaften und weiß, daß der Verstorbene sich seit Jahren mit Alchimie beschäftigt hatte. Ich verlange nichts anderes als einige für Sie wertlose Präparate aus dessen Laboratorium.»

«Wenn es nichts weiter ist, als das» – fuhr Vincente erleichtert auf. Der Advokat lächelte ihn gallig an: «Sie kamen wohl in der Hoffnung zurück, sich im Testament bedacht zu finden, nicht?»

«Was meinen Sie, Professor?» wandte sich Lascari an Bolza.

«Gönnen Sie uns eine Stunde, Herr Leftini, um alle Gründe und Gegengründe in Ruhe erwägen können. Der Bruder des Herrn

Vincente kommt morgen nach Florenz. Er ist der eigentliche Erbe, er soll entscheiden, ob man Ihrem Angebot nähertreten kann,» riet Bolza an. «Gut, in vierundzwanzig Stunden muß entschieden sein. Ich nehme unter der Bedingung an, daß der Zugang zur oberen Wohnung von mir versiegelt werde und daß ich morgen diese Siegel unberührt vorfinde.

«Versiegeln Sie immerhin!»

Luigi brachte Wachs, und der Grieche sicherte den Zugang. Man trennte sich mit kurzem Gruß.

Die drei gingen in eine benachbarte Trattoria. Barduzzi begann: «Es ist mir unbegreiflich, Herr Professor, warum Sie dem Plan dieses Hochstaplers überhaupt nähergetreten sind. Der Kerl hätte gepackt und der Polizei überstellt werden sollen. Aber was nicht jetzt geschehen ist, muß morgen nachgeholt werden. Zum Glück ist Herr Valente ein energischer Mann, der morgen mit diesem Griechen kurzen Prozeß machen wird. – Ja, was halten Sie, Professor, von dem Schwert, das Sie so aufmerksam betrachtet hatten?»

Bolza wich der Frage aus. «Ich halte es dennoch für rätlich, auf den Plan Leftinis einzugehen. Es ist sehr wahrscheinlich, daß der Marchese außer Schriften des Alchimisten Laskaris noch einen Teil des von jenem transmutierten Goldes besaß, gewissermaßen einen geheimen Familienschatz. Wie stand es übrigens mit der finanziellen Lage des Verstorbenen?» wandte er sich dann an den Advokaten.

«Seine zwei Bauernhöfe, die Felder und Weingärten konnten ihm nur einen geringen Ertrag liefern. Wertpapiere hat er niemals besessen. Und doch fielen jedermann die großen Schenkungen auf, die er von Zeit zu Zeit für wohltätige Stiftungen widmete. An der Börse hat er auch nicht gespielt. Woher hatte der Mann das Geld? Seine Schenkungen erreichten im ganzen – im Laufe der letzten zehn Jahre – etwa zwanzig Millionen Lire. Das konnte ihm sein ärmlicher Grundbesitz sicher nicht einbringen.»

«Sollten er wirklich heimliche Reserven gehabt haben?» fragte Vincente. «Ich kann nicht glauben, daß er wirklich die Kunst des Goldmachens besessen habe.»

«Ich auch nicht», fügte Bolza bei, «denn sonst wäre er nicht eines so tragischen Todes gestorben, sonst hätte ein so übler Charakter wie der Grieche keinen so unheilvollen Einfluß ausüben können.»

«So sagen Sie uns endlich Ihre ganze Meinung über diesen mehr als abenteuerlichen Fall!» drängte der Advokat. Lascari las seinem Lehrer und Freund die Bitte vom Antlitz ab, ihm die Preisgabe seines Wissens vor einem Verständnislosen zu ersparen und warf ein, indem er die Uhr zog: «Lieber Professor, daß wir nicht vergessen, wir müssen um elf Uhr zurück in der Stadt sein.» «Ich möchte noch Luigi erst ausfragen, wie denn der Marchese mit diesem Leftini bekannt geworden ist,» sagte Barduzzi. Der Kellner beschaffte einen Wagen, und die beiden fuhren ohne den Advokaten nach Florenz auf der schon heiß glühenden Straße zurück.

«Ich ahne bereits einiges», unterbrach Lascari das lange Schweigen. «Aber mehr als dieses, das eigentlich Sache des Bruders ist, liegt mir etwas am Herzen, das ich Ihnen noch nicht gestanden habe.»

Der Gelehrte kam seiner Verlegenheit zu Hilfe. «Vertrauen Sie mir alles unbesorgt an. Erinnern Sie sich nur unserer langen Gespräche in den Sommernächten von Feltre. Ich spüre, was Sie nun ergriffen hat. Ist es nicht so?» Und er nahm seine Hand väterlich in die seine. Vincente drückte sie warm. «Scham zwischen Männern ist das Bewußtsein eines Siegs.» «Ja, ich liebe! – Das Mädchen aber nimmt heute den Novizenschleier im Kloster Santa Teresa.» Seine Stimme vibrierte in der Qual unmöglichen Verzichts?»

«Also Kampf?»

«Ja. Ist es nicht Fügung des Schicksals, daß mir derselbe Tag das Höchste im Menschen schenkte, Liebe und Macht?»

«Der Kampf mit Leftini ist leicht. Wie aber hoffen Sie, das Mädchen dem Kloster zu entführen? In Dingen des religiösen Lebens bin ich strenge: es ist Raub an dem Himmel, Frevel, wenn Sie Gewalt anwenden wollten. Prüfen Sie sich, ob es nicht bloß eine leichtfertige Regung Ihres Herzens ist.»

«Ich kann mich an ihre Gestalt, an ihre Gesichtszüge kaum klar erinnern: so tief ging ich unter in ihr Sein, daß ihre Erscheinung unwesentlich an ihr wurde. Wer nur die Anmut einer Frau liebt, liebt nur sich selbst.»

«Das Schicksal hat Sie vor eine Entscheidung gestellt, die, wie jede Entscheidung, ironisch gemeint ist. Die Formel ist einfach: Liebe oder Geld. Ihnen wurde Reichtum zugemessen und damit gleichzeitig das Bewußtsein der Armut in Beziehung auf die Wünsche des Herzens.»

«Ich kann nicht auf Mafalda verzichten. Eher gebe ich alle Schätze und Tinkturen des Archimandriten hin. Und doch will ich nichts vom Mädchen. Nur sie sehen, ihre Nähe atmen, wissen, daß mein Gedanke sie liebend berühren darf. – O Gott, was soll ich tun?»

«Ich werde mit der Oberin sprechen.»

«Lieber Professor!» Vincente hätte ihm beinahe die Hand geküßt. Er gab dem Kutscher die Adresse des Klosters. – Bolza und Vincente schellten an der schmalen Pforte. Ein viereckiges, kleines Gitter – in die Tür geschnitten – zeigte das Oval einer Klosterfrau, und ihre Stimme fragte nach dem Begehr der Fremden.

«Die Novize, die Sie Mafalda Rossi nennen, hat heute früh die Proveß abgelegt. Nach der Regel des Klosters ist es ihr verboten, mit einem Mann zu sprechen. Sind die Herren mit ihr verwandt?» fragte die Klosterfrau.

«Das gerade nicht, aber ich habe ihr eine Nachricht zu bringen, die für sie und das ganze Kloster von größter Wichtigkeit ist», sagte Vincente.

Es ist leider durchaus ausgeschlossen», und sie wollte das Fensterchen zuklappen. «Halt, noch einen Augenblick!» hielt sie der Professor auf, «so ersuche ich Sie, mich zu dem Spiritual des Klosters zu führen.»

«Bitte um Ihre Karte!» Bolza steckte seine Visitenkarte durch das Gitter und sagte ernst zu Vincente: «Ist es Ihr vollster Ernst? Nun gut! – Lassen Sie mich allein eintreten, Sie könnten in der Erregung, in der Sie sich befinden, es an Vorsicht fehlen lassen. Warten Sie draußen auf mich.» Lascari nickte und setzte sich auf die steinerne Bank, die von der Krone eines die Mauer überschattenden Baumes gekühlt war. Der schwere Riegel wurde zurückgeschoben, und der Professor wurde von der Schwester Pförtnerin durch einen langen Korridor, in dem es dumpfig roch, in das Sprechzimmer des Paters Spiritual geführt. Der Raum war hoch und gewölbt, die Wände schmutzig, kahl. Das marmorne Weihwasserbecken roch nach fauligem Wasser. An einer Wand hing ein riesiges Kruzifix, in der Art, wie sie Orcagna gemalt hatte, mit einem qualvoll verrenkten und blutigen Leib Christi. Das Fenster war mit Geranien und Kresse überwachsen und warf ein grünliches Licht in das nüchtern strenge Zimmer. Die Tür öffnete sich, der Priester begrüßte den Gast:

«Man hat mir mancherlei von Ihnen erzählt, Herr Professor. Standen Sie nicht in Verbindung mit Monsignore Merletti?»

«Ja, ich habe ihn in der Astrologie unterrichtet. Merletti ist jetzt in den Vatikan als Sekretär des Kardinals della Fontana berufen worden.»

«Was verschafft mir die Ehre Ihres Besuchs, Herr Professor?»

«Es handelt sich um einen meiner besten Freunde. Wie sie wissen, ist vor kurzer Zeit der Marchese Lascari gestorben. Ich komme gerade aus der Villa und habe mit Entsetzen festgestellt, daß er bei einer schwarzmagischen Beschwörung den Tod gefunden hat. Der abgeschnittene Kopf eines schwarzen Bockes und die Schale mit geronnenem Blut waren mir Beweis genug. Der Marchese stand einige Zeit vor seinem jähen Tod mit einem Griechen in Verbindung, der ihn wahrscheinlich zu diesem verwegenen Experiment verleitet hatte, um sich in den Besitz der alchimistischen Tinkturen zu setzten, die der Marchese als Erbe von seinem Urahn, dem Adepten Laskaris, noch in Verwahrung hatte. Nun sind wir ihm aber zuvorgekommen, und die Erpressung an uns wird vergeblich sein. Die Herren Valente und Vincente Lascari, meine Freunde, werden in den Besitz der Arkana des Adepten gelangen.»

«Sie machen mich neugierig, warum Sie gerade mir davon Mitteilung machen. Ich kenne die beiden Herren nicht.»

«Valente ist nur Geschäftsmann und hat kein Verständnis für die geheimen Kräfte der Welt. Vincente aber ist ein Grübler und Pilosoph, den ich selbst in manche Gehimnisse unseres Glaubens eingeführt habe, ich bin also dafür verantwortlich, daß er mit den ihm von Gott überlassenen Schriften und Tinkturen des Adepten keinen Mißbrauch treibe.»

«Ich beginne zu verstehen, setzen Sie fort!»

«Die beste Gewähr dafür, daß seine Begier nach dem Verborgenen abgelenkt werde, ist das ruhige Glück einer Ehe. Wenn sich seine Leidenschaft geklärt hat, will ich ihn anleiten, die Schätze des Adepten zum Heil der Kirche zu verwenden.»

«Ein vortrefflicher Gedanke! Wie kann ich ihn unterstützen?»

«Das Mädchen, welches mein Freund liebt, lebt seit gestern abend in diesem Kloster. Sie heißt Mafalda Rossi.»

Im Gesicht des Klerikers zuckte es verräterisch: «Der junge Mann hätte das Mädchen von dem entscheidenden Schritt zurückhalten müssen.»

«Wer kennt die Verwirrungen der Liebe? Und übrigens, als er das Mädchen kennenlernte, da wußte er noch nicht, daß er das Erbe der Alchimistenschätze ist. Auf der Fahrt nach Florenz hat sich sein Herz in jäher Glut entflammt.»

«Nur dem heiligen Vater steht es zu, das abgelegte Gelübde zu lösen.»

«Es muß sofort, in diesem Augenblick geschehen. Lascari wartet unten auf mich. Wenn Gott sich ihm verweigert, wird er den Teufel zu Hilfe rufen: der Grieche Leftini lauert darauf, Vincente in seine Schlingen zu bekommen. Es steht die Seele eines Menschen auf dem Spiel! Er kann, durch Leftini in den Gebrauch der magischen Mittel des Adepten eingeweiht, der Kirche ungeheuer schaden.»

«Stehen Sie für die Lauterkeit des jungen Mannes ein?» fragte der Priester.

«Sie sollen selbst mit ihm sprechen.» Bolza wandte sich zum Gehen. «Halt, das nicht!» hielt ihn der Spiritual auf. «Ich werde die Novize ausfragen. Um das Zartgefühl des Mädchens nicht zu verletzen, bitte ich Sie, in das Nebenzimmer zu treten.» Der Professor gehorchte. Der Spirtual befahl einer Nonne, Mafalda ins Sprechzimmer zu bescheiden, und machte sich an den Geranienstöcken zu schaffen. Mafalda trat ein, noch in weltlicher Gewandung, nur die weiße Haube zeigte ihre Zugehörigkeit zum geistlichen Stand an. Der Geistliche maß sie mit strengem Blick von oben bis unten. «Es ist gut, daß die Schwester Schneiderin mit dem Ordenskleid noch nicht fertig geworden ist. Darin erkenne ich ein Vorzeichen des Himmels und seinen Willen. Das Gelübde, das Sie gestern abgelegt haben, ist ungültig.»

«Hochwürden!» stammelte sie fassungslos.

«Warum haben Sie verschwiegen, daß ein irdisches Band Sie an die Welt fesselt. Sie lieben einen jungen Mann!» Hart gellten seine Worte «Hochwürdiger Vater!» schluchzte sie auf und sank in die Knie, indem sie bittend die Knie des Geistlichen umklammerte.

«Gestehen Sie alles, mein Kind! Die Beichte wird ihr Gewissen erleichtern.» Und er streichelte langsam ihr Haupt. «Erzählen Sie alles.» Ein Zucken ging durch ihren jungfräulichen Körper. Scham rang mit der Wollust der Selbstbezichtigung. Ihre Leidenschaft riß sie heldenhaft auf, und ihr Auge flammte, sündhaft von Erinnerung begeistert: «O diese selige Stunde, als vom Himmel die Feuer in mich flammten! Wie von einem Wunder erleuchtet, glühte ich auf. Alles war unnennbar, und alles war Gott! Wie die Erde war ich bereit, den Blitz des Himmels in mich aufzunehmen. In wildem Taumel drängte es mich in seinen Arm. Um einen Kuß von seinen Lippen hätte ich meine Seele an den Teufel verkauft! Wie sehr auch Seele und Leib nach dem Geliebten schrien – ich mußte mich stützen, um nicht zusammenzusinken: er blieb stumm, von gleicher törichter Angst gefesselt wie ich.» Sie keuchte auf, ihr Antlitz bebte.

«Er liebt dich, Kind! Was du tadelst, erkenne es als Zeichen reinster Liebe! Er wird dir die Hand zum ewigen Bunde reichen.»

«Zu spät! Jetzt nicht mehr!» gellte sie auf, und wilder Trotz überflog ihre Miene. «Alle meine Ahnen waren Rebellen. Meine Schwester Isabella hat ihren Gatten in der Nacht erdrosselt, als er ihr im Rausche gestand, daß er sie soeben betrogen hatte. Um mein unbändiges Blut dem ewigen Kampf zwischen Begier und Stolz zu entziehen, bin ich in das Kloster gegangen. Und an der Schwelle noch, heiß von Bildern der Lust, mußte ich nochmals mit mir ringen. Oh, er ist herrlich, der Jüngling, dem mein Blut brennend entgegenwallt! Gott rief ich an als Zeugen. – Er hat mich nicht geliebt.»

«Mafalda, er liebt Sie!»

«Zu spät, zu spät! Warum riß er mich nicht mit sich fort, warum war er nicht in der Kirche, als ich die Proveß ablegte? Mit Absicht kam er zu spät in die Kirche und bat Gott mit den heißesten Gebeten, ihn, den einzigen Heiland und Erlöser, mir zu senden. Wo war er in dieser Zeit, warum kam er erst jetzt?»

«Er kam nach Florenz, um eine reiche Erbschaft anzutreten. Als er Sie sah, war er arm. Jetzt ist er reich, der Reichste unserer Stadt.»

«Schmach über ihn! Geld galt ihm mehr als ich. Zuerst Geld zusammenraffen, dann sich mit einem Weibchen vergnügen! Gemein ist er wie alle Männer. Ich hasse, nein, ich verabscheue ihn! – Hochwürden, die Proveß, die ich in ihre Hände abgelegt habe, ist wahr und gültig wie das Wort Gottes! Wenn Sie mich aus dem Kloster stoßen, muß ich zur Verbrecherin werden. Ich müßte ihn aufsuchen und ihn töten, wie Isabella ihren Gatten getötet hat. Nur die Mauern des Klosters oder des Kerkers können mich vor dem Entsetzlichen zurückhalten, vor dem ich wohl zurückbebe, aber das ich trotzdem tun müßte.»

«Mafalda, beruhigen Sie sich, ein böser Dämon spricht aus Ihnen!

Ihre leidenschaftliche Phantasie bildet sich ein, daß er Sie verschmäht hätte. Sehen Sie doch klarer und ruhiger! Nicht wilder Taumel ist seine Liebe, sondern reine Flamme, in der er glüht. Sie sind krank. Sie reden wie im Fieber. Sie müssen sich die Antwort überlegen!» Er ergriff besänftigend ihre Hand, deren Pulse fieberhaft flogen. «Jetzt gehen Sie zu Bett, ich werde den Arzt zu Ihnen schicken und morgen werden Sie alles in einem anderen Licht sehen. Ich will Ihre heftigen und unüberlegten Worte vergessen und über den Vorfall nach Rom berichten. Es ist kein Zweifel, daß seine Heiligkeit Sie der in Leidenschaft abgelegten Gelübde entbinden wird.»

«Kuppler!» zischte sie auf. «Wieviel trägt Ihnen diese Vermittlung?» Der Priester wurde bleich wie Kalk, und er erhob seine Hand zur befehlenden Geste, die nach der Tür wies.

«Hochwürden, noch ein Wort! Wenn Sie mich aus dem Kloster jagen, verrate ich Ihren Handel, und Sie haben zwei Menschenleben auf dem Gewissen. Nur im Kloster bin ich Ihnen unschädlich.» Sie ging. Bolza stürzte sich aus seinem Versteck: «Das ist kein Mensch, das ist eine Mänade, eine Bacchantin, die sich selbst in Stücke reißt! Gut, daß sie gezeigt hat, wie sie wirklich ist! Und Vincente schilderte sie als milde und sanft.»

«Sie hat nicht gelogen, ich entsinne mich des Prozesses dieser unmenschlichen Isabella Rossi. Eigentlich finde ich es heroisch von Mafalda, daß sie sich selbst in Ketten legt, da sie weiß, daß in der Freiheit ihr wilder Trieb zum Verbrechen führen muß. Ihre Leidenschaft ist so geartet, daß sie entweder zum niedrigsten Verbrechen oder zur höchsten Heiligkeit befähigt ist.»

«Was soll nun aus Vincente werden?» fragte Bolza.

«Wir wollen den morgigen Tag abwarten. Wer kennt die Seele einer liebenden Frau? Vielleicht erfolgt eine Ernüchterung auf ihren heftigen Ausbruch und sie beginnt ruhiger zu überlegen. Draußen erwartet sie ein Leben in höchstem Ansehen und Glanz, hier nur Verzweiflung und Reue. Sie müßte kein Weib sein, um dieser Verlockung zu widerstehen.»

«Hochwürden, es wäre gut, wenn es so käme. Im allgemeinen lieben es die Frauen, eine große tragische Rolle zu spielen. Mafalda hat ihre große Szene gehabt, ist jetzt mit sich hoch zufrieden und bedauert es vielleicht, daß Vincente nicht anwesend war.»

«Wir wollen abwarten.» Bolza verabschiedete sich von dem Geistlichen und ging durch den hallenden Korridor zur verriegel-

ten Pforte, die ihm die Schwester Pförtnerin aufschloß. Der ungeduldig wartende Jüngling stürzte auf ihn.
Erzählen Sie! Darf ich zu ihr?»
«Kommen Sie, kommen sie!» Er wollte den Jüngling mit sich fortziehen.
«Ich beschwöre Sie, Professor, sagen Sie mir alles! Haben Sie sie gesehen? Warum blicken Sie so verstört, was ist mit ihr geschehen?
«Sie müssen sie vergessen!»
«Um des Himmels willen, sie ist tot?»
«Sie lebt. – Aber kommen Sie, machen Sie kein Aufsehen. Ich werde Ihnen alles erzählen.» Sie bogen in eine belebtere Straße ein. Die Kirchenglocken begannen Mittag zu läuten und Lascari ließ sich in eine Trattoria führen. Wie geistesabwesend starrte er vor sich hin. Durch den Vorhang aus grünen Glasperlen, der bei jeder Bewegung wie eine stählerne Kette klirrte, fiel ein stumpfer Schlagschatten in das Zimmer, das von einem surrenden Windmotor kühl durchweht wurde. Eine Katze schlief mit ausgestreckten Pfoten auf einem Oleanderkübel. Ein Kellner brachte die Speisen, Vincente berührte sie kaum, er stürzte ein Glas Wein hastig hinunter, und seine Stimme klang hart. «Wie lange soll ich noch warten?» Und Bolza erzählte ihm alles. –
«Es ist genug!» Lascari sprang auf, riß den Hut an sich und stürzte ins grelle Sonnenlicht. Der Vorhang klirrte wie splitterndes Glas und schlug hinter ihm wie eine brandende Welle zusammen.

Der Wochenmarkt bei San Lorenzo war zu Ende. In den Karren wurden hochgetürmt die unverkauft gebliebenen Waren verstaut, ganze Berge von Kürbissen und gelben Melonen. Auf den Bottichen mit Käse wurden die Deckel zugeklappt, die Schnittwarenhändler packten ihre Meterware ein, und die Verkäufer von Eis zogen in belebtere Viertel. Aus dem Dom kam ein Schwarm Engländerinnen, welche die Medizäergräber Michelangelos besichtigt hatten.
Leftini durchquerte den Markt und trat in seinen Gasthof ein.
«Ein Herr hat nach Ihnen gefragt», sagte der Kellner, « er hat einen Brief für Sie dagelassen», und überreichte ihm das Schreiben. Der Grieche riß es auf und überflog es. «Ephrem!» Er wandte sich zum Gehen und stieß im Hausflur mit einem Bekannten zusammen.
«Sie hier in Florenz, Brettigny?»

«Ja, ich kam mit Ephrem. Ich soll Sie sofort zu ihm führen.»
«Ich bin eben im Begriff, zu ihm zu gehen. Was ist vorgefallen?»
«Er erwartet Ihren Bericht.» – Sie nahmen einen Wagen und fuhren in der Richtung gegen die Cascinen, wo der Franzose vor einem modernen Zinshaus halten ließ.

In einem großen, dunkeltapezierten Zimmer erwartete sie der schwarze Meister. Aus dem weißen Gesicht blickten tiefliegende Augen. Sein gutgepflegter Vollbart duftete nach Essenzen.

«Der junge Lascari ist angekommen», sagte Ephrem.

Ich weiß es, ich habe mit ihm gesprochen», erzählte Leftini und berichtete über sein gestriges Zusammentreffen mit ihm in der Villa des Marchese. Ephrem biß sich verärgert in die Lippen. «Zu spät; wir haben die günstigste Gelegenheit versäumt. Leftini, Sie hätten mit Gewalt den Wandschrank erbrechen sollen.»

«Wann hätte ich es tun sollen? Ich mußte rechtzeitig verschwinden, um keinen Verdacht gegen mich zu erregen. Und als er lebte – Sie wissen doch, daß er Verdacht gegen mich hatte und den Schlüssel auf seiner Brust trug. Nach dem Tode versuchte ich alles, um in die Villa zu gelangen, aber sein Diener ließ mich nicht ein.»

«Durch Ihr Ungeschick haben Sie jetzt Lascari aufmerksam gemacht, worauf wir es abgesehen haben.»

«Im Gegenteil! Lascari ist in meiner Hand. Er ist habgierig nach transmutiertem Gold und erhält es nicht früher, als bis er mir die zwei Phiolen gegeben hat. Er erwartet ungeheuren Reichtum und wird sich bald enttäuscht sehen. Dann ist meine Zeit gekommen.»

Sie sind sehr zuversichtlich. Wie aber, wenn er sich trotz allem weigert?» Brettigny warf ein: «Ich werde mich in sein Haus unter irgendeinem Vorwand einschleichen, und bei günstiger Gelegenheit wird es nicht schwer sein, den Wandschrank zu berauben.»

«Das wäre möglich, wenn Leftini nicht unsere Pläne verraten hätte», sprach Ephrem.

«Verraten? Wer spricht von Verrat? Ich werde mich beschweren», brauste Leftini auf und ging einen Schritt auf Ephrem zu.

«Also nicht verraten. Wie aber wollen Sie Ihr Mißgeschick gutmachen?»

«Ich werde die Aufgabe, der ich mich unterzogen habe, zu Ende führen. Verlassen Sie sich darauf. Denn alle meine Pläne Ihnen mitzuteilen bin ich nicht verpflichtet. Wünschen Sie sonst noch eine Auskunft?»

«Ich danke, nein.»

Leftini verabschiedete sich mit kurzem Gruß und ging.

«Ich hatte den Griechen seit jeher in Verdacht, daß er doppeltes Spiel betreibe. Man hat ihm zu große Freiheiten eingeräumt», sagte Ephrem.

«Er hat sich bisher als einer der Tüchtigsten bewährt», versetzte Brettigny, «ich kann seine Ehrlichkeit nicht in Zweifel ziehen, obzwar ich mich über seine jetzige Ungeschicklichkeit wundern muß. Aber vielleicht hat er einen schlauen Plan entworfen, in den er uns keine Einsicht gestatten will. Anders kann ich mir sein jetziges Vorgehen nicht erklären.»

«Wie dem auch sei, es ist meine Pflicht, über diese Unterredung nach Carcassone zu berichten.»

«Ich will mich in seiner Nähe halten, um ihn zu beobachten.»

«Tun Sie das, Brettigny!»

Das Gericht hatte entschieden, die Erbfolge wurde den Brüdern Lascari zugesprochen. Diese vertrugen sich so, daß Vincente auf sein väterliches Erbe in Feltre Verzicht leistete, wofür ihm Valente die ganze Erbschaft des Marchese überließ. Die Verträge wurden von Barduzzi abgefaßt, beim Notar legalisiert, und ein fröhliches Fest vereinte die Freunde im Hotel de l'Italie. Als der eigentliche Held wurde der Advokat gefeiert, dessen Spürsinn man alles verdankte. Die Lascari hatte ihn mit einer reichen Schenkung bedacht, und sein Gesicht strahlte vor Freude. Nicht um das Geld war es ihm zu tun, aber diese Affäre hatte ihn mit einem Schlage berühmt gemacht, und sein Ehrgeiz träumte bereits von einer glänzenden Karriere. Der Weg zum Abgeordneten stand ihm nun offen.

Vincente verbarg nur schlecht seinen Mißmut: dem Hohn des Schicksals trat er mit Verachtung entgegen, und sein Sarkasmus bemäntelte schlecht seine Gereiztheit. Alle Versuche, zu Mafalda zu gelangen, wurden von ihr abgewiesen, und er konnte es nicht verstehen, was er denn so Schlechtes begangen hatte, um ihren Haß zu verdienen. Seine Gedanken ahnten nichts davon, daß ein Versagen des Mannes im entscheidenden Augenblick die Frau für immer abtrünnig machen muß. Eine geheime Beziehung wollte er in dem Gewinn des Reichtums und dem gleichzeitigen Verlust der Geliebten sehen: hätte Barduzzi die Dokumente nicht gefunden, so wäre jetzt Mafalda die Seine.

Und dennoch gab er den Kampf nicht auf. Zum Glück ist der

Bruder auf seinen Plan, ihm alle Rechte auf Rifredi zu überlassen, eingegangen. So war er wenigstens Herr der Lage und unabhängig.

Er fuhr aus seinen Träumereien auf. «Und dieser Grieche?» hörte er den Bruder fragen.

«Den habe ich einfach hinausgeworfen, als er den nächsten Tag wiederkam. Dieser Bursche soll froh sein, daß ich ihm keinen Prozeß wegen des Todes des Marchese angehängt habe. Vincente, lassen Sie sich mit dem nicht ein, wenn er noch einmal kommen sollte», rief Barduzzi.

«Unangenehm ist mir an der ganzen Sache nur, daß man nicht das Teufelsschwert und den Mantel versteckt hatte, bevor die Kommission kam. Die Leute in Feltre sind sehr abergläubisch, und es ist ein peinliches Gefühl, zu hören, wenn die Leute reden, daß wir die Erbschaft eigentlich dem Teufel verdanken», sagte Valente, der roten Wein eingoß. Vincente fühlte sich peinlich berührt. «Dummes Gerede!» brummte er.

«Es ist lustig, der Teufel soll leben!» schrie der Advokat ausgelassen. «Wir sollten ihm dankbar sein, denn ohne ihn –» Valente fühlte, daß er etwas Unpassendes zu sagen im Begriffe war, und brach kurz ab.

«Man soll mit solchen Dingen keine Scherze treiben», sprach Bolza. «Übrigens habe ich das Schwert und die übrigen magischen Geräte zu mir genommen. Sie wissen, daß ich derlei Dinge leidenschaftlich sammle.»

«Lieber Professor, ich muß Sie bitten, mir die Sachen zurückzustellen. Ich werde Sie anderweitig entschädigen», sagte Vincente.

Bolza fing seinen Blick auf und zuckte zusammen. – Wie sollte der Fluch der Kirche, der auf allen diesen Dingen ruhe, schon auf Vincente wirken? – Er suchte einen Vorwand, diesen beiseite zu ziehen, und redete sanft auf ihn ein: «Vincente, habe ich Ihren Blick richtig verstanden? Sie wollten? – Nein, nein, das darf nicht sein! Um des Himmels willen beschwöre ich Sie, lassen Sie ab von solchem Unterfangen! Es geht um das Heil Ihrer unsterblichen Seele. Wollen Sie ein ähnliches Ende finden wie der Marchese?»

«Gott hat mich in meinen edelsten Gefühlen genarrt», versetzte Vincente bitter. «Freund, Sie wissen nicht, was ich leide! Wie kann ich solches ertragen, ohne mich zu wehren?»

«Denken Sie an die Sommernächte von Feltre. Damals waren Sie weiter als jetzt. Erkennen Sie nicht, daß Sie sich jetzt selbst betrügen?»

«An leeren Worten berauscht sich der Jüngling, der im Erleben noch nicht erschauert ist. Wer das erlebt hat wie ich, der redet nicht mehr der sinnt nur auf die Tat. Wie anders kann ich mich an dem Schicksal rächen?»

«Nur dadurch, daß man es überwindet. Der ist der größte, der es verachtet und ohne Rücksicht auf seine Tücke den einmal erkannten Weg einschlägt. Wer mit ihm hadert, überschätzt es und wird von ihm erdrückt. Man kann es nur zwingen, wenn man es geistig vorwegnimmt. Dann hat es alle Kraft verloren.»

«Moral! In den menschlichen Dingen entscheidet nicht die bessere Erkenntnis, sondern das Blut. Ich kann nur das erkennen, wohin es mich treibt. Ich fühle sein Geheimnis in mir wachsen, und dieses muß sich erfüllen. Nur in der Leidenschaft bin ich ganz, alles andere ist Erschleichnis seiner Wünsche.»

Bolza warf die Gardine zurück. «So muß ich mich von Ihnen lossagen. Sie erhalten morgen die verlangten Sachen.» Sie gingen zu Valente und Barduzzi, die dem Chianti fleißig zusprachen. Vincente verschlang Kuchen und Gebäck, leerte einige Gläser und verabschiedete sich kurz, ohne die Gründe seines Fortgehens zu sagen.

In den Städten des Südens erwachen die Sinne erst in der Nacht. Die Glut des Tages lähmt das Gehirn, und erst wenn von Fiesole her kühlere Lüfte wehen, kommt Erfrischung über die Menschen. Ein fröhliches Lärmen erfüllt alle Gassen, Zeitungsverkäufer stoßen ihre langgezogenen Schreie aus, und die Schenken und Kaffeehäuser wimmeln von gestikulierenden Menschen.

Für Vincente war dieses Bild ebenso fremd wie einem Nordländer, der zum erstenmal nach dem Süden kam.

Der Klang einer Militärmusik lenkte seine Schritte auf die Piazza Vittorio Emmanuele, wo die Kapelle zu Füßen des übergroßen Reiterstandbildes konzertierte. Eine dichte Menschenmenge umgab festgekeilt den Kreis, aus dem auf einer Estrade erhöht die blanken Blechinstrumente hervorblitzen. Vincente setzte sich auf einen Stuhl des Kaffeehauses. Der Triumphmarsch aus Aida quoll voll und markig gegen den Himmel auf wie ein heldisches Bekenntnis der Kraft, dem Vincente im Mondenlichte regungslos lauschte. Und seine Brust weitete sich, und jeder Ton der metallischen Stimmen widerhallte in seinem Herzen.

Der Menschenknäuel entwirrte sich, manche gingen nun heimwärts, die meisten drängten an die Tische der Kaffeehäuser, an denen bald kein Platz mehr frei war. Die Musiker klappten ihre Pulte zusammen und marschierten davon. Vincentes Brust war von inneren Spannungen erfüllt, die Luft war von Abenteuern und Ereignissen wie mit elektrischen Strömen geladen. Mädchen flanierten längs der Tischreihen auf und ab, in luftigen Kleidern, Blumen im Haar, und jede kühlte sich mit ihrem Fächer. Viele fragende Blicke kreuzten sein begehrendes Auge, aber sein Fragen fand nicht die, welche er suchte. Dort jene, die in weißem Musselinkleid, den grünen Schal um die Schulter! An ihrer Seite ein Mann, der heftig auf sie einredete. Sie antwortete nur mit dem Nicken des Kopfes, ihr Antlitz war wie von einem matten Seidenglanz überhaucht, das Haar trug sie flach gescheitelt, im dicken Knoten blitzte eine Spange mit vielen Steinen. – Oh, daß er einen Blick aus ihrem Auge erhaschen könnte! – Jetzt bog sie um, kam wieder. Ein Tischchen neben ihm wurde frei. Sein Herz klopfte, ja, es sollte sein! Sie ließ sich mit ihrem Begleiter dort nieder und Vincente konnte unauffällig ihr Profil betrachten.

Sein Blut wallte heiß auf. Es war nicht Begier oder das Gefühl verliebten Ergriffenseins, sondern das freudige Bewußtwerden seines Verrats. Der Genuß versprüht mit dem Abschwung der Nerven, das Gefühl schwächt den Geist durch seine Unbestimmbarkeit, aber die Wollust des Verrats ist das heißeste Feuer des Herzens. Das Angebetete verraten, in freiwillig gewählten Schauern zu zermartern, im Jubelschrei über sich selbst und das Heilige hinauszustürmen, diese satanische Lust des Geistes empfand eridamals zuerst. Er kostete die Wonne Luzifers aus, und wie diesen Trieb ihn das Unvermögen seiner Liebe in das erschauernde Extrem und zeigte ihm Bilder gesättigter Rache: Mafalda sollte ihn sehen, wie seine Blicke die fremde Frau umkosten! Durch die Mauern des Klosters hindurch sollte sie Eifersucht und Neid empfinden! Aus der Feigheit der schützenden Zelle wollte er sie reißen, sie sollte das Glück der Rivalin beschämt erleben!

Die Verwirrung seines Herzens schmiedete phantastische Pläne. Immer war sie das Ziel seiner Verwerfung. Ohne das Bewußtsein von Mafalda hätte ihn keine Sünde gereizt, jetzt aber hatte ihr Blick den seinen gestreift, und er fühlte die Gemeinschaft. Ja, sie ahnte, was er ihr versprach, auch sie lockte der Reiz seiner unstet bohrenden Blicke. Die Gemeinsamkeit der Sünde treibt die Menschen zueinander, im gegenseitigen Suchen und Finden gemeinsamen Verrates besteht der Reiz des Eros.

So erschrak Vincente vor sich selber und seiner Kühnheit. Schon war der Begleiter der Frau aufmerksam geworden, und sein scharfer Blick wollte den vermessenen Angreifer zu Boden schlagen. Doch Vincente ertrug es, und sein Mund verzog sich zu spöttischer Überlegenheit. Das Mädchen wurde darauf aufmerksam und bat Vincente mit einer leisen Geste, den anderen nicht zu reizen. Vincente blies den Rauch seiner Zigarette höhnisch hinüber, und er sah sich den Mann genauer an. In seinem nicht unsympathischen Gesicht waren die Augenbrauen zusammengewachsen, das Kinn sinnlich gerundet, das dunkle Haar und die bräunliche Gesichtsfarbe verrieten den Meridionalen. Dadurch, daß er sich zur Beherrschung zwang, gewann seine Haltung etwas Strenges und Hartes, das zur Weichlichkeit seiner Züge im Widerspruch stand. Seine Hand faßte seine Begleiterin am Handgelenk, und er sprach einige leise Worte zu ihr. Sie verzog überlegen die Mundwinkel, und trotzig schüttelte sie ihr Haupt. Da wandte er sich um und rief den Kellner herbei, und dieser Augenblick war lang genug, um Vincente mit den Augen zu sagen: morgen sehen wir uns wieder!

Das Paar erhob sich, Vincente folgte ihnen heimlich und unauffällig wie ein Dieb. Sie gingen nach rechts über die Arnobrücke, und dem nachschleichenden Jüngling schlug das Herz immer erregter vor Angst und Wunsch. – Wenn sie weiter nach links gehen, kommen sie zum Kloster Santa Teresa. Nach links! Da lag der graue Häuserblock, vom Schatten, den die gegenüberliegende Gasse warf, wie in der Mitte in Licht und Dunkel zerschnitten. Der Mann schloß die Haustür auf, sie verschwanden. Vincentes lauschende Ohren hörten, wie die Schritte auf einer hölzernen Treppe verhallten. Rasch sprang er zurück und starrte auf die dunklen Fenster, die wie tote Augen auf ihn herabsahen. Da erleuchteten sich zwei Fenster im dritten Stock. Ob sie geprüft hatte, daß er ihr gefolgt war. Leise wehte der Wind über die Mauern des Klostergartens. Vincente war von einem knabenhaften Leichtsinn ergriffen und wollte ein Steinchen in das offene Fenster werfen. Da erblickte er ihren Schatten, der oben vorüberhuschte. Wenn Sie ihn doch bemerkt hätte! Er wußte nicht anders auf sich aufmerksam zu machen, als daß er den Triumphmarsch aus Aida laut vor sich her pfiff. Sie kam zum Fenster, er winkte ihr mit dem Taschentuch zu, sie war bestürzt zurückgefahren, sein Pfeifen war jählings abgebrochen. Drinnen ließ sich die Stimme eines Mannes vernehmen, sie antwortete ihm kurz und legte, so daß es Vincente sehen konnte, den Finger auf den Mund, ihn zur Vorsicht mahnend. Dann beugte sie sich vornüber, und ein weißes Papier flatterte spiralenförmig hernieder. Schon war es in greifbarer Nähe, da erhob es ein plötzlicher Windstoß, wirbelte es wie höhnisch über seinem Kopfe im Kreise umher und trug es über die Klostermauer. Vincente war ein lauter Fluch entschlüpft. Oben wurde das Licht ausgedreht.

Wut und Beschämung ließen ihn in Verwünschungen aufschäumen. Immer vom Schicksal genarrt und verhöhnt, der Liebesbrief der neuen Geliebten zu Mafalda getagen! Seine Kiefern klapperten im plötzlichen Frost, sein Herz war von Bosheit geschwollen, so daß er sich jetzt jemanden gewünscht hätte, um an ihm seinen Zorn auszulassen. Die Straßen waren ausgestorben, niemand zu sehen. Auf dem Ponte Vecchio fiel ihm eine Marmortafel mit einem Vers von Dante in die Augen. Er spie sie an. In der Loggia dei Lanzi lagen Bettler und Landstreicher schlafend umher. Vincente hatte gute Lust, einen der Kerle durch einen Fußtritt aufzuwecken, und mit ihm Streit anzufangen. Plötzlich fühlte er, wie eine eisige Schwäche ihn ergriff und seine Sinne taumelten. In seinem Gehirn wirbelte es wie Schneeflocken durcheinander, und nur mit Mühe schleppte er sich zu einer Droschke, nannte sein Hotel, und seine Sinne schwanden hin.

Es war schon gegen Mittag als Vincente erwachte. Wie durch dichte Nebel sah er in den gestrigen Tag zurück, und er konnte sich nicht besinnen, wie er nach Hause gekommen war. Vor seinen Augen flimmerte es, als ob viele weiße Zettelchen um ihn herumflatterten. Auf dem Tisch lagen das Schwert, der rote Mantel und das Räucherbecken, wie ihm Bolza zugesagt hatte, ohne ein weiteres Schreiben von ihm. In seiner gereizten Stimmung sah er darin ein Gehässigkeit. Verächtlich warf er die Sachen in die Ecke, und das Schwert klirrte gegen den Boden. Zigaretten paffend zog er sich an.

Kaum war er in den Speisesaal eingetreten, als der Oberkellner ihm eine Visitenkarte überreichte, indem er sagte: «Der Herr wartet schon seit zwei Stunden.» Lascari las: «Vicomte de Brettigny, Tem. oh. p. ab.» Darüber statt der Grafenkrone ein Pentagramm, mit der Spitze nach unten. Er wußte nicht, was er damit anfangen sollte. Da kam schon der Graf auf ihn zu und stellte sich zeremoniös vor.

«Und was verschafft mir die Ehre Ihres Besuches?» holte Lascari aus.

«Ich fürchte sehr, Ihre Zeit in Anspruch zu nehmen.»

«So schlage ich Ihnen vor, mit mir zu speisen, Herr Graf», lud ihn Lascari ein und Brettigny nahm an. Das Gespräch drehte sich um wesentlich Mondänes, und einer bemühte sich wie der andere, sein Gegenüber abzutasten und auszuforschen. Zum Kaffee zogen sie sich in das Rauchzimmer zurück. «Nun heraus mit der Farbe, Herr Graf! Hier sind wir ohne Zeugen. Womit kann ich Ihnen also dienen?»

Der Graf schlürfte seine Tasse Mokka aus, zündete sich eine Zigarette an und sah Vincente mit vornehmem Blick an. «Es widerstrebt mir, Sie mit irgendwelchen Kniffen zu beschwatzen. Ich verachte alle Geschäfte, die mir immer als etwas Unsauberes vorgekommen sind. Kurz und gut: wieviel verlangen Sie für Ihre Villa in Rifredi?»

Lascari blickte ihn an, als ob er nicht richtig gehört hätte. Brettigny bemühte sich, über die peinliche Stille hinwegzukommen und sprach: «Es verdrießt mich, länger im Hotel zu wohnen. Da ich den Winter in Italien verbringen möchte – ich möchte nämlich im Laboratorium des Professors Bolza arbeiten – wäre es mir ganz lieb –»

«Herr Graf» unterbrach ihn Vincente. «die Villa ist um keinen Preis der Welt verkäuflich.»

«Sie ist auf dreihunderttausend Lire geschätzt. Ich biete Ihnen vierhunderttausend!»

«Nicht um eine Million! – Was für ein Interesse haben Sie, ausgerechnet das alte Haus an der staubigen Straße zu erwerben? Gibt es nicht genug leere, neue Villen in der Umgebung der Stadt?»

Brettigny trommelte auf der Marmorplatte. «Das alles ist mir bekannt. Ich biete Ihnen fünfhunderttausend!»

«Nein und abermals nein! Ich muß Sie bitten, Herr Graf, von diesem Thema nicht mehr zu sprechen.»

«Eigensinniger Mensch, hören Sie, fünfhunderttausend! Sofort zahlbar!» Und er stieß heftige Rauchwolken von sich. Vincente spielte mit der Visitenkarte und sagte wie nachlässig:

«Ein Pentagramm statt der Grafenkorne – eine eigentümliche Idee!» Brettigny sah im scharf in die Augen. Sollte ihn jener durchschauen? Er holte aus: «Es ist mir bekannt, daß sich der

Grieche Leftini an Sie herangemacht hat, um sich in Ihre Villa einzuschleichen und Ihnen ein Präparat, das noch aus der Zeit des Adepten Laskaris stammt, zu entwenden. Es ist mir auch bekannt, in welchem Verhältnis dieser Mann mit dem verstorbenen Marchese gestanden hat. Ich warne Sie, hüten Sie sich vor dem Griechen! Er will Sie ebenso verderben wie den Verstorbenen.»

Vincente wußte nicht, ob er es mit einem Abgesandten Bolzas oder einem Hochstapler zu tun habe. «Ihre Warnung kommt zu spät: mein Freund, der kurz von Ihnen erwähnte Professor Bolza, hat es bereits getan.»

«Hm, Bolza, Ihr Freund», er wurde verlegen, als ob er ein Ungeschick begangen hatte. «Eigentlich muß ich gestehen, daß ich mich in Bolza ein wenig getäuscht habe, verzeihen Sie meine Offenheit. Ich erhoffte mir von ihm eine gründliche Einführung in die okkulten Wissenschaften, aber seine Schweigsamkeit interpretiere ich als Unkenntnis. Allerdings in seinen chemischen Untersuchungen ist er groß, und ich erwarte mir viel von einem gemeinsamen Arbeiten mit ihm.»

«Nun gut, aber ich kann nicht daraus erraten, weshalb Sie sich in meiner Villa ansiedeln wollen.»

«Sie erhalten sofort das Geld.»

«Ich danke höflichst.»

«Herr Lascari, Ihre Hartnäckigkeit erbittert mich.»

«Niemand kann mich zwingen.»

«Gut, so überlasse ich Sie Ihrem Schicksal. Sie werden ohne genügende Schulung ebenso ungeschickt operieren wie der Marchese und dabei den Tod finden. Von ihrem Bruder wird die Villa ohne besondere Mühe zu kaufen sein.»

Lascari erbleichte unmerklich: «Was wissen Sie von seinem Tod?»

«Leftini hat es mir mitgeteilt.» Er machte eine Pause. «Kennen Sie die klassischen Werke der Magie und Alchimie?»

Vincente verneinte durch ein Schütteln des Kopfes.

«Dann werden Sie es nicht verstehen und es hat keinen Sinn, mit Ihnen darüber zu reden», sagte Brettigny von oben herab.

«Wenn ich auch jetzt noch nichts davon verstehe: in der Villa steht eine umfangreiche Bibliothek, und was die Hauptsache ist und weshalb Sie mir das Haus abschwatzen wollen, dort sind die Manuskripte und die alchimistischen Präparate des Adepten. – Ich danke für Ihre Liebenswürdigkeit, Herr Graf!»

Vincente erhob sich und Brettigny mußte seinen letzten Trumpf unvermutet ausspielen, um den Davoneilenden zurückzuhalten.
«Herr Lascari, überbringen Sie meine Karte dem Spiritual des Klosters von Santa Teresa. Er wird Sie über alles aufklären, was ich Ihnen verschweigen muß.»
Bei diesen Worten kehrte sich Lascari herftig um. «Habe ich richtig verstanden? Der Spiritual von Sanata Teresa?» «Jawohl, kennen Sie ihn?»
«Nein, aber ich möchte ihn gerne kennenlernen.»
«Das kann geschehen, er ist einer meiner besten Freunde. Wenn Sie es wünschen, werde ich Sie ihm vorstellen.»
«Ich bitte Sie sehr darum.» Nun hatte Brettigny das Spiel gewonnen und er wollte seinen Triumph auskosten. «Schön, ich werde nächste Woche mit Ihnen bei ihm vorsprechen.»
Lascari wurde ungeduldig. «Nächste Woche? Haben Sie nicht früher Zeit?»
«Jetzt ist es zwei Uhr, wir können jetzt hinfahren und dann zeigen Sie mir Ihre Villa in Rifredi.»
Lascari war gefangen. Er überlegte kurz: «Gut, abgemacht.»

Lascari wunderte sich, als der Wagen auf Geheiß Brettignys beim Kloster Santa Teresa weiterfuhr, nach links zu einem verwahrlosten Friedhof einbog und vor der efeuüberspannten Pforte hielt. Der Franzose zog die Klingel, deren blechernes Schrillen unangenehm gellte. Ein verhutzeltes Männchen schlürfte über den Kies heran, und seine etwas zu hohe Stimme fragte nach dem Begehr der Fremden. «Erkennen Sie mich nicht mehr, Taddo?» Und er zeigte ihm seine Visitenkarte. «Ich will mit dem Monsignore sprechen.»
Taddo sah Lascari mißtrauisch an, öffnete das Tor und zog Brettigny zur Seite, ihn am Ärmel zupfend. «Wer ist der da?»
«Ein Freund von mir. – Es ist sehr dringend», und er wollte ihm eine größere Banknote als Trinkgeld zustecken. «Geht nicht, geht nicht!» lehnte er ab.
«Ja, warum denn, Alter? Ist der Mosnignore nicht zu Hause?»
Der Alte zog ihn beiseite, so daß Lascari ihn nicht hören konnte.
«Gehen Sie nicht zu ihm, er kommt mir verdächtig vor, er ist ein Spitzel, der sich in unseren Orden eingeschlichen hat, um alles nach Rom zu melden. Ich habe zwar noch keine Beweise, aber ich bin ihm darauf gekommen, daß er sich seine Post unter einem

Decknamen abholen läßt. Ich befürchte, daß er alles nach Rom gemeldet hat.»

«Verwünscht! Und ich habe alle meine Mühe umsonst gehabt, hinter die Pläne des Lascari zu kommen.»

«Wenn Sie es unbedingt wollen, gut. Aber ich werde davon Mitteilung an Ephrem machen. Doch der Fremde darf nicht mit.»

«Es ist eben jener Lascari, seine Geliebte ist in diesem Kloster. Wenn wir das Mädchen für uns gewinnen – –. Nun, Taddo?»

«Sehr gut, sehr gut!»

Sie gingen zu Lascari zurück, der mit seinem Stock eine Reihe von Figuren und Buchstaben in den Sand gezeichnet hatte, und der krumme Totengräber ging voran. Vincente konnte nur mit Mühe seine Abscheu vor diesem Menschen verbergen, dessen ganzes Gehaben ihm widerlich und abstoßend erschien. Aber durch die Geheimnistuerei des Franzosen war seine Neugier aufs höchste aufgestachelt, er mußte mit dem Vorgesetzten Mafaldas zusammenkommen, durch dessen Hilfe allein ihm eine Aussprache mit ihr möglich war. Sie durchschritten die Gräberreihen des Friedhofes, kamen an der offenen Aufbahrungshalle vorüber und gelangten zur Mauer, die den Kirchhof vom Kloster trennt. Taddo kramte in seinem Schlüsselbund, schloß auf und hieß die beiden anderen warten, denn ohne Erlaubnis des Oberen darf die Klausur eines Klosters von Fremden nicht betreten werden. Der Totengräber ging längs der Gemüsebeete weiter zum Kreuzgang, wo ihm eine Nonne entgegenkam und ihn in das Innere führte.

Vincente fühlte, wie sein Herz lauter zu schlagen begann. Das Gefühl der Erbitterung gegen Mafalda schwand hin bei der Gewißheit ihrer Nähe. Leidenschaften hatten ihn gestern verwirrt, und die Scham, die jeder Zügellosigkeit der Sinne folgt, machte ihn mild gestimmt. Oder war es die Nähe eines geheiligten Bezirks, die sanft seine Stirn umfloß? – Daß sein Zorn gegen sie nur Unverstand und sein Unvermögen war, sich selbst zu begreifen, war ihm schon gestern klar, als er sich auf der Piazza Vittorio Emmanuele betäuben wollte. Aber auch dieses war ihm nicht geglückt, und die Lächerlichkeit seines nächtlichen Abenteuers übergoß ihn mit Beschämung. Wenn ein Mann in seiner Sinnlichkeit eine Stufe herabgestiegen ist, kann er die Rückkehr zu sich nur auf dem Weg der Ironie finden. Und so verkniffen sich seine Lippen, als er auf einem Ligusterbusch eine weißes Zettelchen erblickte, und er hätte beinahe aufgelacht über die Zufälligkeiten des Lebens, die sich anmaßen, entscheidend wirken zu wollen und doch wie ein Windhauch weggeblasen werden können.

Und doch kam ihm die Versuchung, den Zettel zu holen; nur einige Schritte trennten ihn von ihm, doch war der Reiz nicht mehr Abenteuer, sondern Bekenntnis einer mißglückten Sünde. Im Sonnenlicht kann nicht bestehen, was die Nacht verheißungsvoll versprochen hatte.

Lascari erwog bei sich, wie wenn man etwas Belangloses überlegt, ob er den Zettel holen sollte oder nicht, und dabei musterten seine Augen die zu gut gepflegten Beete. Hier grünte Petersilie, dort der buschige Rhabarber, dort Fenchel und breitblättriger Lattich. Die Kartoffel standen gerade in Blüte, und der Mohn ließ sich bereits seine faustgroßen Köpfe bräunen. Die Hecken waren mit Schlingpflanzen durchwachsen, wilden Wicken und Ringelblumen, die einen zarten Geruch aushauchten.

Vincente ließ sich von der Einfalt dieses bescheidenen Bildes fesseln, so daß die Erinnerung an seine nächtliche Wollust immer mehr ihre bestimmende Kraft verlor.

So hatte der Friede des Gartens Lascari beruhigt, als er auf den Ligusterbusch zuschritt, das Papier flüchtig besah, ob es beschrieben sei, und dann in seine Brusttasche steckte. Aber dennoch irgendwie bei etwas Ungehörigem sich ertappend, wandte er sich an Brettigny, der gerade auf ihn zukam: «Noch immer nicht? Wo steckt denn dieser Kerl?»

Lascari, der durch die Beobachtung seines Herzens mutig geworden war, fragte in ziemlich hochmütigen Ton: «Was soll denn der Zweck Ihrer Unterredung mit dem Monsignore sein, Herr Graf? Ich kann nicht umhin, Ihr ganzes Benehmen etwas merkwürdig zu finden», und er sah ihn herausfordernd an.

Sollte ihn Lascari durchschaut haben? Brettigny tat ungezwungen. «Ich begreife es, daß Sie das lange Warten nervös macht, aber da Sie das ebenso große Interesse wie ich haben, mit dem Spiritual zusammenzukommen, muß ich Sie bitten, sich ein wenig in Geduld zu fassen. Taddo muß jeden Augenblick zurück sein.»

«Lieber Graf, ich muß Sie bitten, gegen mich ehrlicher zu sein! Wieso konnten Sie wissen, daß ich mit dem Monsignore sprechen wollte! In der Tat, Ihre Helfershelfer sind geschickte Leute, denn außer mit dem Professor Bolza habe ich mit niemandem darüber gesprochen, und Bolza kann mich nicht verraten haben. Nachdem der plumpe Versuch Leftinis, mir meinen Besitz abzuschwatzen, mißglückt ist, kommen Sie mir mit einer anderen Methode, von deren Scharfsichtigkeit ich nicht überzeugt bin. Alle diese obskuren Umtriebe sind mir verhaßt. Reden Sie klar und offen mit mir! Es ist meiner und Ihrer unwürdig, zu unwahrhaftigen Mitteln zu greifen, die weder Niveau noch Klasse haben.»

«Mein Herr!« wollte Brettigny aufbrausen, da wurde Taddo sichtbar, der mit seinen weitausgreifenden Schleppfüßen heransegelte, und noch ehe er bei Brettigny war, diesem zurief: «Ich sagte es ja, es geht nicht, Monsignore hat es mit größter Entschiedenheit abgelehnt, die Herren zu empfangen. Alle meine Bitten waren umsonst, ja er verbot mir, ihm jemals noch unter die Augen zu treten,» Und zu Brettigny, sich aufreckend, um dessen Ohr nahe zu sein: «Ganz gewiß, hat er uns verraten! Wir alle sind verloren! Melden Sie es schnell unserem Meister Ephrem!» keuchte er mit Bestürzung und Schrecken.

«Teufel und Gott!» fluchte Brettigny, «Sie haben recht, Taddo.» Und ohne sich weiter an Lascari zu kehren, eilte er mit fliegenden Schritten, daß der Sand unter seinen Füßen spritzte, dem Ausgang zu, rief dem Kutscher eine Adresse zu und der Wagen rollte davon, «Nun, Herr?» Taddo rasselte mit seinem Schlüsselbund.

Lascari verstand und ging in den Kirchhof zurück. Der Totengräber kam ihm wie ein Scheusal, eine Ausgeburt niedriger Gedanken vor, aber er zwang sich, diesem seine Abneigung nicht zu zeigen, im Gegenteil, er gab ihm ein reichliches Trinkgeld, von einem unbestimmbaren Gefühl geleitet. «Ich danke Ihnen, lieber Taddo, für ihre Mühe, die leider vergeblich war.»

Mit einem Gefühl der Verbitterung ging er davon. Alles mißlang ihm, ein Fluch schien auf ihm zu liegen. Unsinnigerweise richtete er seinen Groll gegen Mafalda, als ob sie die Ursache aller Enttäuschungen wäre. Ihre exaltierte Gereiztheit war schuld daran, daß diese Gehässigkeit in seine Stimmung geraten war. Wie, das kleine Mädchen wollte ihm Vorschriften machen! Das gnädige Fräulein war mit ihm unzufrieden? Ihr etwa ins Kloster nachlaufen und ihr eine große Szene spielen! Romantische Schwämerei! Und das Millionenvermögen des Marchese konnte indessen ein anderer einstecken! Unwillig mit der Achsel zuckend, rief er einen Kutscher an und fuhr nach Rifredi zurück.

Noch immer hoffte Mafalda auf das Kommen des Jünglings. Ihre durch schwärmerische Illusionen überhitzte Phantasie konnte sich Liebe nicht anders als mit einem überschwenglichen Abenteuer verbunden vorstellen. Es sollte in der Wirklichkeit wie in Liebesromanen zugehen, ihr heißes Blut erwartete von dem ersten Abenteuer Unerhörtes. Statt dessen – nichts. Anstatt sie nächtlich zu entführen, schickte der edle Ritter einen zagen Kundschafter aus. Aber vielleicht bereitet er etwas Verwegenes vor? Stündlich erwartete sie eine Überraschung von ihm. Mit klopfendem Herzen spähte sie jede Nacht aus ihrer Kammer gegen die Stadt, aus der ihr das Wunder entgegenkommen sollte.

In dieser erhitzten Erwartung verflossen Tage und Nächte. Nichts. Nicht ein einziger Brief.

Tage vergingen, Wochen. Nichts. Nun wurde ihr die Schande klar: er hatte sie vergessen. Und die frühere Leidenschaft schlug in Haß um, der um so glühender wurde, je länger er währte.

Zweites Kapitel

Nun hatte Lascari von seiner Villa in Rifredi Besitz ergriffen. Er richtete sich in einem Erkerzimmer des ersten Stockwerks ein, das vom Marchese unbewohnt geblieben war. Eine geheime Scheu vor allen Dingen, welche Merkmale einstiger Benützung durch den Verstorbenen trugen, hatte ihn in sich gekehrt und einsam gemacht. Aber sein Sinn war fest und entschlossen, das Grauen zu überwinden und in die Ausstrahlung der Dinge ringsum hineinzuwachsen, ohne sich jedoch von ihnen überwältigen zu lassen. Sein innerer Sinn, immer auf der Wacht vor den Dämonen, hatte ihn sensibel und feinhörig gemacht, so daß sein Instinkt unwillkürlich das Richtige traf, wenn es galt, sich vor geheimen Feinden aus der Welt seiner Triebe zu schützen. Nur mit Vorsicht näherte er sich der Bibliothek, wo die Schriften in braungegerbten Bänden hoch auf bis an die Decke stiegen. Gleichsam als ob seine Hand von einer geheimen Macht gelenkt würde, holte er ein altes Buch heraus, ein Werk des Alchimisten Khunrath, und fing an, es mit Ausdauer zu studieren.

Schon in der folgenden Woche begann er mit Räucherungen, um die feindlichen Ausstrahlungen der Dinge, die durch die verruchte Tat des Verstorbenen ihnen anhaftete, zu vertilgen. Alle Fenster wurden geöffnet, und Lascari verbrannte in offenen Kohlenbecken die vorgeschriebenen Spezereien, welche die Räume reinigten.

Nun erst freute ihn sein Besitz, und er untersuchte das Haus vom Keller bis zum Dachsparren. Die Fundamente waren aus Quadern gefügt, die Kellerräume enthielten keine Geräte.

Der prunkvollste Raum war das große Speisezimmer gleich beim Eingang. Die Wände waren mit mattem Nußholz getäfelt, die Decke kassetiert und in den Füllungen mit dunklem Goldstuck ornamentiert; von oben hing ein schwerer Luster aus venezianischem Glas, und auf einem breiten Kamin standen mächtige bronzene Leuchter. An den Wänden hingen in breitgeschnitzten Holzrahmen Ölgemälde von verschiedener Größe, Jagdszenen in holländischer Manier, eine heilige Barbara nach einem venezianischen Original und Stücke, die Lascari für Arbeiten umbrischer und toskanischer Schulen ansah.

Neben dem Speisesaal lagen zwei kleinere Räume, vom Marchese modern und ohne besonderen Geschmack eingerichtet. Sie dienten als Gastzimmer und waren an den Wänden mit Waffen und militärischen Kupferstichen behangen.

Im oberen Stockwerk mußten die Wohnräume des Adepten gewesen sein. Außer den schreiend roten Teppichen, den modernen Tischen und der elektrischen Beleuchtung trug hier jeder Gegenstand die Weihe eines früheren Jahrhunderts. Schwere Seidenvorhänge blendeten das grelle Tageslicht ab, die Wände waren mit Tapeten ausgeschlagen, die, vom Alter gebräunt, nur die ungefähren Umrisse ihrer früheren Zeichnungen erkennen ließen. Nur wenige Bilder bedeckten sie, meist Heiligenbilder unbestimmbarer Herkunft. Lascari klopfte die Wände mit dem Hammer ab und rückte die Bilder von ihrem Platz, um ein geheimes Fach oder einen in der Wand eingelassenen Schrank zu entdecken, aber nirgends klang es hohl unter den Schlägen.

Am liebsten hielt sich Lascari im Bibliothekszimmer auf. Die Bücher waren nach Stoffgebieten geordnet und mit Schildchen versehen, auf denen die Katalognummer stand. Kein einziger der in dem geschriebenen Katalog angeführten Bände fehlte. Die Werke gingen nur bis etwa 1790 und enthielten in fast lückenloser Folge alle Bücher über die geheimen Wissenschaften. Dann kam eine große Lücke und erst die neueren Werke, die der Marchese angeschafft hatte, zum Teil noch ungebunden, gaben die Ergänzung.

Tagelang weilte Lascari in diesem Zimmer und vergaß sich selbst vor den enthüllten Geheimnissen der Natur. Er begann allmählich zu begreifen, wie alles, was die alten Bücher sagten, nur als Gleichnis zu verstehen sei und wie die Lösung alles verborgenen Wissens im Menschen selbst, in seinem Herzen ruhe. Wie die Kräfte der oberen Welten alle nach dem menschlichen Herzen hinzielen, um es zu reinigen und heiliger zu gestalten, wie die unteren Welten immer nur nach dem Beweis der Kraft im Irdischen hinstreben. Und wie von den Sternen herab das Gesetz kam, das beide Kräfte in Harmonie verbindet und zur freudigen Bejahung seiner Kreatürlichkeit führt, die sich trotz aller Unvollkommenheit im Zusammenhang mit der Gottheit fühlt. Und sein Herz, das das Wunder der Liebe in sich selig aufgenommen hatte, nahm auch die Erleuchtung des Wissens wie eine Pfingstbotschaft in sich auf, daß es in göttlichen Gluten brannte.

Die Forschungsreise durch sein Haus brachte ihm immer neue Entdeckungen. So fand er in einem alten Eichenschreibtisch des Erkerzimmers in einem Geheimfach eine Sammlung von goldenen Schaumünzen, deren Inschrift besagten, daß sie in Gegenwart von Fürsten und Bischöfen aus Blei zu Gold veredelt worden wären. Oder er entdeckte in einer alten Kommode versiegelte Fläschchen und Phiolen, deren Etiketten vom Alter und Schmutz unleserlich geworden waren. In manchen schimmerte es grünlich, eine zähflüssige Masse phosphoreszierte in seltsamen Reflexen. Ihm fiel das große Gewicht dieser Flüssigkeiten auf. Sollten das nicht die von allen Alchimisten gesuchten Metall-Lösungen sein?

Als er einmal wieder in dem alten Gerümpel der Truhe wühlte, die Scherben von den erhaltenen Phiolen sondernd, fand seine Hand im weichen Mull ein kleines Fläschchen von Bergkristall, welches bläulich leuchtete. Der Glaspfropfen saß nur locker im Hals, und er konnte der Versuchung nicht wiederstehen, die Phiole zu öffnen. Ein betäubender Geruch quoll heraus, wie Mandel und Weihrauch, so stark, daß seine Sinne schwach davon wurden. Noch hatte er Geistesgegenwart genug, die Flasche zu schließen. Seine Hände begannen zu zittern und eine unerklärliche Angst fröstelte ihn an. In der kauernden Stellung, in der er kniete, sank sein Kopf gegen die schwere Truhe, seine Sinne umnachteten sich, und er verlor das Bewußtsein. Als er erwachte, lag er in seinem Zimmer auf dem Sofa, und Luigi legte ihm einen Eisbeutel auf die Stirne. Er schrak empor: «Luigi, was ist geschehen?»

«Nichts, nichts, ich fand den gnädigen Herrn bei der Kommode eingeschlafen. Mit dem Herrn Marchese hat es auch so begonnen. Herr, Sie sollten das ganze Teufelszeug zusammenpacken und in den Arno werfen!»

«Wie war es mit dem Marchese?»

«Er war der beste und gütigste Herr, den ich mir nur wünschen konnte, zwanzig Jahre lang, bis er auf die Fläschchen kam, und dann war es aus. So wie ich Sie jetzt gefunden habe, über die Truhe gebeugt, so sah ich ihn vor drei Jahren, ich kann mich noch gut erinnern, es war am Tag Mariä Geburt. Und dann begann er das Laboratorium aufzumauern –»

«Das Laboratorium, wo ist es?»

Luigi bekreuzigte sich. «Danken Sie Gott, junger Herr, daß Sie es noch nicht gefunden haben. Lieber lasse ich mir die Zunge herausreißen, als das ich das Versteck angäbe.»

Lascari sprang auf, alle Schwäche war wie plötzlich von ihm gewichen. «Also Alter, zeige mir das Laboratorium!» herrschte er ihn an.

«Heilige Madonna!» klagte der Alte, «jetzt macht er Augen wie der Verstorbene! O Gott, stehe mir bei! Er wird ebenso wahnsinnig werden wie jener!»

Lascari schämte sich seiner despotischen Aufwallung und sagte: «Schon gut, Luigi. Sie brauchen sich nicht so zu ereifern. Es ist mir schon besser, ich danke für Ihren Beistand», und gab ihm den Eisbeutel. Luigi ging.

Nun war für Lascari der Entschluß gefaßt, sich der praktischen Magie zu widmen. Das war das eigentliche Erbe, das ihm der große Adept über die Jahrhunderte hinaus vermacht hatte.

So nahm er den Hammer zur Hand und klopfte die noch übrigen Wände ab. Nirgends zeigte sich etwas Verdächtiges, und Vincente war nahe daran zu verzweifeln. Halt! Die Treppe, die zum Dachboden führt!

Schon begann es draußen dunkel zu werden, das lange Suchen hatte ihn ermüdet, aber seine Neugierde gönnte ihm noch keine Ruhe. Sorgsam untersuchten seine Finger die brüchige Wand. Nichts! Schon war es völlig Nacht geworden, die Lampe warf flackernde Lichtbündel über die schmale Treppe. Hatte ihn Luigi genarrt? Hatte nicht auch Leftini von einem Laboratorium gesprochen?

Schon wollte er, an allen Gliedern gerädert, verärgert heruntersteigen, da kam ihm der Gedanke, den Dachboden nochmals zu untersuchen. Er schloß die schwere Eisentür auf, ein starker Luftzug wehte ihm entgegen und löschte die Lampe aus. Eine seltsame Neugier, mit leisem Grauen gemischt, trieb ihn aber weiter. Durch die zwei großen Dachlucken fiel helles Mondlicht herein, das messerscharf in die dichte Finsternis zwei kreisrunde Säulen schnitt.

Ihm schlug das Herz lauter. Fledermäuse huschten wie lautlose Schatten vorüber. Seine Füße tappten, wie von einem Traum beschwert, aus der Fihsternis in das Lichtoval des ersten Fensters. Da knackte es irgendwo im Gebälk; angstvoll zuckte er zusammen, er wollte fliehen, um Hilfe schreien, aber das Mondlicht hatte ihn fasziniert, wie der Blick der Schlange den Vogel bezaubert. Es war ihm, als ob unsichtbare Wesen mit dem Mondlicht in ihn eindrängen, und sein Leib erlag dem buhlerischen Zauber dieser Verführung. Seine Finger tasteten wie schlafwandelnd längs der beleuchteten Wand, und zwischen den Feuereimern, die wie verdorrte Riesenfrüchte an rostigen Haken hingen, fühlten sie eine Klinke. Lascari drückte, eine niedrige Tür tat sich auf. Er schlüpfte hindurch – ja, das was das Laboratorium des Adepten! Noch war sein Auge vom grellen Mondlicht geblendet und konnte sich nicht an das starrende Dunkel gewöhnen, aber die offengelassene Tür ließ einige Refelxe in das Gelaß hinein, so daß Lascari in ungewissem Schwarz die matten Konturen der Dinge ahnend begreifen konnte. Auf hohen Regalen fahlte die Spiegelung vieler Gläser, im Hintergrund eine schwarze Masse, das mußte der Ofen sein.

Lascari wagte nicht zu atmen und fürchtete, daß eine zu rasche Besinnung das Märchen zerstören würde. Der Ort hauchte seltsame Weihe aus, als eine Stätte, wo ein Mensch um das höchste gerungen. Es ist an solchen Orten, als ob die Dinge einen Teil des Wesens ihres Meisters an sich gesogen hätten und ihn über die Jahrhunderte hinaus in matter Spiegelung widerstrahlten. Das große Herz des Adepten, alle seine Bemühungen, übermenschliche Anstrengungen, der Todesschrei seiner Verzweiflung, dann neuer Kampf mit dem Wunder, jahrelanges Ringen um das Geheimnis – und dann die Erleuchtung, das Gelingen des großen Werkes!

Wo immer ein Herz in heiliger Begeisterung geglüht hat, dort schwebt unsichtbare Verklärung über allen Dingen, die Berührung und die Nähe des Erhabenen gibt der Welt erst ihre Bedeutung.

So stand Lascari überwältigt von der Nähe eines großen Geistes da, unfähig, die Bedeutung in die Brauchbarkeit des Alltags einzugießen. Sein Geist erfüllte sich mit der Güte seines großen Ahnherrn und begabte ihn reich mit Bildern des Wohltuns und Erbarmens. Das Gold des Adepten sollte nur dazu dienen, die Wunden der Armen und Elenden zu heilen. Nichts wollte er für sich allein behalten!

Lange stand er also reglos, das Mondlicht rückte immer näher heran in das Geviert des geweihten Raumes, und allmählich konnten seine Augen deutlicher unterscheiden. Die Wände waren braun gebeizt. Über der niedrigen Tür erhob sich ein Kreuz mit doppeltem Querbalken, im oberen die Buchstaben I. N. R. I., unterhalb des zweiten Balkens das Wort TETRAGRAMMATON und ganz unten der präparierte Kopf eines Bockes. Lascari bebte zurück, als er die gläsernen Augen des Bockes starr auf sich gerichtet sah. Wie kam dieses scheußliche Symbol in den geheiligten Raum, das Zeichen des Teufels in die gottgeweihte Stätte?

Lascari wich zum Ofen zurück, der nach halbverkohltem Holz beizend roch. Über diesem standen die Worte IGNE NATURA RENOVATUR INTEGRA, dergestalt, daß die Anfangsbuchstaben übermäßig groß waren und ein I. N. R. I. bildeten, die Inschrift auf dem Kreuz, die nach dem Bericht des Evangelisten auf Pilatus zurückging.

Seine Augen hatten sich bereits genügend an das Dunkel gewöhnt und entdeckten einen siebenarmigen Leuchter, eine Lanze, mehrere Peitschen von Gestalt der russischen Nagaika, Ketten mit spitzigen Dornen. Er rührte eine von ihnen an, ihr Klirren klang fürchterlich in der gespenstigen Stille. Sein Blut gerann zu Eis vor Entsetzen, er wollte fliehen – aber von draußen knarrte es. Es ächzte wie eine rostige Windfahne, ein Schaben und Kratzen, ein dumpfer Fall und Schritte tappten näher heran.

Lascari war einer Ohnmacht nahe, Todesangst und Gespensterfurcht trieben ihm kalten Schweiß auf die Stirne. Seine Glieder schlotterten, die Hände tasteten nach einem Halt. Die Schritte kamen immer näher, eine Gestalt tauchte unter dem Bockshaupt empor, langsam, behutsam wie ein Dieb. Lascari wagte nicht hinzusehen. War es ein Dämon, den er durch das Rasseln der Ketten herangelockt hatte, oder ein Trugbild seiner überreizten

Sinne? Mit dem Todesmut eines Verzweifelten – und sollte es auch sein Leben kosten – ermannte er sich und rief: Wer da? Halt! oder ich schieße!»

Feiges Wimmern kam zur Antwort: «Verraten Sie mich nicht, Luigi, um Himmels willen, sagen Sie nichts dem Herrn! Ich schwöre es, ich habe nichts angerührt.»

Lascari faßte sich und wußte Bescheid – es war Leftini, der sich einschleichen wollte, der einzige, der außer Luigi von dem Laboratorium wußte. «Ah, Leftini, auch das ist Ihnen gründlich mißglückt. Ich bin es und nicht Luigi!» Den Griechen packte aufheulende Wut und er stürzte sich in blinder Verzweiflung auf Lascari, willens, auch um den Preis eines Mordes in den Besitz der Geheimnisse des Adepten zu gelangen. Lascari ergriff zu seiner Verteidigung den siebenarmigen Leuchter und schleuderte ihn auf den Rasenden, der stumm zusammenbrach. Rasch durchsuchte er die Taschen des Hingestürzten, nahm ihm seine Waffen und die Streichhölzer ab, holte die Lampe, zündete sie an und leuchtete dem Griechen ins Gesicht. Dieser war mehr durch den Schreck als durch die Heftigkeit des Wurfes zusammengestürzt. Er wimmerte auf und warf sich Lascari zu Füßen hin, der hell im Lichte der Lampe stand: «Erbarmen! Ich will Ihr Diener sein, nur schonen Sie mich!»

In Lascaris Gehirn kam ein befreiender Gedanke. Der Grieche war in der Verschwörung Brettignys eingeweiht; jetzt konnte er hinter die Geheimnisse seiner Gegner kommen, über den Tod des Marchese Sicheres erfahren. Den Griechen an seiner Seite zu haben – ja dessen Todesfurcht war echt, jetzt konnte er nicht lügen. «Stehen Sie auf und erzählen Sie mir alles!»

Der Grieche erhob sich rasch und küßte Lascari die Hand. «Ja, Sie stehen wirklich im Schutze Gottes, gegen Sie wird der Baphomet nichts ausrichten können.»

«Baphomet?» fragte Lascari.

«Wie, Sie wissen wirklich nicht?» staunte der Grieche. Lascari tat, als ob er wirklich nichts gehört hätte: «Erzählen Sie mir von Brettigny, von Taddo, von dem Spiritual des Klosters Santa Teresa, vom Ende des Marchese!»

Beide setzten sich in die rohen Holzstühle und Leftini begann: «Ich weiß nur einen Teil von allem, nur das, was man mir bei der Einweihung mitgeteilt hatte. Aber ich fürchte, daß mein Bericht Sie ermüden wird.»

«Nein, Leftini, ich bestehe darauf. Ist es nicht eine merkwürdige Fügung des Schicksals, daß ich gerade heute erst das Laboratorium fand und daß ich im richtigen Augenblick mit Ihnen zusammenkam?»

Der Grieche senkte beschämt das Haupt, und als er die Augen wieder hob, erkannte Lascari in ihnen eine Unterwürfigkeit wie sie nur jenem eigen ist, der sich auf Gnade oder Ungnade seinem Besieger ausliefert.

Und Leftini begann: «Ich muß weit ausholen und mit meiner Kindheit beginnen. Meine Vorfahren waren griechische Kaufleute in Famagusta auf Cypern. Schon frühzeitig mußte ich im Geschäft des Vaters mithelfen – er betrieb einen Handel mit Weihrauch und orientalischen Spezereien – und so wurde meine Erzieheung so ziemlich vernachlässigt. Als ich etwa zwölf Jahre alt war, zog ein Rabbiner in unser Haus ein, dem ich meine Bildung verdanke. Obwohl ich von christlichen Eltern stamme, gewann er mich lieb, und da er seinen einzigen Sohn kurz vorher verloren hatte, ergoß sich sein väterliches Gefühl auf mich. So oft ich nur ein Stündchen frei hatte, sprang ich die Treppe hinauf in sein mit Büchern vollgestopftes Zimmer und ich empfing seine Belehrung mit gespannten Sinnen. Im Laufe eines Jahres beherrschte ich das Latein und hatte im Hebräischen große Fortschritte gemacht. Der Vater sah es nur ungern, daß ich immer nur bei dem alten Juden hockte, und hielt mich für den Kaufmannstand verloren. Um mich gewaltsam seinem Einfluß zu entreißen, schickte er mich – ich war im zwanzigsten Lebensjahr – nach Palästina, um dort für ihn und andere Firmen Einkäufe zu besorgen. Rabbi Mordechai gab mir Empfehlungsschreiben an seine Landsleute mit und riet mir dringend an, die Judengemeinde von Athlit in Libanon aufzusuchen.»

Lascari unterbrach ihn. «Leftini, Sie sollen mir von Brettigny und Taddo erzählen. Wie hängt Ihre Jugendgeschichte mit jenen zusammen?»

«Gleich, Herr, es ist durch den Baphomet.» Und er fuhr fort. «Ich kam auch nach Athlit, und dort vollzog sich meine Einweihung. An diesem Orte stand bis ins vierzehnte Jahrhundert die Hochburg der Tempelritter, Castrum Peregrini. Jedes Lehrbuch der Geschichte berichtet, daß dieser Orden von Philipp dem Schönen und dem Papst ausgerottet wurde, aber» – und seine Stimme wurde geheimnisvoll – «sie leben weiter bis auf unsere Tage. Ich selbst bin ein Laienbruder niedersten Grades.» «Wie», rief Lascari erschreckt aus, «diese abscheuliche Sekte von Teufelsanbetern, diese schändlichen Verräter des Christentums bestehen noch jetzt?»

«Ja, Herr. Aber denken Sie nicht schlecht von ihnen, sie sind die einzigen Hüter uralter Weisheit, die ohne sie verlorengegangen wäre. Alle großen Adepten der früheren Zeit standen mit ihnen in Verbindung.»

«Das ist Lüge!» brauste Vincente auf. «Der Adept Lascaris war rein und sein Lebenswandel der eines Heiligen.»

«Und doch mußte er dem Baphomet huldigen. Dort ist der Beweis!» und seine Hand wies auf das Bockshaupt, dessen Augen grün unter dem Kreuz über dem Eingang glühten.

«Oh!» schrie der Jüngling auf. «Das Symbol des Satans! Er, der edelste und reinste aller Menschen – nein, nein, das konnte nicht sein! Wie hätte denn sein Leben so heiligmäßig verlaufen können, wenn er mit dem Bösen in Verbindung gestanden hätte?»

«Und doch kommt ohne ihn nichts zustande. Die Welt ist auf ewig geteilt zwischen dem Tetragrammaton und Baphomet. Das große Werk der Alchimisten, der Lapis Philosophorum, kann ohne das schwarze Haupt mit den Hörnern nicht geschaffen werden. Und weiß nicht die Kirche auch von diesem Geheimnis? Der Priester am Altar trägt über sein schwarzes Kleid eine weiße Gewandung; erst so kann er Brot und Wein in Christi Fleisch und Blut transmutieren.»

«Hören Sie auf, Leftini! Es ist Blasphemie, was Sie da sprechen! Ich will es nicht glauben, ich durchschaue den Zweck, den Sie verfolgen.»

«Lascari, es wird Ihnen nichts übrig bleiben, als sich uns anzuschließen. Ohne die Hilfe unseres Ordens werden Sie unvermögend sein, mit den Rezepten des Adepten zu arbeiten. Nur im Zusammenhang mit der Überlieferung kann der Lapis hergestellt werden, und die Überlieferung ist bei uns!»

«Lügner, Betrüger!» brauste der Jüngling auf. «Und deshalb wurde der Marchese von Ihnen getötet?»

«Es ist nicht meine Schuld. Er wollte etwas erzwingen, was durch irdische Mittel nicht zu erreichen ist, und deshalb wandte er sich an die infernalischen Gewalten. Ich habe ihn gewarnt, und als ich einsah, daß alle meine Worte vergeblich waren, verließ ich ihn, um nicht mit ihm sein Schicksal teilen zu müssen.»

«Und weshalb lauerte mir Brettigny auf? Ich habe erst nachträglich erfahren, daß ich bei meiner Ankunft in Florenz und in meinem Hotel von seinen Spionen umgeben war, die jeden meiner Schritte und jedes Wort belauschten. Der Kellner hat es mir schließlich doch verraten. Was wollte also der Templer von mir, in welcher Beziehung steht der Spiritual von Santa Teresa zu ihnen?»

«Das Geheimnis des Adepten muß zu seinem Ursprungsort, zum Orden des Baphomet, zurückkehren.»

«Nun endlich, das ist offenes Spiel!» sagte Lascari und erhob sich im Stuhl. «Und mit der gleichen Offenheit sage ich Ihnen, Leftini: melden Sie den Rittern des Baphomet, daß ich die Schätze des Adepten gegen jedermann verteidigen werde, solange ich lebe, und daß sie nach meinem Tode der Römischen Kirche anheimfallen sollen.»

«Lascari, hüten Sie sich vor uns! Wir haben eine furchtbare Macht», sagte der Grieche mit Nachdruck. «Wenn ich einen Teil unserer Geheimnisse Ihnen preisgegeben habe, so war es deshalb, um Ihnen zu zeigen, mit wem sie es zu tun haben. Nehmen Sie mich als Ihren Diener auf, das verpflichtet Sie noch dazu, den Templern beizutreten. Ich will nur der großen Sache dienen und Ihnen bei der Herstellung des Lapis behilflich sein. Um Ihr Gewissen zu beruhigen, will ich aus dem Orden austreten, nur lassen Sie mich in diesem Laboratorium mit Ihnen arbeiten! Wenn in unserer Zeit der Lapis hergestellt werden kann, so kann es nur hier geschehen!» Und seine Augen leuchteten im heiligen Eifer für die Wissenschaft.

Lascari blieb stumm.

«Herr», fuhr der Grieche mit warmem Tonfall fort, «ich bin ein Mann von über fünfzig Jahren, mehr als die Hälfte meines Lebens habe ich der Alchimie gewidmet. Als meine Eltern starben, hinterließen sie mir ein beträchtliches Vermögen. Rabbi Mordechai hatte mich in die königliche Kunst eingeweiht, wir laborierten nach den Anweisungen aller großen Adepten, mein ganzes Vermögen verschwand in Retorten und im Ofen – ach, alles war umsonst, wir haben es nicht weiter als bis zum Pfauenschweif gebracht. Wir gingen genau nach dem Elias Artista vor, dem Aureum Vellus, dem Vitulus, dann vertrauten wir einem Deutschen, Sebald Schwärzer, dem großen und dem kleinen Bauer, nahmen als Materia bald» – doch da unterbrach er sich – «man darf sie nicht nennen, und doch war alles umsonst. Mein ganzes Leben habe ich in Mühe und fruchtloser Arbeit vertan. Und da erfuhr ich, daß hier in diesem Haus noch das ganze Laboratorium des letzten wirklichen Adepten unversehrt erhalten ist mit allen angefangenen Arbeiten, Aufzeichnungen und fertiger Tinktur – da war das Ziel meiner Wünsche erreicht. Der Marchese besaß in einer Elfenbeinkapsel», und seine Stimme begann vor Erregung zu zittern, «noch eine große Menge des pulverisierten Lapis. Er hat zweimal in meiner Gegenwart Projektionen ausgeführt, die glänzend geglückt sind. – Lascari, ich beschwöre Sie bei allem, was Ihnen heilig ist, jagen Sie mich nicht davon, lassen Sie mich in Ihrer Nähe sein! Ich verlange nichts von Ihnen, nicht ein einziges Stäubchen aus der Elfenbeinkapsel, nur mit Ihnen will ich arbeiten! Hier muß es glücken, wo der Archimandrit das große Arkanum geschaffen hat, nirgends auf der ganzen Welt, nur hier!»

Die Leidenschaft seines Bekentnisses verklärte seine tiefgefurchten Züge. Begeisterung für seine Wissenschaft reckte seine früher demütig gebückte Haltung auf und sein Schatten wuchs riesengroß an der Wand empor.

Lascari fühlte sein Herz menschlich gerührt. Nicht die Alchimie, nicht die Magie hatte ihn so ergriffen wie der Einblick in die Seele dieses alternden Mannes, der sein Vermögen und seine Lebenskraft geopfert hatte, um der Natur das Geheimnis abzuringen, das eine Fügung ihm, dem Außenstehenden, in den Schoß geworfen hatte. Er ergriff die Hand des Griechen und sagte nur: «Leftini, ich bewundere Ihren Starkmut.»

«So darf ich hoffen?» zuckte es über Leftinis Gesicht.

«Ich muß es mir überlegen. Es kam zu schnell und ich will mich nicht überrumpeln lassen. Wir wollen gehen, es ist spät in der Nacht.» Er nahm die Lampe und schritt voran. Im Bodenraum stockte sein Fuß. «Sagen Sie, wie sind Sie heraufgekommen? Alle Türen waren doch versperrt.»

«Daher», und er wies auf die Dachluke. «Ich kletterte von Gesims zu Gesims.»

«Sie haben Ihr Leben aufs Spiel gesetzt. Ein falscher Griff, wenn ein Stein sich gelöst hätte, und Sie wären auf das Pflaster gestürzt.» Leftini zuckte nur mit den Achseln.

«Kommen Sie, Leftini, Sie werden diese Nacht in dem Zimmer neben mir schlafen.» Sein Blick sagte Vincente, daß Leftini von nun an sein Leibeigener war.

Professor Bolza saß beim Frühstückskaffee, während seine alte Haushälterin Giuseppina das Schlafkabinett in Ordnung brachte. Er hatte einen leichten Schlafrock aus geblümter Seide an, die Füße staken in Filzpantoffeln. Ein Kater saß schnurrend auf seinem Schoß und blinzelte dann und wann mit verkniffenen Augen gegen die Morgensonne, die durch das offene Fenster auf das Aquarium fiel, in dem exotische Schleierfische mit ihrer Farbenpracht prahlten. Seine rechte Hand hielt die Kaffeetasse, die linke eine Zeitschrift, deren Lektüre seine Aufmerksamkeit ganz in Anspruch nahm.

Da klingelte es, Giuseppina schlürfte herbei, um die Tür zu öffnen. Lascari trat ein: «Verzeihen Sie, Professor, daß ich Sie schon in aller Frühe überfalle», sagte er mit einer Stimme, die seine Unsicherheit verbergen wollte.

«Nehmen Sie Platz, Vincente, tun Sie, als ob Sie zu Hause wären», lud ihn Bolza ein. «Giuseppina, einen Kaffee für Herrn Vincente!» «Du lebst auch noch alter Caracalla?» und Lascari kraute den Kater an den Ohren, der vor Vergnügen die Augen wollüstig schloß. «Und was für schöne Fische Sie in dem Aquarium haben!»

«Chinesische Schleierschwänze.»

Eine Pause entstand. Vincente blickte verlegen auf die Sonnenkringel, die das Wasser des Aquariums zittrig auf die Decke warf. Giuseppina setzte dem Gaste eine dampfende Schale vor.

«Das Schwert und die übrigen Sachen haben Sie richtig erhalten?» Vincente nickte mit dem Kopf. «Professor, ich habe das Laboratorium des Archimandriten gestern gefunden. Ich bitte Sie, kommen Sie zu mir!»

«Weiß sonst noch irgendwer davon?»

«Leftini. Ich habe ihn gerade überrascht, als er dort einbrechen wollte.»

Bolza machte eine heftige Bewegung, der Kater sprang mit einem Satz davon. Und Lascari erzählte das nächtliche Abenteuer.

«Wo ist Leftini jetzt?»

«In dem Zimmer eingesperrt, er kann nicht heraus. Übrigens bin ich überzeugt, daß er mir mit Leib und Seele ergeben ist. Ich werde unter seiner Anleitung die Versuche des Adepten wiederholen.»

«Vincente, ich beschwöre Sie bei allem, was Ihnen heilig ist: lassen Sie ab von diesem Menschen! Er wird Ihnen den Tod bringen wie dem Marchese! Ist nicht deutlich erwiesen, daß er mit schwarzen Mächten arbeitet?»

«Auch in dem Laboratorium des Archimandriten hängt das Zeichen Baphomets unter dem Kreuz!»

«Sprechen Sie diesen Namen nicht leichtfertig aus. Er ist der Wahnsinn, die Nacht, das Tier!»

«Und der Orden der Templer?»

Bolza machte eine Geste zu schweigen bis Giuseppina das Geschirr abgeräumt hatte. Dann schloß er das Fenster, zog die Vorhänge zusammen und sagte: «Was Leftini Ihnen erzählte, ist wahr. Ich habe die Geschichte der geheimen Orden verfolgt und kann Ihnen darüber genauen Bericht erstatten. Seine Urgeschichte zerfließt in mythische Nebel, und die Ansichten der Forscher gehen auseinander. Meiner Meinung nach hat er seinen Ursprung in der chaldäischen Magie, die ein ausgesprochener Satanismus war, zumal sie mit dem iranischen Ahriman-Mythos verschmolz. Reste dieser im ganzen Orient verbreitet gewesenen Religion finden sich vielleicht jetzt noch bei den Kurden, bei denen ein Stamm, die Yeziden, einem wahnwitzigen Teufelskult huldigt.

Mit diesen Ausläufern des Teufelswahns kamen auch die Templer zusammen. Dieser Orden, 1119 von dem Ritter Hugo von Paens als streitbarer Ritterorden zum Schutz der heiligen Stätten gegründet, errang sich vom päpstlichen Stuhl in kurzer Zeit eine nahezu unbeschränkte Vollmacht. Könige und Kaiser bewarben sich um seine Gunst. Die Großmeister Bernhard von Tremelay, Odo von Saint-Amand und Wilhelm von Beaujeu hatten eine Macht in ihren Händen, vor der die Sultane des Ostens ebenso zitterten wie die Herrscher des Abendlandes. Glücklich geführte Kriege und ein schwungvoll betriebener Handel brachte den Templern unermeßliche Schätze ein. Der große Reichtum lockerte allmählich die straffe Zucht, die religiösen Pflichten wurden vernachlässigt und schon um 1200 liefen heimliche Klagen in Rom ein, die die Templer der Ketzerei beschuldigten. Es hieß, daß sie die Konsekrationsworte bei der heiligen Messe ausließen. Das viele Gold wäre durch den Beistand des Satans auf alchimistischem Wege erzeugt worden, in Cypern wäre mit Erlaubnis des Großmeisters die gleichgeschlechtliche Liebe gestattet worden. Sie hätten den Glaubenssatz vertreten: Nemo potest peccare ab umbilico et inferius, niemand könne vom Nabel abwärts sündigen.

Der päpstliche Stuhl schlug anfänglich alle derartigen Beschuldigungen und Verdächtigungen nieder, ließ aber von 1250 an durch Spione den Orden geheim überwachen und Beweise gegen ihn sammeln.

Und plötzlich brach das Strafgericht wie ein Blitz aus heiterem Himmel über sie herein. Der Großmeister und die Kapitulare wurden durch einen Handstreich gefangengenommen, Cypern und ihre Hochburg Castrum Peregrini in Palästina erobert und zu Vienne in Frankreich trat das Gericht über sie zusammen. Mit Schaudern vernahm die Christenheit, welche Greuel und Frevel seit über einem Jahrhundert unter der Maske frommen Rittertums den heiligen Namen Christi und die Sakramente geschändet hatten. Der letzte Großmeister, Jaques de Molay, gestand alles. Als ihre Hautpfrevel wurden festgestellt die Leugnung der Gottheit Christi, die Verhöhnung des Kreuzes und die Verehrung des Baphomet.» «Wie konnten diese Lehren Eingang bei ihnen finden?» unterbrach ihn Lascari, der in steigender Erregung zuhörte.

«Wahrscheinlich durch die Berührung mit den Assassinnen im Libanon, bei denen der chaldäisch-persische Teufelskult noch weiterlebte, und durch die Aufnahme luziferianischer Priester in den Orden. Die Luziferianer, eine Sekte aus gnostischer Zeit, lehrten, daß Luzifer der erstgeborene Sohn Gottes wäre, den Christus widerrechtlich aus dem Himmel verstoßen hätten. Von ihnen hatten die Templer ihre Begrüßungsformel übernommen: Luzifer, der du Unrecht erlitten, ich grüße dich! –

In den Akten des Konzils von Vienne ist das ganze Teufelsrituale der Templer wiedergegeben. Wenn der Aufzunehmende in den Kapitelsaal trat, wurde er von den Anwesenden mit einem Seufzer begüßt. Ihm wurde statt des Gürtels eine schwarze Schnur gegeben, dann ein Konsolamentum – leider wird nicht gesagt, was es war; ich vermute ein Buch mit Invokationsformeln – und der Rotulus signorum arcanorum. Ihm wurde Sodomie erlaubt, und er mußte einen großen Eid schwören, die Geheimnisse des Ordens gegen jedermann zu hüten. Schließlich wurde unter dem Rufe: Yallah! ein Bockshaupt enthüllt, dem der neue Tempelritter seine Verehrung erweisen mußte. Die Zeremonie endete damit, daß er dem Großmeister einen Kuß auf das Gesäß geben mußte.»

«Abscheulich, abscheulich! Hören Sie auf!» unterbrach ihn Lascari. «Und dieser Orden soll, wie Leftini mir rühmte, das Geheimnis der Verwandlung der Metalle besessen haben? Das ist ja vollkommener Wahnsinn! Diese Verruchtheit soll bis in unsere

Zeit bestehen? Wie können Menschen mit gesundem Verstand einem derartigen Wahnwitz in unserem Jahrhundert anhangen?»

«Papst Clemens V. hat in einer feierlichen Bulle den Orden aufgelöst. Jaques de Molay wurde, nachdem er ein Geständnis abgelegt hatte, am 11. März 1314 in Paris auf der Seineinsel mit seinen Gefährten verbrannt. Nach seinem Tode waren alle Templer wie mit einem Schlag vom Erdboden verschwunden.»

«So ist es also Lüge, was Leftini behauptete?» fragte Lascari.

«Das will ich nicht sagen. Wie bei jedem Menschen ein tierisches Unterbewußtsein sich im Traum meldet, so daß wir vor unserer eigenen Verruchtheit und Gemeinheit beim Erwachen erschrekken, so gibt es auch ein Unterbewußtsein der ganzen Menschheit, das nur dann und wann den Schlamm der Tiefe an das Tageslicht unseres staunenden Bewußtseins wirft. Ja, mein Freund, das Chaos, die Geistesnacht, ist der Untergrund, über dem sich Ordnung, Gesetz und Licht in freier Beseligung erheben. Nur eine dünne Schicht trennt uns von den Mächten der Tiefe. Wehe, wenn sie zu unseren Füßen durchbricht und der Boden unter uns schwankt! – Ahnen Sie, zittern Sie, Freund? – Ach, der Mensch ist ja nichts Fertiges, er muß in sich selbst die ganze Schöpfungsgeschichte erlebend wiederholen, Licht vom Dunkel scheiden. Diese Scheidekunst ist das Wesen der Alchimie. Wer sich für das Gesetz entschieden hat und es durch sein Leben erfüllt, der, nur der allein erlangt die Kindschaft Gottes, das große Magisterium. Alles andere gehört dem Teufel, dem Baphomet, an, der das Prinzip der Anarchie und der Auflösung ist.»

«Und doch ist das Auflösen ebenso notwendig wie das Zusammenfassen, das Binden», warf Lascari ein.

«Richtig, aber nur dem Auserwählten ist die Binde- und Lösegewalt verliehen. Auch dem einfachsten Menschen ist Gelegenheit gegeben, sich für Gott oder Teufel zu entscheiden. Aber die großen Gewalten der Welt aufzulösen und neu zu binden, das ist nur dem Genius vorbehalten. Und jetzt erkennen Sie auch die Bedeutung des Bockes im Laboratorium des Archimandriten: das Kreuz, das über das Symbol der Zerstörung triumphiert, den Sieg des Gesetzes über die Anarchie! Wer dieses wirklich erfaßt hat, der wird nicht mehr nach dem irdischen Gold streben. Er ist Herr und Meister über die Gewalten der Natur geworden, und wenn er das stumpfe Blei in strahlendes Gold verwandelt, so ist es nur, um das Elend der leidenden Mitmenschen zu verringern.»

«Wie aber konnten die Templer auf satanischem Wege Gold machen?» warf Lascari ein, den ein neuer Zwiespalt bedrängte.

Bolza ging einige Schritte auf und ab, blieb beim Aquarium stehen und sah dem Spiel zweier Karauschen zu, die zwischen den Tuffsteinen und geschweiften Wasserschlingpflanzen einander jagten. «Junger Freund», wandte er sich dann an Vincente, «das will ich Ihnen nicht klarlegen, ich will nicht die Verantwortung auf mich nehmen, Sie in die Geheimnisse des Baphomet eingeweiht zu haben. Denn der Weg von unten hinauf ist bedeutend leichter als der von oben herab. Alle niederen Gewalten bieten sich, fast aufdringlich versuchend, dem Menschen an, der den äußeren Erfolg allein erstrebt. Ich kenne alle Rituale der schwarzen Magie, einen tollen Wust der absurdesten Gedanken. Alles, was wider den Verstand und das göttliche Gesetz ist, ist imstande, die bösen Kräfte und Gewalten an sich zu locken. Alles, was bloß aus Zufall geschieht, ohne eine Notwendigkeit in sich zu haben, ist Hilfsmittel dazu.»

Lascari sträubte sich, den Worten des Forschers Glauben zu schenken, die er für übertrieben hielt. «Und dennoch muß es ein Gesetz der unteren Gewalten geben. Wie anders konnte es zu feststehenden Zeremonien der schwarzen Magie kommen? Und was bedeutet der Name Baphomet?»

«Beide Fragen kann ich mit einer einzigen Antwort erledigen. Der Teufel ist Gottes Gegenteil und Verspottung. Jedes göttliche Wort wird in seiner Umkehrung zu einem satanischen. Das Vaterunser, von rückwärts gelesen, ist die größte Verhöhnung Gottes. Templum omnium homnium, pacis abbas, Tempel aller Menschen, Abt des Friedens, das war die esoterische Devise des Tempelordens. Nehmen Sie von dem ersten Wort die ersten drei Buchstaben, von den nächsten drei Worten immer die ersten, vom letzten Wort die ersten zwei, so erhalten Sie die Buchstabengruppe TEM. O. H. P. AB. Acht Buchstaben, die saturnische Zahl des Todes. Von rückwärts gelesen ergibt sich das Wort Baphomet.»

«Die Buchstaben Tem. o. h. p. ab. las ich auf der Visitenkarte eines Grafen Brettigny, der mich in den ersten Tagen meines Aufenthaltes im Hotel besuchte. Und über seinem Namen war statt der Grafenkrone ein mit der Spitze nach unten gerichtetes Pentagramm.»

«Wieder die Umkehrung eines göttlichen Zeichens! Was wollte dieser Mensch von Ihnen?»

«Kommen Sie, Professor, ich werde es Ihnen auf dem Weg nach Rifredi erzählen. Es ist gegen neun Uhr, und ich möchte Leftini nicht gern allein lassen.» Bolza rief seiner Haushälterin einige Weisungen zu, ließ den Kater aus der Wohnung, der seinen Morgenspaziergang auf den Dächern begann, und eilte mit Lascaari zum Domplatz, wo sie gerade zur Abfahrt der elektrischen Kleinbahn zurechtkamen.

Als sie in das Zimmer des Griechen eintraten, war dieser erst im Begriffe, sich anzukleiden. Die beiden Angekommenen stiegen ins Laboratorium empor, Leftini sollte ihnen folgen.

Bolza machte sich sofort daran, die einzelnen Gegenstände zu untersuchen. Nach kurzer Übersicht erklärte er: «Die Präparate in den Phiolen sind augenscheinlich wertlos. Sie stammen von einem Sudler niederster Art, der keine Ahnung von der königlichen Kunst hatte, wahrscheinlich aus späterer Zeit. Vielleicht von dem Marchese? Die Geräte sind die der klassischen Alchimie, da das Balneum Mariae, dort der Topf für die Fermentation im Venter equinus, dort im Kamin ein kleiner Ofen für die Solution.»

«Dort die Regale haben Fächer», sagte Vincente und öffnete eine Lade. Bolza holte ein Säckchen grauen Staubes hervor, den er sorgsam prüfte. «Wismut mit Antimon gemischt.» Die anderen Fächer enthielten andere pulverisierte Metalle, besonders Blei, Galmei, Kupfer und Zinn. Das Quecksilber war in Gänsekielen aufbewahrt, die oben mit Pech verschlossen waren. Jetzt kam Leftini herauf. Seine Augen funkelten in Gier und Erwartung. «Haben Sie das rote Pulver gefunden?» war seine erste Frage.

«Das ist vorläufig alles.» Das Regal war leer. Bolza ahnte eine Entäuschung, die bald kommen mußte. «Ich vermutete es nicht anders. Wenn der Adept wirklich rote Tinktur hinterließ, wird er sie sicherlich nicht offen in einem Regal stehen gelassen haben. Wenn noch ein Restchen des roten Pulvers zu finden ist, so wird es wohl versperrt in einem Schrank in der unteren Wohnung aufzufinden sein. Das Suchen hier oben ist meiner Meinung nach aussichtslos.» «Ich habe bereits alles durchwühlt. In den Schreibtischen gibt es kein Stückchen Papier, kein Geheimfach, das meinen Blicken entgangen wäre, nur in einer Truhe im Korridor fand ich einige Fläschchen mit scharf riechenden Essenzen», sagte Lascari, dessen Stimme einen unsicheren Ton angenommen hatte. Sollten seine Luftschlösser wie ein Kartenhaus zusammenfallen, hätte der Marchese den ganzen Vorrat des roten Pulvers verbraucht? Und dann – – nein, er wollte es gar nicht ausdenken. Mit schwankenden Knien stieg er die Treppe hinunter, schlug den Truhendeckel auf und reichte das Kristallfläschchen dem Professor. Dieser öffnete es, roch daran, reichte es Leftini hin, welcher sagte: «Ein Extrakt aus Nepenthes oder Datura Stramonium. Übt eine orgiastische Wirkung auf das ganze Nervensystem aus. Einige Tropfen auf glühende Kohlen geschüttet, bilden einen Rauch, der wilde Halluzinationen hervorruft. Mit Fett verrieben bildet diese Tinktur eine Hexensalbe, die abenteuerliche Visionen hervorbringt, wenn man sich mit ihr die Achselhöhlen einreibt.»

Vincente öffnete indessen einige andere Fläschchen mit schweren, buntfarbigen Flüssigkeiten. «Alles Narkotika in schärfsten Quintessenzen», sagte Bolza. «Wozu nur der Archimandrit sie benötigte? Das kommt mir verdächtig vor. Einer, der sich eines heiligmäßigen Lebens befleißigt, bedarf derartiger Dinge nicht. Diese dienen ausgesprochen schwarzmagischen Zwecken. Ich rate Ihnen», wandte er sich an den enttäuscht dreinschauenden Vincente, «alle Fläschchen in den Abtritt zu gießen.»

«Ich schlage vor, ins Laboratorium zurückzugehen und nochmals gründliche Nachschau zu halten. Wenn sich noch ein Stäubchen des roten Pulvers auffinden läßt, kann es nur dort sein» sagte der Grieche, dessen Glauben sich nicht erschüttern ließ. Mechanisch folgten ihm die beiden, und mehr mit Verzweiflung als mit Überlegung wurde nochmals alles von seinem Platz gerückt, jeder Tiegel, jede Retorte abgeklopft, das Balneum Mariae auseinandergenommen, und Leftini kroch halb in den Kamin. Die Männer sprachen kein Wort. Erbitterung und Gereiztheit spannte ihre Nerven zun Zerreißen, ihr Atem ging, vom Fieber verzweifelter Gier erhitzt, stoßweise, und auch der sonst ruhige Professor wurde von ihrer Erregtheit angesteckt. Seine Hände wurden unsicher, bei seinem Zugreifen klirrten die Gläser gegeneinander, und seine Augen nahmen einen seltsamen Glanz an. Wie ein Alpdruck lastete es auf den Seelen der drei Suchenden, die zum hundertstenmale in immer denselben Gegenständen wühlten; das Blut war aus ihren Gesichtern gewichen, und wie Phantome hantierten sie in der grauenvollen Stille.

Die Stunde der Verzweiflung machte das Blut rebellisch. Wer einen Gegenstand im Zimmer verlegt hat, ihn in immer steigender Wut nicht findet, – gerne das Suchen aufgeben möchte, aber es ist, als ob höhnische Dämonen ihn immer weiter hetzten – der kennt das pathologische Bild einer lähmenden Verzweiflung, die jeden Augenblick in Geheul und Wahnsinn ausbrechen kann.

Schon war es Mittag. Über Bolza kamen als ersten die beschämende Erkenntnis, einer Suggestion erlegen zu sein. Aber er wagte nicht zu sprechen, und da er instinktiv fühlte, daß das erste Wort die Wut der anderen zur Explosion bringen werde, kam, kaum daß er sich aus dem Wahnsinn gerettet fühlte, die Angst um die beiden anderen über ihn. Zu schwach, sie aus ihrem Bann zu erlösen, sank er wie gerädert in einen Stuhl.

Lascari bezwang sein Schluchzen lange, dann brach es auf einmal krampfartig hervor, von hysterischem Lachen unterbrochen.

Leftini war auf dem Boden wie ein Bündel Jammer zusammengesunken, und seine Lippen murmelten etwas, was die andern nicht verstehen konnten. Wie von Konvulsionen gepeinigt, zuckte sein Kopf dann und wann auf, und seine Pupillen starrten groß wie die Augen eines Raubtieres.

«Nein, das geht nicht so weiter», ermannte sich endlich Bolza, von den schrecklichen Bewegungen des Griechen mit Grauen erfüllt. «Kommen Sie, Vincente!»

Aber Lascari hörte ihn nicht, und er spürte nichts, als ihn der Professor hart an der Schulter anfaßte. Seine Augen waren auf den Griechen gerichtet, dessen Kopfbewegungen immer rascher wurden.

Sehen Sie, sehen Sie!» flüsterte er Bolza zu, mit einer Geste gegen den Kauernden, dessen Augen jetzt glasig starr auf den schwarzen Bockskopf über der Tür gerichtet waren. «Er spricht mit dem Baphomet, stören Sie ihn nicht!»

«Kommen Sie zu sich, Vincente», hauchte ihm Bolza gleichsam einen hypnotischen Befehl ins Ohr. «Wachen Sie auf, es ist ja Wahnsinn. Kommen Sie!» und er wollte ihn mit sich fortreißen.

«Lassen Sie mich! – – Sehen Sie doch!» Leftinis ganzer Körper geriet in ein heftiges Zucken, seine Arme breiteten sich aus, als wollte er fliegen – und mit einem gellenden Schrei sprang er auf, riß das scheußliche Bockshaupt an sich, seine Finger wühlten an der hinteren Seite und mit einem abermaligen Schrei, der ebenso Schluchzen wie Jubel war, holte er eine Elfenbeinkugel hervor.

Diesen Schrei hatte Lascari verstanden. Er sprang auf einen Schemel, riß das Kreuz mit dem doppelten Querbalken herunter, zerrte an dem Holz. Es ging in dem oberen Balken auseinander, zwischen dem I. N. und R. I. zeigte sich eine Höhlung, aus der er eine schmale Phiole hervorzog. Sein wortloses Schreien ging in das Lärmen des Griechen über, der, die Elfenbeinkugel hochhaltend, wie ein Besessener zu tanzen und zu heulen begann.

Bolza stemmte die Fäuste gegen die Schläfen. Sollte er auch irrsinnig werden? Er wartete das Abflauen der Nervenkrise ab und sprach auf Lascari beruhigend ein.

Endlich hatte sich Leftini gefaßt, er küßte die Kugel unzähligemal mit begeisterter Glut und seine Laute wurden artikuliert. «O du heiliger Phönix in meinen Händen, du König aller Himmel, du Schmerzenskind aller Philosophen, du geronnenes Himmelsfeuer, nun bist du mein, mein, mein!»

«Leftini, fassen Sie sich!» redete der Professor auf ihn ein. «Sie gebärden sich ja wie ein Irrsinniger. Aber sehen Sie, auch Lascari hat in dem Kreuz etwas gefunden.» «Mein ist der größere Schatz!» sagte der Grieche mit höhnischem Grinsen. Aus seinen Augen sprach unersättliche Machtgier, seine früher schlaffen Züge hatten sich plötzlich belebt, die Maske geheuchelter Demut war abgefallen, und eitel prahlte er über das ganze Gesicht. «Jetzt ist es aus, meine Herren, mit der Demut und Unterwürfigkeit! Ich bin jetzt Ihr Herr. Aus dem Haus haben Sie mich gejagt, Herr Lascari, das verzeihe ich Ihnen, aber daß Sie von den Geheimnissen unseres Ordens wußten und ihm nicht beigetreten sind, daß Sie sie dem Herrn Professor mitgeteilt haben, der natürlich alles nach Rom gemeldet hat, das werden die Templer an Ihnen rächen!»

«Sie befinden sich in einem doppelten Irrtum, mein Herr!» trat Bolza gegen ihn auf, ihm die Türe verstellend. «Zum ersten gehört die Elfenbeinkapsel wie jeder Gegenstand des Laboratoriums einzig und allein Herrn Lascari. Ferner täuschen Sie sich, wenn Sie der Meinung sind, daß mir Herr Lascari nur ein Wort von dem verraten hat, was Sie ihm über den Baphomet mitgeteilt haben. Im Gegenteil, ich bin überrascht zu hören, daß er Ihnen mehr Vertrauen geschenkt hat als mir», und sein ruhiger Blick fiel auf Vincente.

«Verzeihen Sie, lieber Porfessor, ich werde Sie über alles aufklären, aber jetzt ist nicht der Ort und die Zeit dazu. – Leftini, geben Sie mir die Elfenbeinkugel!»

Die Hände des Griechen krampften sich über dem Kleinod zusammen, seine Mienen sprachen von entschlossenem Kampf, den Schatz mit seinem Leben zu verteidigen.

«Leftini, überlegen Sie doch!» sprach ihn Bolza an, «wir wollen es doch zu keiner Szene kommen lassen. Die Kugel gehört rechtlich Herrn Lascari.»

«Auch das Fläschchen, das ich gefunden habe, muß kostbar sein, Leftini», wandte sich jetzt Lascari an ihm. «Wir wollen es ebenso untersuchen wie die Kugel in Ihren Händen. Wir wollen alles gemeinsam ausprobieren.»

«Ich bin an beiden unbeteiligt», sagte Bolza, «in meinen Händen sind die gefundenen Präparate sicher, ich hab nur als Forscher Interesse daran.»

Leftini rührte sich nicht, blieb stumm.

«Leftini, ich habe ein mitfühlendes Herz, Ihr ganzes Leben und Vermögen haben Sie einem einzigen Ziel geopfert. Fürchten Sie nicht, daß ich Sie um das, was Sie nun wirklich und greifbar in Händen haben, bringen werde.»

Der Grieche blieb noch immer regungslos.

«Sie würden unklug handeln, wenn Sie es auf Gewalt ankommen lassen wollten. Dann verlieren Sie den Anspruch auf unser Mitleid», sagte Bolza.

Ein leises Zucken flog über die Miene des Griechen. Wie aus einem Starrkrampf wachte er auf, die Hände, die gierig die Kapsel umschlossen hielten, begannen zu zittern. Er stöhnte tief auf: «Die sieben heiligen Planetengeister habe ich angerufen, mit den größten und feierlichsten Eiden an mich gebunden, daß sie mir beistehen. Und sie alle rauschten heran, und der Fürst der Sonne trat ein in meine geöffnete Seele. Und ich rang mit ihm, daß er mir das Geheimnis preisgäbe, der Geist und Dämon des heiligen Lapis. Aber er war stärker als ich und ich mußte ihn lassen. Die Diener des Fürsten stürzten auf mich wie Geier auf einen Sterbenden, vom Osten Bachiel, vom Westen Ustael, vom Norden Matuyiel und vom Süden Natomiel, und sie züchtigten mich wegen meiner Vermessenheit. Da, in höchster Not, wandte ich mich an den schrecklichsten Herrn aller Dämonen, an den Baphomet, und er schenkte sich selbst. – Es ist mehr als ein Symbol, daß der Archimandrit das rote Pulver in dem Bockshaupt verborgen hat.»

Der Professor ließ die Hand, die er nach der Kapsel ausgestreckt hatte, sinken. Vincente faßte sich und sprach: «Wenn es der Wille des Baphomet war, den Schatz Ihnen anzuvertrauen, so war es der Wille des Kreuzes, auch mich zu beschenken.»

«Ich war zuerst!» erwiderte der Grieche. «Immer, wo es sich

um die Ergreifung einer Macht handelt, ist der Dämon früher da als der Engel. Nicht für mich, für den Orden des bockshäuptigen Herrn nehme ich Besitz von der Kapsel. Wer sich an mir vergreift, verfällt der Rache des Baphomet!»

«Man muß ihn wie ein wildes Tier totschlagen», fuhr Lascari gereizt auf und griff nach einer Eisenstange, die neben der Feuerstätte stand.

«Halt!» fiel ihm Bolza in den Arm, «ein Mord würde unsere Schuld nur vergrößern. Lascari, wir haben kein Recht auf das Erbe des Adepten. Was den Geheimnissen einer früheren Zeit angehört, soll begraben sein. Wir haben kein Recht, die Wunder einer grauenvollen Vergangenheit aus bloßer Neugier ans Tageslicht zu zerren. Hier sind zu entsetzliche Kräfte im Spiel, als daß wir es wagen dürften, mit frevler Hand mitten in sie hineinzugreifen. Ich schlage vor, Kapsel und Fläschchen, in den Arno zu werfen.»

Lascari und Leftini schraken bei diesen Worten gleicherweise zusammen. «Das wäre Flucht!» höhnte der Grieche. Aber in Lascari nagte das Grauen, das die Worte Bolzas in ihm erregt hatten, weiter, und seine Gedanken flohen von der Oberfläche der Wirklichkeit nach innen. War es nicht Leichtsinn und Frevel, sich so blindlings in Geheimnisse zu stürzen, deren Tiefe und Tragweite er nicht ermessen konnte? Lauerte nicht ein Dämon in der Tiefe des Abgrundes, über den er sich gebeugt hatte, und der ihn jetzt mit Wollust an sich riß? Schwindel faßte ihn, er mußte die Augen schließen. Bolza hatte seine Blicke gespannt auf den Jüngling gerichtet. «Leftini», rief Vincente aus, und seine Stimme klang rein, von allen Zweifeln befreit, «ja, ich habe die Bedeutung des Kreuzes und des Bockshauptes erkannt. Erst in ihrer Vereinigung vollendet sich das große Werk. Wir beide werden uns immer hassen, wie sich Kreuz und Bockshaupt hassen, aber einer benötigt den anderen. Wie hätte Jahwe die Welt erschaffen können, wenn er sich nicht selbst verdunkelt und so mit sich selbst entzweit hätte? Aus dieser Zweiheit in die Einheit zurückzukehren, bemühen sich nun der Gott des Kreuzes und der Bocksgott in gleicher Liebe und in gleichem Haß. War es nicht der Wille des Archimandriten, beide zu versöhnen, indem er an beide Symbole seine Macht verteilte?»

«Vincente, ich beschwöre Sie», rief Bolza aus, «erkennen Sie die schlaueste List des Teufels, der Sie umgarnt. Das Kreuz allein ist die Wahrheit, es steht über dem scheußlichen Bockshaupt!»

Noch einmal riß es den Jüngling zurück, und seine Augen fielen auf das Kreuz, das seine Hände zertrümmert hatten. Die Buchstaben I. N. R. I. stachen ihm wie feurige Nadeln in die Augen.

«Vincente, denken Sie an Ihre Mutter!» rief sein guter Engel Bolza. Das Antlitz der Mutter tauchte vor seinen Augen verschwommen auf und ging immer deutlicher in die Züge Mafaldas über. Sein Herz pochte zum Zerspringen, heftige Hitze jagte durch seinen Körper.

«Ich kann nicht anders, Professor, ich muß, ich muß! Verzeihen Sie mir!»

In das starre Gesicht des Griechen, der reglos dem Seelenkampf zusah, kam ein unmerkliches Lächeln.

«Vincente, schon einmal haben Sie sich von mir getrennt. Ich habe kein Recht, Ihnen gegenüber den Hofmeister zu spielen. Als Sie heute zu mir kamen, habe ich Ihnen mit keinem Wort einen Vorwurf gemacht. Wenn Sie aber jetzt die Partei des Griechen ergreifen, ist unsere Freundschaft gelöst. Ich werde Sie bemitleiden, aber ich darf mit Ihnen keinen Umgang mehr pflegen.»

«Ich habe mich entschieden! Ich will!»

«So leben Sie wohl!» – Ohne seinem früheren Freund die Hand zu geben, ging er zum Ausgang, an Leftini vorüber. Noch einmal tauchte sein Blick voll Mitleid und Rührung in die Seele des Jünglings. Leftini trat dazwischen mit heftigen Worten: «Fühlen Sie, wie schwer die Kugel ist! Alles gediegene Tinktur!» Vincente griff danach, Bolza sah es, schloß die Tür und ging.

«Schwer. Über ein Pfund! Ein unbezahlbarer Schatz!» jubelte Lascari auf, das Vermächtnis seines Ahnen in den Händen haltend.

«Und in dem Fläschchen?» Der Grieche nahm es in die Hand. «Ohne Zweifel, das aus dem Lapis gewonnene Lebenselixir!»

Mit zitternden Händen schraubte Lascari die Kapsel auseinander. Drinnen lag ein fettig glänzendes, rotbraunes Pulver. Ihre Blicke verschlangen den unscheinbaren Staub mit geweiteten Pupillen. Die Augäpfel quollen aus ihren Höhlen. Lascari spürte plötzlich instinktiv den Trieb, den Griechen hinterrücks zu erschlagen. Er entriß sich gewaltsam diesem Gedanken und drehte den Deckel der Kapsel zu. «Was nun?» fragte der Grieche.

«Wir wollen gleich heute eine Transmutation vornehmen. Und das Elixir?» Schon wollte Lascari den gläsernen Propfen herausziehen, da fiel ihm der Grieche in den Arm. «Nicht öffnen! Wenn man es unvorbereitet einatmet, hat es eine tödliche Wirkung.»

«Was nun?» fragte Lascari, «Wie kann ich das Elixir benützen?»
«Später, später! Zuerst eine Probe mit dem Pulver.»
Da fühlte Vincente, wie seine Sinne schwach wurden. Mit Mühe riß er sich auf. Der Grieche durfte nicht allein gelassen werden. Und der Hunger meldete sich, es mußte schon spät am Nachmittag sein. – – Sie stellten beide Kleinode in den Venter equinus, aus dem sie hervorgegangen waren, und stiegen die Treppe herunter. Vincente schloß den Bodenraum ab.

Sie ließen sich von Luigi das verspätete Mittagessen auftragen und gingen in die Eisenhandlung, wo sie ein Schloß mit doppeltem Schlüssel kauften, das der Schlosser noch am selbigen Tag an der Tür zum Laboratorium festmachte. Jeder nahm einen der Schlüssel, und keiner konnte den Raum ohne den Schlüssel des anderen betreten. So glaubte ein jeder sich vor dem Betrug des anderen zu sichern.

Nach dem Abendbrot zogen sie sich in das Laboratorium zurück.

Im Hause des Professors Bolza war es nach der Abendmahlzeit. Guiseppina räumte das Geschirr ab, Caracalla hatte seinen Lieblingsplatz auf dem alten Sofa eingenommen und leckte sich die Pfoten. Bolza holte aus einem Ständer eine lange Pfeife, stopfte sie sachkundig und setzte sie mit einem Fidibus in Brand. Dann setzte er sich in seinen ledergefütterten Stuhl zum Schreibtisch, drehte die grüne Studierlampe auf und versenkte sich in die angefangene Arbeit. Er blätterte im Manuskript einige Seiten zurück und las das Geschriebene. Manchmal fuhr sein Bleistift unwirsch über ganze Sätze, die er am Rand mit seiner klotzigen Handschrift verbesserte. Da stockten plötzlich seine Gedanken, der gezückte Bleistift wurde niedergelegt, und heftige Rauchwolken quollen unter dem Tisch aus der Pfeife hervor. Zweifel stiegen in ihm auf. Durfte er über die heutigen Vorfälle berichten? Wozu sich unnötig Feindschaften zuziehen?

Und dann erinnerte er sich des denkwürdigen Abends, als er in Rom mit dem Kardinal della Fontana, Monsignore d'Arnoult und dem Grafen Caserta zusammengekommen war. Damals waren ihm der geheime Sinn und die esoterische Bedeutung der Kirche klar geworden, und er hatte sich innerlich gelobt, in dem Kampf um den Fels Petri auf die Seite der drei Männer zu treten. Dieser Entschluß war schwer errungen worden. Kannte er ja aus eigener

Erfahrung bisher den Vatikan nur als Sammelpunkt kleinlichen Ehrgeizes und pfäffischer Verschlagenheit, und es mußte ihm schwer fallen, als Hintergrund dieses beschränkten Treibens eine Geistigkeit von weltumspannender Kraft anzuerkennen.

Er hatte lange Jahre in Schweden und Deutschland gelebt – woher er auch seine lange Pfeife mitgebracht hatte – und so Distanz genug gewonnen, um das Gefüge römischer Großmannssucht psychologisch bloßzulegen.

Er wachte aus seinem Grübeln auf und setzte seinen Bericht fort: daß nun Lascari den Griechen in sein Haus aufgenommen habe, daß sich in dem Nachlaß des Archimandriten tatsächlich eine beträchtliche Menge Lapis und ein Fläschchen des Lebenselixiers gefunden habe und daß der junge Lascari nun ganz unter dem Banne Leftinis stehe. Daß über ein Fortbestehen des Templerordens kein Zweifel mehr obwalten könne und daß die alten Riten des scheußlichen Baphometkultes ganz gewiß im geheimen noch fortleben. Die Worte Leftinis könnten als Beweis dafür gelten. Am Schlusse seiner Ausführungen beschwor er die Eminenzen, Seine Heiligkeit sofort Bericht darüber zu erstatten, bat um unverzügliche neue Weisungen, erklärte es aber für das beste, wenn eine Vertrauensperson unauffällig zu ihm reisen würde, um selbst alle Maßregeln gegen die Templer zu ergreifen.

Schon wollte er das Schreiben schließen, da läutete es an seiner Tür. Rasch steckte er die Blätter in den Schreibtisch, schloß ab und ging selbst zur Tür, da Guiseppina außer Haus gegangen war.

Es war der Spiritual von Santa Teresa, Abbate Doni. Nach einigen einleitenden Worten nahm er Platz, Bolza stellte die Pfeife in den Ständer und jagte den Kater auf seinen Platz zurück.

Der Abbate sagte, nachdem er seine erste Unsicherheit überwunden hatte: «Sie werden sich vielleicht noch unseres Gesprächs entsinnen, das wir vor einigen Tagen im Kloster geführt haben. Ich komme heute in derselben Angelegenheit zu Ihnen. Mafalda Rossi kann nicht länger im Kloster bleiben.» –

«Ja, ich erinnere mich, es handelte sich um eine Laune des jungen Lascari. – Der denkt nicht mehr an das Mädchen, der hat jetzt andere Dinge im Kopf.»

«Schade. Dann muß ich meine Anordnungen ändern. Sie darf nicht länger im Kloster bleiben, sie verdirbt alle Nonnen.»

Über Bolzas Lippen zuckte es leise: «Bitte, erzählen Sie mir von der Rossi.»

«Es war unvorsichtig von mir, daß ich auf Grund einer Empfehlung von seiten unserer Schwesternanstalt in Foligno ihr das Noviziat gestattete. Sie hat nicht die geringste Eignung für den geistlichen Stand. Ihre ganze Seele ist von dem Bild des jungen Mannes erfüllt, von dem Sie mir sprachen. Ihre Leidenschaft, die zwischen brünstiger Liebe und tödlichem Haß rast, verzehrt ihren Körper und bricht in Paroxismen aus, die zum Wahnsinn führen müssen, wenn kein Heilmittel für ihr verwundetes Herz gefunden wird. Das arme Kind tut mir aufrichtig leid. Stundenlang sitzt sie in der Kirche wie geistesabwesend, mit geschlossenen Lidern und unbewegten Lippen. Wenn man sie aus ihren Träumen erweckt, schrickt sie zusammen. Röte jagt wie ein fliegendes Feuer über ihre Wangen und beschämt verbirgt sie sich in ihrer Kammer. Oder im harmlosen Gespräch mit den Nonnen braust sie ohne Ursache plötzlich auf, und man sieht es ihr an, daß sie alle ihre Beherrschung anwenden muß, um nicht in Beleidigungen auszubrechen. Nennen Sie es Überspanntheit oder nervöse Gereiztheit, es ist doch nur ein Ausdruck einer wahrhaft großen Liebe, die sich verschmäht wähnt. – Es jammert mich ihrer und dennoch bewundere ich die tragische Gewalt ihrer Liebe. Wir müssen den jungen Mann zu ihr führen. Ein Blick von ihm wird alle Verwirrungen ihres Herzens lösen.»

«Herr Lascari ist jetzt mit alchimistischen Arbeiten beschäftigt, bei ihm ist ein Grieche, Leftini. Ich halte es für ausgeschlossen, daß er in der nächsten Zeit das Laboratorium verlassen wird. Übrigens war ich genötigt, ihm die Freundschaft zu kündigen.»

Der Abbate überlegte, und seine Augen ruhten auf dem Lampenschirm, von dem ein dämmergrünes Licht lau und weich durch das Zimmer flutete.

«So muß er die Präparate des Archimandriten gefunden haben. Daß Sie auf seine Freundschaft verzichteten, das erklärt alles.»

Bolza sah ihn groß an. «Wie, Sie wissen? Woher haben Sie diese Wissenschaft? Was bürgt mir dafür – nein, nein, das geistliche Kleid, das sie tragen, muß Sie vor jedem Argwohn schützen.»

«Sprechen Sie es ruhig aus, Professor, ich bin kein Verräter. Hier ist der Beweis», und der Priester zog ein verschnürtes Bündel Papiere hervor, das er auf den Tisch legte. «Ich bitte Sie, diese Schriften persönlich Seiner Eminenz zu übergeben. Es ist dies das letzte Protokoll vom vorjährigen Templerkapitel zu Carcassone. Ja, Bolza, ich bin dem verruchten Orden des Baphomet beigetreten, ich habe alle Sakrilegien und Schändungen mitgemacht, um dem Vatikan untrügliche Beweise in die Hand zu spielen. Hier sind sie, bewahren Sie sie gut. Ich habe mich in der letzten Zeit verdächtig gemacht. Den Totengräber Taddo habe ich heute dabei ertappt, wie er meinen Schreibtisch mit einem Nachschlüssel öffnen wollte. Jeden Augenblick muß ich befürchten, daß mich die Rache der Templer trifft.»

«Abbate, Sie haben der Kirche unschätzbare Dienste geleistet! Sie sind ein Held, ich bewundere Sie! Schade, daß ich nicht früher Ihr wahres Wesen erkannt habe! Wir müssen von nun an gemeinsam arbeiten!» Bolza drückte dem Priester ergriffen die Hand und sah ihm ernst ins Gesicht. In diesen Zügen war kein Trug und keine Hinterlist. Klar und offen blickte sein Auge. Sein ergrauendes Haar lag dicht auf dem gewölbten Schädel, seine hohe Stirn, die breiten Backenknochen und das stark entwickelte Kinn sprachen von Mut und Tatkraft. «Ich weiß, daß ich mein Leben aufs Spiel gesetzt habe, aber es mußte gewagt werden. Für den Sieg der Kirche zu sterben, ist meine Pflicht.»

«Abbate, ich lasse Sie nicht fort!» rief der Professor bewegt aus. «In diesem Haus sind sie sicher. Ich werde Monsignore d'Arnoult telegraphisch nach Florenz bitten und die weltliche Behörde auf den Orden der Templer aufmerksam machen.»

«Zu spät», winkte der Priester ab. «Taddo hat mich verraten. Ich wußte, daß er sich in jeder Vollmondnacht in die Klosterkirche einschlich, um die tags vorher konsekrierten Hostien zu stehlen, die er dann dem Vorstand der Templer, einem gewissen Ephrem überbrachte. Um einen solchen Frevel zu verhindern, ließ ich die Konsekrationsworte jedesmal aus. Seit einem Jahr ist jede Messe, die ich in Santa Teresa gelesen, ungültig und Taddo hat wertlose Oblaten gestohlen. Heute ist der alte Kirchendiener des Klosters erkrankt und Taddo mußte als Ministrant aushilfsweise verwendet werden. Und bei der Messe bemerkte er, daß ich die heiligen Worte veränderte, wodurch das Opfer ungültig wurde. In der Sakristei verrieten mir seine höhnischen Andeutungen, daß er mich durchschaut habe. Kaum hatte ich die Sakristei verlassen, als ich ihn im heftigen Gespräch mit Mafalda traf, deren Antworten mir keinen Zweifel ließen, daß zwischen beiden seit einigen Tagen ein Einverständnis betreffs der Templer herrsche. Ich tat, als ob ich nichts gehört hätte, ging in die Kammer des Mädchens und fand zwischen ihren Gebetbüchern Schriften der Templer, voll

Wollust und voll Haß gegen die Kirche, und eine Schwurformel von ihrer Hand, in der sie dem Baphomet huldigte. Voll Schrecken und Angst, ob Taddo nicht auch die Nonnen mit dem Gift der Gotteslästerung verseucht hätte, ging ich in ihre Zellen – dasselbe Bild! Das ganze Kloster, dessen Seelenheil mir anvertraut wurde, ist dem Baphomet ergeben! Am Tag strenges Ordensleben, in der Nacht wilde Ausschweifungen wider die Natur! Mein Herz kann es nicht fassen, und doch ist es so! Und es ist meine Schuld, meine Schuld! Weil seit einem Jahr keine gültige Messe gelesen wurde, mußten die Gnadenmittel des Himmels ausbleiben und die Einflüsterungen des Bösen konnten leicht ein geeignetes Ohr finden. O Gott, wie werde ich das verantworten können, wie werde ich die verirrten Seelen zu dir zurückführen? Ich wollte das Beste zum Sieg der Kirche, ihre Feinde wollte ich entlarven und unschädlich machen und die nächste Pflicht, das Seelenheil der mir zugewiesenen Frauen, habe ich sträflich verabsäumt!» Ein Schluchzen ging durch seinen Körper, seine Augen wandten sich hilfeflehend an Bolza. «Hochwürden, Ihr Vergehen ist menschlich entschuldbar. Der heilige Eifer für eine große Sache hat Ihre Augen geblendet, daß Sie das Nächstliegende nicht sahen. Ihre kleine Schuld wird durch Ihre großen Verdienste um die Kirche reichlich aufgewogen. Seien Sie getrost, Gott wird Ihre Sünde ebenso verzeihen, wie Sie Monsignore d'Arnoult absolvieren wird. Ich danke Ihnen für Ihre Offenherzigkeit und kann Ihnen ein Geständnis von gleicher Tragweite machen: Lascari hat in der Villa sowohl den Lapis als auch das Elixier Vitae in Händen. Leftini, der sich offen als Anhänger des Baphomet bekannt hat, ist bei ihm. In dieser Stunde ist vielleicht ihre erste Transmutation vollzogen. Die Menge der roten Trinktur in der Elfenbeinkapsel reicht aus, einige Zentner Blei in Gold zu verwandeln. Bedenken Sie, was das heißt! Ein ungeheurer Reichtum zur Verfügung unserer gefährlichsten Feinde! Aber eine noch größere Gefahr sehe ich darin, daß Leftini in den Riten der satanischen Magie bewandert ist. Wenn er nun dem Lapis statt zu Projektionen dazu benützt, um die Dämonen, die den Lapis unterworfen sind, in seine Dienste zu bannen? Ein Arsenal der Hölle ist in der unscheinbaren Elfenbeinkapsel enthalten, mit dem er die gottfeindliche Geisterwelt bewaffnen kann. Ein Ansturm von Höllengeistern steht dem Fels Petri bevor, wie ihn die Kirche seit den Tagen des Simon Magus nicht erlebt hat. Der Templerorden jetzt wiederum im Besitze des Lapis! Jetzt fehlt der Kirche der weltliche Arm, der sie im Kampf gegen die Frevler unterstützt. Wie wird sie dem zweiten Ansturm der Anhänger des Baphomet entgegentreten können? Welches Konzil wird Kraft genug haben, Sie zu vernichten?»

Der Priester hatte mit steigender Angst und Verzweiflung die Worte Bolzas angehört. «So ist alles verloren: wer kann gegen solche Gewalten ankämpfen? Jetzt gilt es nur, die eigene Seele vor der Verdammnis zu erretten.»

«Verzagen Sie nicht, Abbate, die geheimen Kräfte der Kirche sind groß. Hat sie nicht Stürme, die noch gefährlicher schienen, siegreich überstanden? Ist nicht der Beistand unseres Herrn ihr sicherster Hort? Und sehen Sie nicht darin, daß gerade in dem Augenblick, wo Baphomet zum vernichtenden Streich gegen sie ausholt, alle seine Pläne von uns aufgedeckt wurden, einen Beweis dafür, daß der göttliche Meister seine Kirche nicht verlassen hat? Wir beide, ja Abbate, wir müssen uns glücklich schätzen, daß uns die Vorsehung als ihr Werkzeug auserlesen hat, den Plan des Bösen als erste zu durchschauen. Ein Gegner, dessen Pläne man kennt, hat an Gefährlichkeit verloren. In einigen Tagen ist der Vatikan im Besitze aller Pläne der Templer. Er wird dann selbst gegen sie auftreten, und unsere Aufgabe ist zu Ende. Diese kurze Zeit allein heißt es ausharren.»

«Verzeihen Sie meine Kleinmütigkeit, Professor! Ihre Worte haben mich wieder aufgerichtet. Es war nur die Angst des Gewissens um die abgefallenen Seelen des Klosters, die meinen Blick getrübt hat. Ihre Worte haben mir den Mut wiedergegeben. Wo es sich jetzt um ein Ganzes handelt, wie konnte mich ein Teil so erschrecken? Was auch mit mir geschehen mag, ich fühle mich teilhaftig an der großen Entscheidung, die jetzt die Welt auseinanderreißt und die einen jeden zum Bekenntnis für Gott oder wider ihn zwingt.»

«Uns ziemt weder Verzagtheit noch Jubel», besänftigte Bolza die Nerven des Priesters, «sondern einzig und allein Mut. Ich glaube, daß es die Templer an letzten Verführungen nicht werden fehlen lassen, um uns auf ihre Seite zu bringen. Ihnen muß alles daran liegen, uns zu ihren Anhängern zu machen oder uns zu beseitigen, bevor wir noch ihre Geheimnisse dem Vatikan verraten haben. Hochwürden, Sie müssen auf der Hut sein! Ich werde dieses Zimmer nicht eher verlassen, als bis Monsignore d'Arnoult es betreten hat. Ihre Papiere werde ich wie meinen Augapfel hüten.»

«Bei Ihnen sind sie besser aufgehoben als bei mir. Nun leben Sie wohl. Ich danke Ihnen nochmals für Ihren Zuspruch!» Er reichte Bolza die Hand.

«Ich rate Ihnen ab, jetzt allein durch die nächtlichen Straßen zu gehen. Es ist möglich, daß die Templer auch vor einem Mord nicht zurückschrecken. Bleiben Sie über Nacht bei mir», lud ihn Bolza ein. «Ich darf nicht. Während wir hier reden, bereiten vielleicht Taddo und Mafalda eine nächtliche Orgie vor. Um allen Verdacht von mir abzuwälzen, muß ich heute noch tun, als ob ich den Templern angehörte.»

«Abbate, Sie spielen ein gefährliches Spiel!» warnte ihn Bolza.

«Nein, lassen Sie mich, ich muß alles sehen, um untrügliche Beweise zu haben, wenn das Strafgericht über das Kloster hereinbricht. – Nun, nochmals besten Dank für Ihre Worte und gute Nacht!» Er ging.

Bolza fühlte kein Recht in sich, ihn aufzuhalten. Durch Überreizung der Nerven allein konnte er sich diesen Drang des Abbate nicht erklären. War dessen Herz, ohne daß er es wollte und wußte, durch den langen Umgang mit den Riten der Templer nicht schon in der Gewalt des Baphomet, daß es ihn trotz Verrat und Todesgefahr zu ihm hintrieb? Wie mußte in jenem sein höheres Selbst mit den dunkleren Trieben kämpfen!

Immer, wenn Doni in eine Ekstase geflüchtet war, schreckte ihn das andere Extrem. In einem solchen Augenblick der Reue hatte er die Aufzeichnungen der Templer überbracht. Ganz gewiß war er jetzt bei einer schändlichen Orgie mit den Nonnen! Dieser Mann war ein Untier, eine Ausgeburt der Natur! Bei vollem Bewußtsein könnte kein Mensch diesen Zustand ertragen! Er mußte wahnsinnig sein! Oder stand er immer auf der Seite der Templer und wurde er von diesen zu ihm geschickt, um ihn auszuspionieren? Das wäre ein Streich, würdig des Teufels – und er hatte ihm die Ankunft d'Arnoults mitgeteilt! Dann wäre alles verloren!

Hastig riß er das Bündel Papier auf, das ihm Doni übergeben hatte. Er erwartete, leere Blätter zu sehen, und war überrascht: Ja, das waren echte Protokolle. Er las und schauerte. –

«Ja, er ist ein Wahnsinniger!»

Es regnete. Im lauen Wind rieselte der feine Wasserstaub durch die rasch abgekühlte Luft, die von den grünen Hügeln den Duft der Blüten von Fiesole in die Stadt trug. Vom glatten Marmor der

Kirchen spiegelte sich das Naß in feuchten Farben, das Rot und Grün des Steins glänzte gesättigt vom Alabasterweiß der umsäumenden Flachsteine. Die Bronzetüren des Baptisteriums gewannen durch die Berieselung des Wassers erhöhte Plastik, die Figuren sprangen hervor, als ob sie sich von ihren Gruppen loslösen und ein eigenes Leben beginnen wollten.

Die belebende Kraft des Regens wird nirgends freudiger empfunden als in den Städten des Südens. Die Seelen nehmen das Naß des Himmels mit gleicher Hingabe auf wie die dürstende Erde, und wie der Baum gierig die Tropfen trinkt, ganz in selige Rührung verzückt, so jauchzt es von tausend Herzen: «Piove, piove!» Die feinen, sprühenden Tropfen werden mit lachenden Gesichtern aufgefangen – hier freut sich ein jeder, ein wenig naß zu werden – und lachend werden sie aus den Haaren geschüttelt.

Aber der Himmel heitert sich wieder rasch auf, die Wolken ziehen meerwärts, und die Gestirne blinken wie vom Regen abgewaschen, mit doppelt strahlender Pracht auf das toskanische Land.

Ein Mädchen trippelte mit hohen Stöckelschuhen beim Baptisterium vorüber, sorgsam bedacht, den spiegelnden Lachen auszuweichen. Im Haar schimmerten die vielen Tropfen wie ein Diadem, ein leichter Shawl schlang sich um die Schultern, deren mattes Weiß durch die vom Regen naß gewordenen Stellen durchsichtig schimmerte. Ihr Gang hatte Rasse und maßvolle Bewegungen, die trotz der raschen Schritte Würde zeigten.

Bei Or San Michele – das Gebäude stand klotzig, kantig da wie ein erratischer Block – wandte sie sich um, als ob sie jemanden, der ihr folgte, erwarten würde. Ihre Blicke schweiften ärgerlich rechts und links durch die Gassen, und ihre Schultern zuckten. Sie blickte hinauf zu den offenen Fenstern, dann sah sie ungeduldig auf die Armbanduhr. Es war acht Uhr. Schon begannen die Lichter aufzuflammen, die sich in den Pfützen grell spiegelten. Nur wenige Menschen gingen hier vorüber, sie sah jedem erwartungsvoll ins Gesicht und ihre Ungeduld gab ihren Zügen ein so strenges Aussehen, daß keiner der Jünglinge sie unziemlich anzublicken wagte.

Ein Mädchen mit einem geschlossenen Regenschirm kam auf sie zu. «Endlich, daß du kommst!» rief die Wartende ihr entgegen. «Aber wo ist Brettigny? Ich warte schon seit einer halben Stunde auf ihn. Ich komme aus Rifredi, ich muß sofort mit ihm sprechen.» «Er kann nicht kommen. Als ich von ihm ging, kam Taddo hereingestürzt und meldete, daß der Abbate zu dem Professor Bolza gegangen sei. Alles ist verraten, Mafalda! Ephrem ist in heller Verzweiflung.»

«Du übertreibst, Gilda. Ich komme mit der besten Nachricht, die sich Brettigny nur wünschen kann. Ich habe mit Leftini einige Worte wechseln können. Es geht herrlich! Leftini hat wirklich in Händen, was er erstrebt hat.»

Sie bogen gegen die Piazza della Signoria ein, als Gilda fragte: «Und mit Lascari hast du nicht gesprochen?»

«Schweig mir von ihm, ich will diesen Namen nicht mehr hören!» sagte sie heftig und eine leichte Röte flog über ihre Wangen.

«Er ist ein hübscher Junge, er gefällt mir», warf Gilda kokett ein. «Wie, du kennst ihn? Wo hast du ihn kennengelernt? Du lügst! Er ist hier in Florenz – du lügst, du lügst!» brach Mafaldas Eifersucht hervor.

Gilda warf den Kopf hochmütig empor. «Brettigny hat ihn mir gezeigt, am zweiten Tag nach seiner Ankunft. Wir promenierten auf der Piazza Vittorio Emmanuele abends bei der Musik. O, die feurigen Blicke, die er auf mich richtete! Er ist ein schöner, liebenswerter Mann!»

Mafaldas Lippen zuckten. Sie fröstelte und preßte den Shawl enger an sich. Gilda fuhr fort: «Und als wir gingen folgte er uns nach, ich fühlte ihn, ohne daß ich mich nach ihm umwandte. Es lief mir wie ein warmer Regen über die Haut. Und als ich zu Hause war und vom Fenster heruntersah, da stand er unten. Ich warf ihm einen Zettel zu.»

Mafalda unterdrückte einen Schrei, ihr Herz drohte zu zerspringen. Verrat, Abfall von ihr! Vor ihren Augen schwamm es, die Füße wurden unsicher und sie mußte sich auf Gilda stützen, die ihren Triumph langsam auskostete. Sie gingen gerade über den Arno, in dem sich die Lichter des Ufers, in zwei funkelnden Perlenschnüren gereiht, in immer schwächeren Reflexen spiegelten. Mit erzwungener Kühle sagte sie dann: «Weiter! Warum erzählst du nicht weiter? Was war dann?»

Nun wurde Gilda befangen. Sie wollte mit einer Lüge ihre Enttäuschung verkleiden und der Tonfall ihrer Stimme war nicht mehr echt. «Ach was, wie wird es anders gekommen sein? Aber liebst du ihn denn wirklich noch immer?»

«Ich komme aus Rifredi. Ich sah den Rauch aus dem Schornstein des Laboratoriums aufsteigen und ich weiß, daß er glücklich ist. Frage nicht weiter!»

Gilda fühlte sich durch diese Antwort beschämt und schwieg.

«Lebe wohl!» sagte Mafalda vor dem Kloster und wollte an der Klingel ziehen. Sie hatte ihr Antlitz von Gilda abgewandt.

«Mafalda, du weinst?»

«Laß mich, ich bitte dich!» wollte sie sich ihr entwinden.

«Arme, Liebe! So sei doch klug! Ich wollte dich nicht kränken. Verzeihe mir! Auf dem Zettel lud ich ihn zu einem Stelldichein, aber er ist nicht gekommen. Er liebt nur dich.»

Mafaldas Antlitz überflog ungläubiges Staunen. «Ist es wahr? Er ist nicht gekommen? Gilda, liebste Freundin, er ist nicht gekommen?»

«Ich kann es dir schwören! Es war nur eine Laune von mir. Übrigens ist Brettigny zu eifersüchtig, als daß er nicht sofort auf eine Untreue käme. Sei unbesorgt, ich werde dir deinen Vincente nicht wegnehmen.»

Mafalda war wieder das kleine Mädchen geworden. «Ich danke dir, Gilda. O, wenn du wüßtest, wie sehr –» und ein Schluchzen erschütterte sie, sie schloß ihre Freundin in ihre Arme und ihre Worte brachen aus dem erleichterten Herzen. «Alles würde ich für ihn hingeben, wenn ich ihn nur einmal so in den Armen halten könnte wie dich jetzt. Ich kann dir nicht sagen, wie sehr es mich reut, daß ich ihn zurückgestoßen habe. Ich hätte zu ihm hinstürzen wollen, aber ich konnte es nicht. Ich konnte nicht anders, es war das Übermaß meiner Liebe, und er hat mich nicht verstanden. Und nun bohrt es und wühlt es in meinem Herzen. Jede Stunde sehe ich das Bild vor Augen, das Sprechzimmer des Abbate, das blutige Kruzifix, und wie ein Verdammter höre ich die Worte, mit denen ich mich selbst verflucht habe. Eine Verzweiflung kommt dann über mich, die alle Höllenqualen übertrifft, und ich habe niemanden, niemanden, dem ich mein Herz ausschütten kann. Und aus Verzweiflung, zerknirscht und doch voll Empörung und Trotz, rief ich den Baphomet an, mir zu helfen, weil der Himmel mich im Stich gelassen hat. Aber statt Linderung kam neues Feuer in meine Wunden. Ich bin verloren, hier und im Jenseits. Wie gerne möchte ich mein Herz im Gebet erleichtern, aber ich kann nicht mehr beten. Ein Ende dieser Qual, o Gott, ein Ende!»

Gilda streichelte beruhigend ihr Haar. Mafalda entriß sich ihr und stürzte ins Kloster. Sie hielt den Atem an. Aus dem Speisesaal drang das geile Lachen der abgefallenen Frauen. Dort lobpreisen sie mit unzüchtigen Worten den bocksköpfigen Teufel! Sie preßte die Fäuste gegen die Ohren, um es nicht zu hören. Sie lief wie gehetzt durch den finstern Korridor, durch den Kreuzgang in den Klostergarten und sank an der Mauer, die den Garten vom Kirchhof trennt, zusammen. Hier war es still. Ihr krankes Schluchzen ging in leises Weinen über, das ihre gepreßte Seele milde erleichterte. Sie blickte auf. Herrlich und göttlich prangten die Sterne.

Drittes Kapitel

Im braunen Tiegel floß das Blei auseinander. Die gehackten Stücke verloren auf einmal ihre Kanten, die Zwischenräume schlossen sich, und die ganze Masse bildete einen ebenen Spiegel, der sich am Rand nach unten wulstete. Das Feuer brannte ebenmäßig, der Blasebalg stieß mit gleicher Kraft den belebenden Wind aus doppelten Nüstern in den weißglühenden Herd. Zwei Augenpaare, die gequollen aus den Augenhöhlen heraushingen, starrten auf den Tiegel, der ihnen zwei rote Gesichter entgegenstrahlte. Die Hitze hatte ihnen ihre Wimpern und Stirnhaare versengt, die Lippen ausgedörrt und alles Blut in die Schläfen getrieben, auf denen die Adern wie dicke Stricke sich ringelten. Wie ein Alpdruck lag der Blick der Männer auf dem flüssig gewordenen Blei. Kein Laut als das regelmäßige Gehen des Windes im offenen Ofen und das Fauchen der vom Luftzug getroffenen Kohlen. Ganz leise hörte man das Ticken einer Taschenuhr.

Rechts stand eine weiße, links eine schwarze brennende Wachskerze.

Der Grieche drückte Lascari leise am Handgelenk. «Jetzt!» Lascari nahm mit den Fingerspitzen das bereitliegende Wachskügelchen, das ein Gramm des so schmerzlich gewonnenen Lapis enthielt, und ließ es auf das zerflossene Blei fallen. Das sofort flüssig gewordene Wachs zischte mit einer hohen Flamme empor – dann eine furchtbare Detonation wie ein Böllerschuß, flüssiges Blei spritzte herum. Die beiden Adepten waren mit einem Entsetzensschrei zurückgeprallt und brüllten vor Schmerz. Die Hände griffen wie irrsinnig von einer getroffenen Stelle des Gesichtes zur andern. Laut wimmernd schälte sich Leftini breite Plättchen von Blei von der Stirn herunter, Lascari schüttete Wasser auf sein bereits glimmendes Gewand.

Die weiße Kerze war ausgelöscht, die schwarze flackerte und warf riesenhafte Schatten über die Wände. Der Blasebalg stand still, über der Kohlenglut zeigten sich bläuliche Flämmchen!

«Verletzt» fragte Leftini den anderen Adepten, der mit ausgespreizten Fingern starr an die Wand gelehnt stand.

«Nein. Und du?» Die Stimme klang brüchig. Seine Hände tasteten an der Wand, als ob sie einen Halt suchen wollten. Die Brust keuchte.

«Was war die Ursache der Explosion? Haben wir nicht alle Regeln der alten Meister befolgt? Hat das Blei Sauerstoff durch zu langes Kochen aufgenommen?»

«Oxydation könnte nicht schaden. Sendivogius ließ einmal das Blei über ein halbe halbe Stunde kochen. Vielleicht ist die Ursache im Wachs?»

«Nein», sagte der Grieche. «Ich befürchte, der Lapis –» «Wie, du zweifelst an ihm?» unterbrach ihn Lascari.

«Das nicht. Aber höre mich an. Die rote Tinktur kann durch mehrmalige Konzentration ihre Wirkung verstärken. Der erstmalig geschaffene Lapis hat die Kraft von 1 : 1000, d. h. ein Gramm kann ein Kilo Blei transmutieren. Mit dieser tingierenden Kraft haben wir gerechnet. Wenn nun eine derartige Tinktur mit sich selbst solviert und neu koaguliert wird, verdoppelt sie ihre Wirkung. Die stärkste Tinktur, die jemals angewendet wurde, war die des Setonius, der mit einem Sechzehntel Gramm ein ganzes Kilo Blei transmutiert hat. Wie, wenn wir es mit einer solchen hochkonzentrierten Tinktur zu tun hätten? Mußte die stark tingierende Kraft, die statt sechzehn Kilo Blei nur ein einziges vorfand, nicht zur Explosion führen?»

Über Vincentes Gesicht flog ein freudiger Schimmer. «Dann hätte der Lapis in der Elfenbeinkugel einen sechzehnfach größeren Wert, als wir ursprünglich angenommen haben. Dann wäre unsere Macht eine sechzehnmal größere?»

«Das wird sich gleich zeigen. Die oberste Bleischicht, die mit dem Lapis in Berührung gekommen ist, muß transmutiert worden sein. Wir müssen das versprizte Metall zusammensuchen. Ohne Zweifel werden sich darunter auch Goldplättchen finden. – Oder bist du erschöpft, willst du noch weiter arbeiten?»

«Ich spüre keine Schmerzen mehr. Wir müssen suchen!» Lascari rieb sich die vom glühenden Blei getroffenen Stellen – Nase und linke Wange – mit Vaseline ein, zündete die weiße Kerze und eine Petroleumlampe an und suchte mit Leftini den ganzen Raum ab. Der größte Teil des glühenden Metalls war schrägüber gegen die Tür gespritzt, wo es auf die Metallbuchstaben des Wortes Tetragrammaton gefallen war, von denen es sich wie eine Matrize abheben ließ. Das magische Wort lag nun umgekehrt vor ihnen und Lascari buchstabierte: «Notamma –»

«Um Himmels willen, stille!» unterbrach ihn Leftini hastig. «Das Göttliche hat sich durch unsere Tat in sein Gegenteil verwandelt. Mich schauert! – Doch sieh, ist das nicht Gold?» Über den Buchstaben I. N. R. I. zwischen den Querbalken lag ein feines Blättchen Gold. Leftini griff mit gierigen Händen danach und bemühte sich, es mit den Fingernägeln loszulösen. Es glückte und gleichzeitig drang aus dem Holz ein Laut wie ein tiefes Stöhnen hervor. Das Blut erstarrte beiden in den Adern. –

«Du blutest!» schrie Lascari auf. Von der unteren Seite des Goldplättchens fielen einige dicke Blutstropfen lautlos auf den Boden.

Leftini besah mit Schrecken seine Finger. Woher kam das Blut? Das Blättchen war ohne Anstrengung losgesprungen, es konnte ihn nicht verletzt haben. Er wunderte sich und kehrte prüfend das Goldblech um: aus der Vertiefung, welche die heiligen Buchstaben geprägt hatten, sickerte es rot.

«Oh, das Blut des Heilands!» schrie Lascari grauenvoll auf. «Durch unseren Frevel ward es vergossen! Blut, das aus dem göttlichen Herzen für meine Erlösung geströmt ist! Wirf es von dir! Entsetzlicher, deine Hände sind rot!»

Leftini lächelte in sich, und wilde Gier schoß aus seinen Augen: «Es ist Gold, gediegenes Gold, das ich in den Händen halte, nicht viel, aber es ist uns geglückt! Seit mehr als hundert Jahren ist wieder eine Transmutation vollzogen worden. Und ich bin es, der es getan hat! Gold, alschimistisches Gold in meinen Händen! Im zwanzigsten Jahrhundert eine geglückte Projektion!»

«Ich sehe nur das Blut», sagte Lascari, noch immer verstört. «Hast du nicht den seufzenden Laut gehört? Zerschnitt er dir nicht das Herz? O Gott, warum mußte ich an Mafalda denken?»

«Du bist ein Hasenfuß! Wie kann man nur vor einigen Tropfen Blut erschrecken?»

«Es ist kein gewöhnliches Blut!» sagte mit angstvoller Stimme Lascari. «Ich weiß, was Blut bei magischen Operationen zu bedeuten hat!»

«Kindskopf! Wenn du schon jetzt vor solchen Dingen erschrickst, wie willst du später mit dem Elixier laborieren? Hier arbeitest du nur mit totem Metall, dort aber ist es dein Leib und deine Seele, die du in goldene Unsterblichkeit verwandeln willst. Und die sieben Kurfürsten der Hölle, die du zuvor besiegen mußt, ehe du das Elixier trinkst?»

«Vor ihnen fürchte ich mich nicht, nur vor mir habe ich Angst. Mit einem Schlag, mit einem Seufzer ist alles wieder lebendig geworden, was ich im Streben nach dem Gold unterdrückt hatte. Und ich erkenne, daß es ein Nichts ist im Vergleich mit dem, was ich verloren habe.»

«Du bist ein Narr! Laß deine dummen Gedanken. Immer beweist und bestätigt uns nur der Erfolg. Und den haben wir: hier das Gold.»

«Es war ein Seufzer aus ihrem Herzen», träumte Vincente vor sich hin.

«Du bist ein Schwächling!» fuhr ihn der Grieche an. «An ein kleines Mädchen zu denken, im Augenblick, wo das Magisterium geglückt ist! Komm, wir wollen den Versuch wiederholen. Wir wollen annehmen, daß wir es mit einer hochkonzentrierten Tinktur zu tun haben, und wollen es mit einem Sechzehntel versuchen. Lösche die Lampe aus, nur die zwei Kerzen dürfen brennen.»

Vincente gehorchte wie ein Automat. Seine Seele war nicht bei der Arbeit. Er sah das liebliche Oval eines Mädchengesichts vor sich, das zarte Braun ihrer Wange, das gekräuselte Haar am Ohr – der Eisenbahnzug raste, Telegraphenstangen flogen vorüber und in der Ferne leuchtete Florenz aus dem Grünen auf.

«Frische Kohlen!» kommandierte Leftini, «den Blasebalg wieder in Gang setzten, das schwarze Licht flackert zu stark, beschneide den Docht!» Der Grieche stand bei einer Apothekerwaage, nahm mit einem Löffelchen aus Horn einige Körner der roten Tinktur, wog die gewünschte Menge aus und knetete sie in eine Wachskugel, die er zu gleichen Teilen von der schwarzen und der weißen Kerze genommen hatte.

Aus der Esse sprühten bereits Funken, ein anderer Tiegel wurde aufgesetzt. Leftini schüttete das Bleipulver hinein, das er im Regal in einem Säckchen gefunden hatte. Er zerging leicht, bildete aber oben eine graue Decke, die abgeschöpft werden mußte. Mit einem Eisenstab wurde das Metall gleichmäßig verrührt. Lascari stand mit geringer Anteilnahme abseits und begann seine Verbrennungen zu fühlen. Doch er genoß seinen Schmerz mit der Lust des Bewußtseins, das seine Bestrafung als gerecht empfand. Der äußere Schmerz sollte ihn von der Qual des erwachten Gewissens ablenken, das Unbestimmte sollte sich lokalisieren, aber es konnte nicht seine innere Not betäuben.

Auf Leftinis Stirne hatten sich zwei Brandblasen gebildet, die sich in großen Halbkugeln hervorwälzten. Aber er spürte keinen Schmerz und keine Ermüdung. In dem Hornlöffel hielt er das Wachskügelchen über dem zergangenen Blei. Seine Hand schien ruhig zu sein, aber der Schatten an der Wand, der alles vergrößerte, zeigte, wie sehr sie zitterte. Lascari ließ seinen Blick über die Wände schweifen und zuckte zusammen, ein leiser Schrei entfuhr seiner Kehle: der Schatten zeigte hoch oben das Profil des Griechen, die beiden Brandblasen standen wie Hörner von ihm ab, und gaben ihm das Aussehen einer Bocksgestalt. Das Zeichen des Bapohomet, des satanischen Bocks.

«Still, störe mich nicht!» stieß Leftini hervor. «Der Augenblick ist gleich da!»

Noch einige Sekunden der Stille. Der Hornlöffel senkte sich immer mehr, das weichgewordene Wachs kroch klebrig, langsam an den Rand, hing dort einige Augenblicke wie festgebannt, bis es die zitternde Hand zum Fallen brachte. Wieder zischte das brennende Wachs auf – aber sonst geschah nichts. Der stockende Atem Leftinis ging in ein Keuchen über. «Das Mengeverhältnis war richtig! Es ist geglückt!» kam es von seinen Lippen. «Nur ruhig! Langsam abkühlen lassen!» Der Blasebalg wurde abgestellt, die Kohlenglut verlor mit einem Male ihren stechenden Glanz. Leftini zog die Taschenuhr und sank erschöpft in einen Stuhl. «Sieben Uhr, sieben Minuten! Gerade im Augenblick als die Sonne sank. Dieser Moment wird im Gedächtnis der Zeiten leben. Wie schwül es geworden ist!» sagte er, wischte sich den Schweiß von der Stirn und öffnete die Dachluke, durch die sich das Licht des Abends und die laue Luft mit breiten Strömen ergossen. In der nahen Kirche begann das Aveläuten einer silberhellen Glocke. Nun kehrten die Bauern heim von den Feldern. Überall war Frieden und Ruhe. Lascari schloß die Augen, und seine Unrast flüchtete in idyllische Bilder. Was wohl Mafalda jetzt tun oder sinnen mochte?

Oh, sie war glücklich, sie war in Gottes Frieden geborgen. Ob sie jetzt zur Vesper betete? Vincente hatte einmal hoch im Friaulischen ein abseits gelegenes Kloster besucht und erinnerte sich der mönchischen Andacht.

Plötzlich schreckte ihn ein häßliches Meckern aus seinen Träumen. Eine Ziegenherde wurde unten vorbeigeführt, der Leitbock stieß von Zeit zu Zeit sein widriges Meckern aus, in das die Ziegen mit hellerer Stimme einstimmten.

«Der Baphomet!» schrie Vincente auf.

«Was hast du denn?» fragte ihn Leftini. – Die Glocke verstummte.

«Er meldete sich wieder, er gibt mich nicht frei!»

«Narr, ein paar Ziegen, die vorübergetrieben werden, das ist alles!»

Vincente betete den Abendsegen und bekreuzte sich.

«Possen!» fuhr ihn der Grieche an. «Das Metall ist jetzt abgekühlt. Komm und sieh!» Er nahm den Tiegel mit einer Zange vom Gestell und betrachtete die Oberfläche. «Was ist das?» staunte er und seine Hände zitterten.

Die Oberfläche war bleiweiß, eine ebene Masse, von goldenen Fäden durchzogen, die seltsame Zeichen bildeten.

«Die Zeichen des Baphomet, seine Schrift! Ich kenne ihre Bedeutung. Warte ich komme mit den Büchern!»

Lascari flog in sein Studierzimmer. Leftini konnte es nicht fassen, daß auch dieser Versuch mißglückt wäre. Seine Augen starrten auf die Zeichen, die bald wie geometrische Figuren, wie Kristallnetze zusammenschossen, bald wie krause Hieroglyphen auseinanderflossen. In seinem Schädel dröhnte es dumpf, in regelmäßigen Schlägen wie die Abendglocke vorhin, aber um einige Oktaven tiefer. Was sollte das bedeuten? Warum verhöhnte ihn Baphomet? Die Tinktur war echt und wirksam, daran konnte kein Zweifel sein. Woran lag es also, daß der Versuch nicht vollständig geglückt war? Nicht zu viel und nicht zu wenig. Wo war da die Mitte?

Da kam schon Lascari zurück, einen ganzen Stoß Bücher unter dem Arm. Er schlug ein kleines Buch auf. «Da sieh, die Magia naturalis! Hier die Signaturen der Höllenfürsten! – Da rechts in der Ecke», und er beugte sich über den Tiegel, «das Zeichen des Barbuel! Was das bedeutet, brauche ich dir doch nicht zu erklären. Und wenn du es nicht glaubst, da hast du den Agrippa, da den

Eliphas Lévi, da den Papus! Wenn das dir nicht die Augen öffnet, dann ist dir nicht zu helfen! Und da die Akten über den Prozess des Urbain Grandier! Weil die Dämonen in Spiegelschrift schreiben, mußt du alles umgekehrt lesen!»

«Höhne mich nur! Ja, ich will die Zeichen des Baphomet lesen. Ihr Enträtseln wird mir nicht schwer fallen. Ich kenne alle die von dir genannten Schriften und dazu noch das Dicitonnaire infernal des Collin de Plancy. Und wenn mir noch Rätsel bleiben, so wird sie der Großmeister entziffern. Was du für eine Niederlage hältst, bedeutet einen Sieg. Denn der große Baphomet hat mir geantwortet. Die Tinktur ist also echt. Das große Werk muß gelingen, wenn auch nicht gleich beim erstenmal. Alles hängt von der richtigen Mischung ab. Aber komm, ich bin müde geworden.»

Leftini löschte die Lichter aus, schloß und verriegelte die Dachluke, Lascari nahm die Bücher unter den Arm. Sie schlossen, jeder mit seinem Schlüssel, das Laboratorium ab und gingen nach unten. –

Luigi brachte die Abendmahlzeit und einen Brief, der mit der Nachmittagspost gekommen war. Der Poststempel war von Florenz. Lascari öffnete das Kuvert mit dem Dessertmesser und las. «Ich fahre in die Stadt», sagte er, indem er sich erhob.

«Wie, dich interessiert die magische Schrift nicht? Du gehst?» fragte erstaunt Leftini, der eine Orange schälte.

«Du wirst mich nicht entbehren, ich kann dir ohnehin nicht behilflich sein. Ich bin von meinem Advokaten eingeladen worden, ihn ehebaldigst aufzusuchen.»

«Gut, ich brauche dich nicht. Aber ich finde es sonderbar, daß dein Interesse für unsere Sache auf einmal erloschen ist. Ich darf doch wenigstens hoffen, daß du über unsere Versuche gegen jedermann schweigst.»

«Sei unbesorgt, ich werde nichts sagen, was dir etwa schaden könnte.» Lascari warf seinen Kopf zurück, nahm den Hut und ging.

Leftini zog sich in das Studierzimmer zurück, schlug die Magia naturalis auf und verglich die Zeichen. «Der blutende Gottesname des Kreuzes hat ihn widerspenstig gemacht. Weiß er nicht, daß Blut und Gold Brüder sind? Das Blut ist der Preis, das Opfer des Herzens, das für jeden Besitz vergossen werden muß. Wie die Sonne im Aufgang und Niedergang sich blutig verklärt, also wird jede Geburt und jeder Tod mit Schmerzen bezahlt. Und ist es da wunderbar, daß das Gold im Augenblick seiner Geburt sich in Blut hüllt wie ein eben geborenes Kind?»

Der Advokat Barduzzi bewohnte das zweite Stockwerk eines altertümlichen Hauses in der Via Tornabuoni, schräg gegenüber dem Palazzo Strozzi, dessen dunkle Riesenquadern düster herüberdrohten. Barduzzi hatte es durch einige geschickt geführte Prozesse zu einem ansehnlichen Wohlstand gebracht, den er mit Geschmack zur Schau zu stellen wußte. Der Prozeß Lascari hatte seine Stellung vollends gefestigt. Heute gab er den Freunden seines Hauses ein Fest.

Er stand vor dem Spiegel und betrachtete sich wohlgefällig. Der neue Frack saß tadellos. Das graue Haar leuchtete an den Schläfen auf. «Ja, man wird alt. Im Winter werden wir fünfzig.» Er steckte sich eine Hortensia ins Knopfloch, sah noch einmal in den Spiegel und ging in den Salon.

Er hatte erst vor einigen Jahren geheiratet, ein Mädchen von zwanzig Jahren, deren Prozeß gegen ihren Vormund er zugleich mit ihrer Hand gewonnen hatte. So kam Geld zu Geld, und das unerfahrene Kind, das sich aus der Tyrannei eines geizigen Vormundes befreit sah, erblickte in dem alternden Advokaten einen Erlöser, für den ihr romantischer Sinn sich entflammte, so daß es Barduzzi nicht schwer fiel, das Mädchen mit der großen Mitgift an sich zu fesseln. Die Ehe war kinderlos geblieben.

Frau Margherita saß mit Professor Bolza an einem Tischchen und löffelte Eis aus einer geschliffenen Schale. Ihr reiches schwarzes Haar war in einen römischen Knoten geschlungen, über die Stirne lief ein Bandeau aus Goldfiligran, in dessen Mitte ein ovaler, mandelgroßer Smaragd glänzte. Sie hatte ein faltenreiches Seidenkleid an, mit Silberblumen durchstickt und mit schmalen Pelzstreifen verbrämt. Der rechte Fuß wippte über dem linken und zeigte die feinen Knöchel. «Schade, daß Sie den Monsignore nicht mitgebracht haben. Er soll ein hochgelehrter Mann sein», sagte sie und stellte die Kristallschale auf den Tisch.

«Er ist müde von der Reise, Frau Margherita, Sie würden von seiner Gesellschaft nicht viel haben. Noch nie habe ich einen schweigsameren Mann getroffen», sagte Bolza.

«Soll er nicht auch irgendwie mit der Affäre Lascari in Verbindung stehen? Es sind ganz merkwürdige Dinge darüber im Umlauf.»

«Nicht daß ich wüßte. Monsignore d'Arnoult ist ein alter

Bekannter von mir. Er liebt nicht den Lärm der Gasthöfe und hat es vorgezogen, in meiner bescheidenen Wohnung Quartier zu nehmen.»

«Sie sind heute abscheulich», schmollte die Frau. «Professor, Sie verbergen etwas vor mir. Nun gut. Aber mein Mann hat den jüngeren Lascari für heute eingeladen und ich werde aus seinem Munde erfahren, woraus Sie mir gegenüber so beharrlich ein Geheimnis machen. – Er soll übrigens ein hübscher Mann sein, dieser Lascari.»

«Ich glaube kaum, daß er kommt. Sie freuen sich umsonst, Frau Margherita.»

«Meinen Sie? Nun, wir werden ja sehen.»

Da kam Barduzzi mit den ersten Gästen, meist Advokaten, Fabrikanten und Geldleuten, die aufgeregt über die letzten politischen Neuigkeiten debattierten. Ein einziger Müßiggänger war unter ihnen, ein entfernter Verwandter Barduzzis, den er hatte studieren lassen und der sich jetzt den aussichtslosen Beruf eines Poeten in den Kopf gesetzt hatte. Basile Zancani hatte bald in Bolza den einzigen Menschen entdeckt, mit dem man ein vernünftiges Wort reden konnte.

«Liebe Tante», so redete er Frau Margherita an, «ist es wahr, daß der Alchimist Lascari zu uns kommt? Ich freue mich sehr, diesen Mann kennen zu lernen.»

«Professor Bolza scheint von ihm mehr zu wissen, als er mir bisher von ihm erzählt hat. Frage ihn, vielleicht hast du mehr Glück als ich.»

«Ein Alchimist im zwanzigsten Jahrhundert! Alle Welt verlacht ihn, ich beneide und bewundere ihn. Das ist das einzige Studium, das der Mühe lohnt.»

«Wie, Sie haben sich mit dieser Materie beschäftigt?» fragte Bolza, der erst jetzt aufhorchte und den jungen Mann musterte.

«Leider viel zu wenig, als daß ich mir ein Urteil anmaßen dürfte. In Paris bin ich einem geheimen Zirkel beigetreten, der von einem Schüler des Doktor Papus gegründet wurde. Mein Lehrer hatte ein alchimistisches Laboratorium, wenn man die drei oder vier Geräte so nennen darf. Er vertrat die Meinung, daß die Herstellung des Steins der Weisen nicht mehr als drei Goldstücke kosten dürfe. Wie weit er gelangt ist, hat er mir niemals verraten», sagte Zancani.

«Ihr Lehrer war ein echter Forscher. Alle Schriften behaupten, daß die Herstellung der Lapis an keine nennenswerten Ausgaben geknüpft sei», sagte Bolza. «Auch der Ärmste hat die Möglichkeit, den kostbarsten Schatz auf Erden zu gewinnen. Alles Große ist für jedermann zugänglich, ist allgemein. Das Kostbarste liegt im Alltäglichen verborgen, so unscheinbar, daß man es nicht benennen kann. Man muß es nur erleben, man braucht es nicht zu wissen», sprach Bolza.

Zancani flammte in Begeisterung auf, freudig durch die Worte des Wissenden berührt. «Wie deckt sich das alles mit den Worten meines Lehrers! Ja, das ist der wesentliche Unterschied: In der Alchimie kommt es auf das Erleben, nicht auf das Wissen von Formeln wie in der Chemie an.»

«Und doch ist alles in den Schriften der alten Alchimisten so unklar», warf Frau Margherita ein. «Mein Vormund hatte einige alte Bücher dieser Art, in denen ich einmal blätterte. Und ich muß gestehen, daß ich nicht eine Zeile daraus verstanden habe. Ich kann nicht begreifen, wie sich ein Mensch darin auskennen kann.»

«Sonnenklar, Frau Margherita», sagte Bolza, «sonnenklar ist alles für den, der mit den Augen des Herzens liest. – Ah, tatsächlich, da ist Lascari.»

Vincente wurde von Barduzzi seiner Frau vorgestellt. Er spürte ein eigenartiges Fluidum auf sich überströmen, als er ihre Hand für einen Augenblick in der seinigen fühlte. «Zürnen Sie mir noch, Professor?» war seine erste Frage, die er an Bolza richtete, und gleichzeitig schämte er sich ihrer, als ob er eine große Taktlosigkeit begangen hätte.

«Haben sich Ihre Anschauungen seither geändert? – Entschuldigen Sie, Frau Margherita, wir hatten unlängst eine Meinungsverschiedenheit», wandte er sich an sie.

«Verzeihen Sie meine Neugier und die indiskrete Frage, Herr Lascari, aber es sind jetzt so viele Gerüchte über Sie im Umlauf, daß Sie mein Verlangen entschuldbar finden werden. Ist Ihnen bekannt, was die ganze Stadt von Ihnen munkelt? Ein junger, hübscher Mann – ein Alchimist! Das kann ich nicht glauben!» Und ihre Augen blickten ihn herausfordernd an. Lascari war ratlos. Wie konnte er der schönen Frau antworten?

«Auf ein Wort!» rettete ihn Bolza, der sich dann an die Hausherrin wandte. «Verzeihen Sie meine Taktlosigkeit, ich muß mit meinem Freund einige Worte unter vier Augen sprechen.»

«Welche Geheimnistuerei!» wandte sie sich indigniert ab.

Bolza suchte mit Vincente eine stille Ecke im Rauchsalon auf und sagte: «Monsignore d'Arnoult ist seit gestern bei mir.»

«Er, er selbst, der Gelehrte, der Vertraute des Heiligen Vaters?»

«Ja, er selbst. Er weiß von allem, alle Geheimnisse der Templer sind in seinem Besitz. Das Kreuz wird über den Baphomet siegen wie damals!»

«Woher weiß er die Riten?» Wer hat sie ihm verraten?»

«Einer der Templer selbst. Der Abbate des Klosters Santa Teresa hat mir alle geheimen Schriften und Protokolle gebracht. Sehen Sie darin nicht einen Fingerzeig Gottes? Und Sie wollen noch weiter den Griechen bei Ihnen dulden?»

«Abbate Doni – ein Mitglied der Templer? Der Spiritual eines Klosters?»

«So ist es. Das ganze Kloster huldigt dem Baphomet.»

Vincente stieß einen Schrei aus. «Stille, ruhig!» warnte ihn der Professor.

«Und Mafalda?» fragte der Jüngling hastig.

«Die Untersuchung wird alles klarstellen. Aus Verzweiflung und Trotz hat sie den Einflüsterung des Bösen Gehör geschenkt.»

«Ihr Herz hat geblutet wie meines. Ach, meine Seele ist nur halb gerettet, solange sie mehr leidet als ich. Führen Sie mich zu Monsignore d'Arnoult! Ich will ihm alles beichten. Wir haben heute eine Transmutation vorgenommen.»

«Ist sie geglückt?» unterbrach ihn hastig Bolza.

«Nein, oder nur zum Teil», und Lascari erzählte ihm von der Explosion, von den blutenden Buchstaben des heiligen Namens, von den Signaturen und höllischen Zeichen aus Gold auf dem Blei, welche Leftini jetzt entzifferte.

«Es ist ein Glück, daß ich Sie getroffen habe. Ich muß zurück, um alles dem Monsignore zu melden. Oh, daß ich doch die Bleiplatte sehen könnte.»

«Ich werde Sie Ihnen überbringen, ich will alles tun, nur retten Sie Mafalda! Führen Sie mich zu d'Arnoult! Wenn er nicht hilft, bin ich verloren!»

«Ihre Bekehrung kommt zu rasch, als daß ich an sie ernsthaft glauben kann. Lascari, Sie sind ein Spielball Ihrer Leidenschaften. Wer sichert mich davor, daß Sie, sobald Sie wieder im Banne Leftinis sind, ihm die Anwesenheit d'Arnoults verraten! Solange Sie den Griechen um sich dulden, ist an eine Aussöhnung mit der Kirche nicht zu denken. Hier gibt es nur ein Entweder – Oder.

Wenn Sie morgen eine neuerliche Metallverwandlung vornehmen und das richtige Mengeverhältnis treffen: wären Sie imstande, die Elfenbeinkugel und das Fläschchen Monsignore d'Arnoult zu übergeben? – Ihr Wankelmut läßt Sie verstummen. Ich bitte Sie, machen Sie kein Aufsehen, man kommt.»

Lascari stampfte erregt auf und trennte sich von ihm. In der Gesellschaft fiel seine bleiche Gesichtsfarbe auf, und man umdrängte ihn mit neugierigen Fragen. Am Büfett stürzte er ein Glas eisgekühlter Limonade hinunter, sprach dann noch mit Frau Margherita und Zancani einige Worte, war kurzsilbig und schützte Müdigkeit vor, um sich bald entfernen zu können. Alle ahnten, daß es zwischen ihm und dem Professor eine ernste Auseinandersetzung gegeben haben mußte, aber die Scheu, die jeder ungeistige Mensch vor den Geheimnissen der Seele empfindet, schützte ihn vor lästigem Ausgefragtwerden. Barduzzi erzählte umsonst Spässe aus seiner Studentenzeit, um seinen Gast zu erheitern. Frau Margherita war enttäuscht und schmollte. Sie hatte sich die Begegnung mit diesem interessanten Menschen anders vorgestellt. Um so auffälliger neigte sich ihre Gunst dem jungen Poeten zu, der von der günstigen Gelegenheit, seiner «Tante» den Hof zu machen, ausführlich Gebrauch machte. Ihre Mißstimmung gegen Lascari sollte diesem deutlich kundwerden. Vincente empfand es, wollte sie weiterer Bemühungen entheben und sich vom Hausherrn empfehlen, als ein neues Paar eintrat. Ein modisch geschniegelter Mann und an seiner Seite das Mädchen, die Schöne von der Piazza Vittorio Emanuele, damals in der Nacht bei den Klängen des Triumphmarsches aus Aida. Sie hatte ihn sofort erkannt und nickte ihm leise zu. Er wurde rot, sich mit Beschämung seines nächtlichen Abenteuers erinnernd. Er kam sich unsagbar lächerlich vor. Würde sie ihn öffentlich beschämen, was soll das Zunikken bedeuten? Verlegen sah er sie auf sich zu kommen, er vermied ihren Blick, und sein Auge fiel auf ihren Begleiter. War das nicht der Franzose, der ihn zu Taddo geführt hatte? Er hatte nicht lange Zeit, seine Erinnerungen zu ordnen, da kam der Graf auf ihn zu und stellte ihn dem Mädchen vor: «Sehr erfreut, Herr Lascari, Sie wieder einmal zu sehen. Gestatten Sie – meine Freundin Gilda Maffei, die schon seit langem den Wunsch äußerte, Sie kennenzulernen.»

Vincente stammelte einige Artigkeiten. Brettigny hatte Mitleid mit ihm und ließ ihn mit Gilda allein.

«Verzeihen Sie mir, Fräulein Maffei, daß ich damals so zudringlich war. Ich kann es mir selbst nicht erklären, was für ein Geist in mich gefahren war. Es ist nicht meine Art, Frauen in der Nacht zu verfolgen und auf Abenteuer auszugehen. Die Musik, die laue Nacht, die Schönheit und Anmut ihres Ganges –.»

«Und doch kenne ich einen, der zum Stelldichein nicht gekommen ist.»

«Der Wind war eifersüchtig. Er hat das Papier über die Klostermauer entführt. Wie kann ich meine Schuld gutmachen?»

Sie setzten sich an ein Taburett. Frau Margherita ging am Arm Zancanis vorüber, und ihr Blick streifte die beiden flüchtig.

«Mein Freund hat mir viel von Ihnen erzählt. Er rühmt Ihr großes Wissen und Ihren Charakter. Ihre Villa in Rifredi soll unbezahlbare Schätze enthalten. Aber es ist doch nicht wahr, daß Sie schon wochenlang dort in Büchern vergraben leben? Ich bin jeden Samstag bei der Musik auf der Piazza, bald allein, bald in Gesellschaft Brettignys oder eines seiner Freunde.»

«Ja, es ist wahr, ich habe mein Haus seit zwei Wochen nicht verlassen. Ich habe mich in eine größere Arbeit eingesponnen, die mich wohl noch viele Wochen völlig in Anspruch nehmen wird. Daß ich heute mein Arbeitszimmer verlassen habe, ist nur ein Akt der Pflicht und Höflichkeit dem Advokaten gegenüber, dessen Scharfsinn und Ausdauer mich in den Besitz einer ungeahnten Erbschaft gesetzt haben.»

«Schade!» Ihr Kettenarmband klirrte bei der hastigen Bewegung. «Sie sind jung und hübsch. Hüten Sie sich, daß Sie es nicht einmal bereuen, Ihre Jugend versauert zu haben! Kann Sie denn gar nichts mehr außer Ihren Büchern verlocken? Leugnen Sie es nicht, daß Sie Ihrem Innern Gewalt antun. Es ist unnatürlich, die Rechte des Alters durch übertriebenen Fleiß vorwegnehmen zu wollen. Und wenn Sie wirklich alles erreichen, wonach Sie forschen, wenn der Ruhm Ihren Namen über alle erhöht: sind Sie dann wirklich innerlich glücklich geworden, wird dann das Herz nicht einsam und elend sein?»

Vincente fühlte sich getroffen und suchte nach einer Antwort. Warum hatte jede Frau ihm gegenüber Recht? Warum konnte er ihren Augen nicht standhalten?

«Das Recht auf Einsamkeit hat nur der, der mit dem Leben abgeschlossen hat, dem die Welt nichts mehr zu bieten hat. Aber Ihre Sinne sind noch lebendig – Lascari, ich habe es gespürt, als damals Ihre Blicke mich trafen. Sie sind eine eigentümliche Mischung von Liebhaber und Mönch.»

«Es liegt ein besonderer Reiz darin, von den Lippen einer schönen Frau Worte zu hören, die gleichzeitig das höchste Lob und der ärgste Tadel sind. Gilda, Sie sind nicht nur schön, sondern klüger, als es ihre Schönheit zulassen sollte. Schade, daß Sie nicht die priesterlichen Weihen haben! Ihnen möchte ich eine Generalbeichte meines Lebens ablegen. Die größte Buße wäre es für mich, nicht Ihre entzückende Hand küssen zu dürfen.»

«Spotten Sie nur, Lascari! Ich würde Sie nicht früher absolvieren, bevor Sie nicht alles gutgemacht hätten, was Ihre verführerischen Blicke auf dem Gewissen haben. Oder können Sie behaupten, daß Sie noch niemals ein Mädchen unglücklich gemacht haben?» Ihr Blick drang so tief in Vincente ein, daß er fürchtete, er könnte das Geheimnis seines Herzens entdecken. Sein Widerstand fühlte sich schwach werden, und schon wollte seine Leidenschaftlichkeit aufbrausen, aber er erwiderte ruhig: «Ich bin weder Mönch noch Wollüstling, Fräulein Gilda! Mein einziges Trachten geht vorläufig dahin, Wissen und Erkenntnis zu erwerben. Manchmal könnte ich mir vor Verzweiflung darüber die Haare ausraufen, wie dumm und unwissend ich bin. Dreiundzwanzig Jahre alt, und ich weiß so gut wie nichts!»

«Also Gelehrter, Philosoph. Hu, wie überlegen! Kein Wunder, daß man die kleinen Mädchen verachtet. Aber hüten Sie sich nur, daß wir uns nicht einmal an Ihnen rächen! Ich werde es nicht sein, aber wenn Sie einmal wirklich Liebe empfinden werden: wie ein Kartenhaus im Sturm wird Ihre Wissenschaft zusammenstürzen!»

Gestern hätte ihr Lascari noch antworten können, heute mußte er verstummen. Wie konnte Sie in seiner Seele lesen?

«Wenn es so kommen sollte, werde ich mit Freude meine Liebe bekennen.»

«Und doch heucheln und lügen Sie, Lascari. – Warum werden Sie so plötzlich rot?»

Hier war aller Widerstand vergebens. «Gilda, wieso wissen Sie davon? Niemand außer dem Professor Bolza habe ich ein Wort davon gesagt. Ich beschwöre Sie!»

Gilda ließ ihn einige Augenblicke warten und sagte dann mit einem unmerklichen Ton der Überlegenheit: «Mafalda ist meine Freundin, ich kenne sie von Foligno her. Ich weiß alles, sie hat mir ihr Herz ausgeschüttet, ich besuche sie täglich im Kloster. Sie trägt noch ihr weltliches Kleid, und wenn sie Erlaubnis zum Ausgang hat, gehen wir zusammen spazieren.»

«Sagen Sie, Gilda, sie haßt mich wohl sehr?» stieß er in Freude und Angst hervor.

«Darüber will ich nicht sprechen. Ich weiß nicht, ob ich dazu ermächtigt bin», wich sie aus.

«Spannen Sie mich nicht auf die Folter! Ich bitte, ich beschwöre Sie, sagen Sie mir, welches ihr Gefühl gegen mich ist! Nur das eine will ich wissen, sonst nichts. Liebste, schönste Gilda, ich gönne Ihnen Ihren Triumph über mich, verachten Sie mich, ich bin ein Heuchler und Schurke, rächen Sie sich an mir, wie Sie wollen: aber erzählen Sie mir von ihr! Nur eine kurze Zeit war ich in ihrer Nähe, in töricht-seliger Liebe, und nimmer kann ich sie vergessen. Wie lange dauert noch das Noviziat? Sie will doch nicht im Ernst den Schleier nehmen? Leidet sie Mangel? Ist sie glücklich?» überstürzten sich seine Worte und seine Hand hatte die Rechte Gildas erfaßt, die er – stellvertretend die Hand der Geliebten – stürmisch liebkoste.

«Was fällt Ihnen ein?» entzog sie ihm rasch die Hand. «Frau Martherita hat es bemerkt. Sehen Sie nur ihren empörten Blick! – Sie sind ja ein Kind! Wie kann man sich nur so auffällig benehmen!» strafte sie ihn.

«Verzeihen Sie mir! Es hat mich so plötzlich überwallt. Ich werde gehorsam sein, Gilda, ich werde mich bezähmen, obwohl mir zu Mute ist, daß ich alle Welt umarmen möchte! Sehen Sie, ich bin ruhig. Aber jetzt erzählen Sie, erzählen Sie!»

«Ich kenne mich in ihr nicht aus. Sie ist manchmal in einer inneren Erregung, daß ich mich fürchte, mit ihr darüber zu sprechen, und dann wieder in einer hoffnungslosen Traurigkeit, die mir an das Herz greift.»

«Sprach sie jemals davon, daß sie mich verachtet, daß sie mich haßt?»

«Sie fiel mir einmal unter Schluchzen um den Hals und gestand mir ihre hoffnungslose Liebe. Ja, sie liebt Sie, Lascari, mit einer Liebe, für die sie selbst die Qualen der Hölle erdulden würde.»

Vincente wurde bleich. Hatte ihm nicht Bolza kurz vorher erzählt, daß das ganze Kloster Santa Teresa sich dem gräßlichen Baphometkult ergeben hatte? Durch seine Schuld, durch Verzweiflung getrieben, hatte sich die Geliebte dem Bösen in die Arme geworfen, um die Feuer des Herzens durch andere Feuer zu übertäuben. Die Worte Gildas brannten wie glühende Tropfen in seiner Seele. Es gibt eine Ratlosigkeit, die schon jenseits der Verzweiflung liegt, wo die Seele sich aushöhlt und das Herz wie im luftleeren Raum vereist. Solange noch eine Leidenschaft zittert, klingt und dröhnt das Blut, aber wenn sie sich gegen sich selbst kehrt und sich auflöst, dann bleibt nur ein Grauen als Bodensatz übrig, so unsäglich traurig, daß die Sinne stumpf werden und farblos erlöschen. Dieser Zustand erschüttert im Anschauen der Ewigkeit, die formlos und gestaltlos im Chaos sich auflöst.

Vincente fühlte nichts, empfand nichts. Nur das Gewissen, das Wissen um seine Schuld wogte wie ein Nebel in ihm auf und ab.

«Ich danke Ihnen, Gilda, ich weiß, was ich jetzt zu tun habe. Noch kann alles gerettet werden. Schon morgen wird alles entschieden sein.»

«Was haben Sie vor?» Gilda erschrak vor seinem Gesicht, dessen Muskeln hart wurden wie Bänder von Eisen und Stahl. Hatte sie ihm nicht zu viel verraten? Brettigny hatte sie ausdrücklich gewarnt und ihr angeraten, sich vor Lascari in acht zu nehmen. Sie sollte nach seiner Absicht als Lockmittel dienen, um ihn um so sicherer auf ihre Seite zu ziehen. Was plante er nun?

Sie wollte die peinliche Situation retten und sagte lächelnd: «Gott, wie können Sie nur das gleich so ernst nehmen? Sie ist ein junges, unerfahrenes Kind, das leicht von einem Extrem ins andere fällt. Der ganze Baphometkult der Nonnen ist nichts weiter als eine harmlose Geheimbündelei. Das eintönige Klosterleben führt die sonst unbeschäftigte Phantasie auf Abwege, die nichts anderes sind als ein unreifes Ausschweifen der Sinne, die ihre natürliche Befriedigung nicht finden können. So wie Schulmädchen ihre Phantasie an Nichtigkeiten erhitzen, die wir gar nicht beachten, so halten sich die armen Nonnen für schon weiß Gott wie verrucht und sündig, wenn sie alle Monate einmal an die natürlichen Vorgänge des Körpers denken. – Ich verstehe Sie nicht, Lascari. Statt über die Gewißheit, daß sie Sie liebt, in Freude auszubrechen, machen Sie sich Gewissensbisse über etwas, was es in Wirklichkeit gar nicht gibt.»

«Es wird Ihnen nicht glücken, das nächtliche Treiben im Kloster zur Harmlosigkeit abzuschwächen. Ich weiß sehr wohl, worum es sich handelt und weshalb Herr Brettigny sich bemüht hat, mich auf seine Seite zu ziehen.»

«Das ist empörend! Nun werden Sie gar behaupten, daß ich Sie habe einfangen wollen! Wer ist mir damals in der Nacht gefolgt? So danken Sie mir, daß ich mich Ihrer bei Mafalda angenommen habe?» Sie war im Begriff aufzuspringen und Lascari mit einem empörten Blick zu verlassen, als dieser mit bittender Gebärde ihre Hand ergriff und sie sanft auf den Stuhl niederzwang.

«Gilda, so lasse ich Sie nicht von mir! Ja, ich bin undankbar und schlecht, weil ich nur immer an mich zuerst denke. Verzeihen Sie meine Heftigkeit! Ich bin Ihnen für jedes Ihrer Worte dankbar, weil ich nun auch den Weg zur Rettung weiß.»

«Was wollen Sie tun? Ich habe ein Anrecht, es zu wissen», heischte sie gebietend.

«Gilda, so wahr ich Ihnen dankbar bin, so sehr muß ich darauf bestehen, daß zwischen uns beiden keine Komödie gespielt werden darf. Sie sind als Freundin des Vicomte auf Seite der Templer – leugnen Sie nicht, ich weiß durch Leftini alles. Ich selbst habe lange geschwankt und schon schien es, daß ich mich dem Griechen ergeben wollte, da wurden meine Augen noch zur rechten Zeit geöffnet. Was ich tun werde? Nichts für mich, alles, um Mafalda dem blasphemischen Kloster zu entreißen.»

«Also offene Feindschaft gegen uns. Und die alchimistischen Präparate des Archimandriten? Und Leftini?» spionierte sie.

Brettigny hatte sich von einer Gruppe losgelöst und kam auf sie zu. «Nun, Herr Lascari, darf ich um die Ehre bitten, mich einmal zu besuchen? Ich nehme doch an, daß zwischen uns alle Mißverständnisse beseitigt sind. Gratuliere übrigens zu den Erfolgen. Ich wäre glücklich, wenn Sie mir einmal den Zutritt zu Ihrem Laboratorium gestatten würden.»

«Wie, Sie wissen bereits davon?»

Gilda warf ihm einen Blick zu, daß er davon schweigen solle. Er aber verstand nicht und sagte: «Da Sie nun endlich auf unserer Seite stehen, kann ich Ihnen verraten, daß wir täglich von Leftini auf dem laufenden gehalten wurden.»

«Herr Graf, das ist empörend! Was gibt Ihnen ein Recht, mich für den Ihrigen anzusehen? Vielleicht haben Sie sich gründlich getäuscht.»

«Ich warne Sie, Lascari, doppeltes Spiel zu treiben! Hüten Sie sich! Unsere Vereinigung hat Mittel in Händen, Sie gefügig zu machen und die Verräter zu strafen.»

«Sie drohen umsonst. In kürzester Zeit, vielleicht schon morgen, wird ein Strafgericht über die Templer hereinbrechen, das diese Gemeinschaft gründlicher heimsuchen wird als vor sechshundert Jahren.»

Brettigny lächelte höhnisch: «Der Herr will sich rechtzeitig salvieren? Es wird Ihnen nichts nützen. Worauf Sie anspielen, ist uns bekannt. Dieser Monsignore d'Arnoult wird uns nicht gefährlich werden. Wenn Sie keine stärkere Waffe haben, drohen Sie umsonst. Sie wissen wohl nicht, daß wir ein weitverzweigtes Netz von Kundschaftern haben, daß wir von allem unterrichtet sind.»

«Ich habe mich entschieden. Und daß Sie es wissen: alle Protokolle und Geheimschriften der Templer sind in Händen des Monsignore d'Arnoult.»

Brettigny erblaßte und wollte den Saal verlassen. «Halt, Sie gehen nicht früher weg als ich!»

«Verräter, das werden Sie büßen!» An Gildas Hand klirrte das Armband. «Doni hat uns verraten», flüsterte sie Brettigny zu. «Taddo hat uns in letzter Zeit oft gewarnt und uns geraten, ihm das Amt des Schriftführers wegzunehmen. Kein anderer als er kann es getan haben.»

«Komm!» Man verabschiedete sich kurz von dem Gastgeber, Bolza warf noch einen warnenden Blick auf Lascari und die drei verließen gemeinsam das Zimmer, ohne ein weiteres Wort miteinander zu reden.

An der Ecke beim Palazzo Strozzi standen die Lohnautomobile. Lascari fuhr nach Rifredi, Gilda und der Franzose jagten über den Arno zum Kloster Santa Teresa.

Mitternacht war längst vorüber, als Lascari in seiner Wohnung ankam. Er hatte vom letzten Polizeiposten für alle Fälle zwei Männer für den Fall mitgenommen, daß Leftini Widerstand wagen sollte. Er bat sie, im Vorzimmer zu warten, und trat in sein Studio ein. Der Grieche hatte mehrere Blätter mit seltsamen Zeichen, die wie Krähenfüße aussahen, vor sich. Sein Gesicht glühte vor Arbeit. Auf dem Schreibtisch lagen Bücher wirr durcheinander. Vincente sprach kein Wort und blickte ihn durchdringend an.

«Ich habe das meiste!» frohlockte jener. «Alles ist nur in Spiegelschrift zu lesen, einige Zeichen sind mir noch nicht klar. Höre, es sind Signaturen der Erzintelligenz und des Erzdämoniums der Sonne! Die anderen Zeichen sind nach dem magischen Quadrat der Sonne in Zahlen und hebräischen Buchstaben aufzulösen. Die Entzifferung der untersten Zeichen, die in Wirklichkeit die obersten sind, ist mir lückenlos geglückt. Der Dämon teilt uns mit, daß unser Lapis echt und richtig ist, aber daß er seine tingierende Kraft durch die erdmagnetischen Schwankungen der letzten hundert Jahre sehr eingebüßt hat. So wie er jetzt ist, hat er nur eine tingierende Kraft von 1:600. Wenn man ihn aber mit einer geringen Menge der Materia Prima solviert und neu koaguliert, gewinnt er seine ursprüngliche Kraft von 1:16 000. Und ich habe die Prima Materia, keiner der jetzt Lebenden kennt sie außer mir und dem Großmeister der Templer! Schon morgen wollen wir den ermatteten Phönix neu beleben. – Wie, du redest kein Wort?» Noch einmal kämpfte Lascari den schweren Kampf zwischen Gott und Teufel. Und seine Stimme klang schwach, doch entschieden.

«Leftini, Sie werden sofort dieses Zimmer verlassen. Wir sind geschiedene Leute. Hier, dieser Scheck wird Sie für Ihren Zeitaufwand entschädigen. Draußen wartet das Automobil. Sie müssen es sich gefallen lassen, begleitet zu werden, wenn Sie Widerstand wagen sollten. Ich bin Herr in meinem Haus.»

«Das ist ja Wahnsinn!» schnellte Leftini auf. «Was ist in dich gefahren?»

«Ich ersuche Sie, mich nicht mehr zu duzen, sondern meinen Verfügungen zu gehorchen.»

«Schurke!» brüllte der Grieche auf und seine Fäuste ballten sich gegen ihn. «Um mein Lebenswerk willst du mich betrügen. Aber solange du die Materia Prima nicht hast, ist der Lapsis von geringem Wert. Ich allein kann ihn zur höchsten Wirksamkeit steigern. Und jetzt willst du mich davonjagen? Was?» und er ging drohend auf ihn los, mit wutentstellten Zügen und hassenden Blicken.

«Keine Szenen, sonst muß ich die Polizisten rufen! Worauf warten Sie noch?» Seine Stimme klang unerbittlich und ließ an dem Ernst seiner Worte nicht zweifeln. Die Fäuste des Griechen sanken herab und seine Züge entspannten sich.

«Ich hab einmal vor Ihnen gekniet und wie ein Hund um Mitleid und Erbarmen gewinselt. Erwarten Sie nicht, daß ich es nochmals tue. Statt mir zu danken und mich zu bitten, mich weiter für Sie arbeiten zu lassen, jagen Sie mich von dem erfolgreich begonnenen Werk davon. Ohne mich sind Sie hilflos, mit mir vereint ein Großer der Welt. Ohne mich ist für Sie das Elixier wertlos oder gefährlich, ich allein kenne seine Anwendung. Und das alles werfen Sie jetzt weg? Nein, das kann Ihr Ernst nicht sein!

Ich weiß, Sie kommen von dem Professor Bolza, diesem bigotten Menschen, der Ihnen die Hölle heiß gemacht hat, um sich selbst in den Besitz des Lapis zu setzen. Und Sie durchschauen nicht seine Absicht, daß er Sie betrügen will? Vincente, Sie sind überreizt, gehen Sie schlafen! Morgen werden Sie erkennen, in welches Netz Sie hätten fallen sollen. Ich habe Nachsicht mit Ihren Nerven und will mich morgen an Ihre unsinnigen Worte nicht mehr erinnern.»

Diese Worte, ein letztes Appellieren an die Freundschaft, verfingen nicht.

«Reden Sie nicht von Betrug! Wer verriet täglich unsere Arbeiten an Brettigny. Sie haben sich bei mir eingeschlichen, um mich ausspionieren zu können und dann, wenn die Experimente geglückt wären, mir den Lapis und das Elixier zu stehlen. Das ist nicht das erstemal, daß Sie auf Diebstahl ausgegangen sind.»

Diese Worte trafen Leftini wie ein Peitschenhieb ins Gesicht. Alles Blut war aus seinem Antlitz gewichen und seine Nasenflügel bebten. Seine Lippen zuckten, aber er verbiß den Fluch und sprach mit scharfer Stimme, die wie ein eisiger Hauch über Lascari fuhr: «Das alles wird der große Baphomet rächen!»

Lascari öffnete die Tür mit hinausweisender Geste. Leftini nahm den Geldschein zu sich und ging, ohne einen weiteren Blick zu wechseln. Schlug hinter sich die Tür zu.

Vincente hörte die Tritte der Polizisten auf der Treppe. Leftini sprach mit ihnen einige Worte. Luigi schloß das Haustor auf. Der Motor wurde angekurbelt, das Auto raste davon in die Nacht.

Wie nach einem heftigen Gewitter löste sich Lascaris Seele befreit in ein stummes Dankgebet auf.

Und plötzlich gab es seinem Herzen einen Stich: Mafalda! Sie war in den Händen seiner Feinde! Seine Kehle schnürte sich zusammen, er wollte schreien, Leftini zurückrufen – zu spät! Was hatte er getan! Statt die Geliebte zu retten, war er nur auf sich bedacht gewesen. Ihm nach! Er taumelte auf, seine Knie schlotterten, sie konnten ihn kaum bis zur Tür bringen. Er wollte Luigi rufen, aber seine Lippen brachten nur ein schwaches Stammeln hervor. Der eisige Luftstrom, den er bei Leftinis letzten Worten gespürt hatte, wehte ihn aufs neue mit Schauern an.

Er wankte zurück an den Tisch, und sein Haupt fiel schwer auf die Zeichen des Baphomet.

Giuseppina, die Haushälterin des Professors Bolza, war eben aus der Frühmette nach Hause gekommen, legte die kurze Mantille ab und begann Feuer zu machen. Der Kater Caracalla, der auf der Herdplatte schlief, wurde durch das Prasseln des Holzes aufgeweckt, dehnte sich gähnend und sprang mit einem Satz von dem immer heißer werdenden Eisen. Giuseppina goß ihm seine Morgenmilch in den Napf und schmatzelnd begann er zu schlürfen. Die Magd hantierte mit der Kaffeemaschine, schüttelte die prallen Bohnen auf und drehte die Kurbel, während Caracalla, der sich behaglich den Mund leckte, dem täglich sich wiederholenden Schauspiel zusah. Da schrillte draußen die Glocke.

«Gott, wer kommt denn in aller Herrgottsfrühe! Habe ich nicht oft genug dem Bäcker gesagt, daß er nur klopfen, aber nicht läuten soll?» Sie stellte unwirsch die Kaffeemaschine hin und öffnete. Ein junger Mensch mit zerrauften Haaren wurde sichtbar. «Wecken Sie sofort den Professor, ich muß unbedingt mit ihm sprechen! Sie kennen mich doch? Ich heiße Vincente Lascari.»

«Aber jetzt, um sechs Uhr früh? Der Herr hat doch Besuch, einen Monsignore aus Rom. Das geht doch nicht! Sie sind beide sehr spät schlafen gegangen.»

«Ich muß ihn sofort sprechen! Jede Minute ist kostbar!» Seine Gesten waren übertrieben wie die eines Irren. «Wenn Sie mich nicht anmelden, gehe ich selbst zu ihm. Es handelt sich um eine äußerst dringende Sache!» schwoll seine Stimme an.

«Giuseppina, laß ihn herein!» ertönte von innen Bolzas Stimme. Lascari ließ es sich nicht zweimal sagen, riß die Zimmertür auf – der Kater schlüpfte geschmeidig ein – und trat in das Schlafzimmer, wo Bolza gerade seinen Schlafrock zuknöpfte.

«Wir müssen sofort nach Santa Teresa! Wecken Sie Monsignore d'Arnoult! Ich habe furchtbare Angst, daß Mafalda etwas widerfahren ist.»

«Was ist geschehen, wie sehen Sie aus, Vincente? Es ist ja kaum halb sieben?»

«Ich habe Leftini von mir gejagt, ich will nichts mehr mit den Templern und dem Baphomet zu tun haben. Retten Sie Mafalda! Da sich die Schurken an mir nicht rächen können, werden sie es an Mafalda tun, um mich zu treffen. Kaum hatte ich den Griechen aus meinem Haus gewiesen, da kam mir diese Erkenntnis. Zu spät! Die Glieder versagten mir den Dienst, ich bin ohnmächtig geworden. Nur schnell nur schnell! Kaum war ich erwacht, so bin ich hergekommen. Helfen Sie mir, Sie und der Monsignore! Ich ahne Schreckliches. Vielleicht kommen wir noch nicht zu spät», stieß der erregte Jüngling hervor.

«Sie haben unüberlegt gehandelt, Vincente, daß Sie nicht einen Tag zugewartet haben. Aber jetzt ist es zu spät, Ihnen Vorwürfe zu machen. Besorgen Sie rasch einen Wagen, indes wir uns ankleiden.» Ohne Gruß stürzte Lascari davon und schmiß den ihm entgegentretenden Kater um, der jämmerlich drauf los miaute. Diese Klagetöne weckten den Gast, Bolza trat zu ihm und teilte ihm in kurzen Worten die Besorgnisse Lascaris mit.

«Ja, wir müssen gehen! Dieser unbesonnene Mensch! Er hat meinen ganzen Plan umgeworfen. Nur schnell!»

In einigen Minuten waren sie bereit. Lascari wartete ungeduldig im Vorzimmer, wie auf Nadeln, und zählte die Sekunden. Er stürmte ihnen voraus in den Wagen, die beiden folgten.

«Armer Caracalla! Ist dir der junge Herr auf die Pfote getreten?» streichelte Giuseppina den Kater. «Aber dafür sollst du jetzt ein Schälchen Kaffee bekommen, und der garstige Herr bekommt nichts! So ein Sausewind! Kommt da in aller Früh' und jagt unsere Herren aus dem Bett. Wenn ich seine Mutter wäre, dem würde ich den Kopf schön zurechtsetzen.»

Da kam der Bäckerjunge, dem sie brühwarm die ganze aufregende Geschichte mit vielen Ausschmückungen erzählte.

Es dauerte ziemlich lange, bevor die Schwester Pförtnerin öffnete. Monsignore d'Arnoult gab sich als vom Heiligen Stuhl bevollmächtigter Generalvisitator zu erkennen und verlangte, unmittelbar zum Spiritual geführt zu werden. Ein gehöriger Schreck überfiel das Weiblein, sie stand sprachlos da, der Schlüsselbund entfiel ihren zitternden Händen. «Sie haben doch verstanden. Worauf warten Sie noch?» Die drei waren eingetreten und schritten den dumpfigen Korridor entlang. Sie gingen an der Kapelle vorüber, deren Tür offen stand. «Die Sonne ist schon längst aufgegangen. Warum sind die Schwestern nicht bei der Frühmesse?» fragte d'Arnoult die Pförtnerin, die nachgelaufen kam. «Wann liest denn der hochwürdige Herr die Messe? Und was ist denn das für ein Geruch?» fragte er sie. Statt des in Klöstern gewöhnlichen Kerzen- und Weihrauchduftes, der sich mit dem Geruch frisch gewaschener und gestärkter Wäsche mischt, quoll es aus der Kapelle wie beizender Holzrauch, den aufgesprengtes Kölner Wasser übertäuben wollte. Der Visitator griff in das Weihwasserbecken, um sich zu bekreuzigen – es war leer. Die Pförtnerin schloß das Sprechzimmer auf, das an den Schlafraum des Abbate grenzte. D'Arnoult klopfte und begehrte Einlaß. Niemand antwortete, nichts rührte sich. «Sollte der Abbate vielleicht nicht zu Hause sein? Sie müssen es als Pförtnerin doch wissen», wandte er sich an das verschüchterte Weiblein.

«Er ist ganz bestimmt zu Hause, er ist seit drei Tagen überhaupt nicht ausgegangen. Er hat die Abendmahlzeit bei uns eingenommen und ist bald zu Bett gegangen. O Gott, was wird das werden?!» seufzte sie, indem sie sich bekreuzigte.

«Wir wollen eintreten», sprach der Monsignore und legte die Hand prüfend auf die Klinke. Sie gab leicht nach, die Tür öffnete sich, sie traten ein.

Das Bett war unberührt. Da – Lascari schrie auf – gewahrte man die Gestalt des Priesters in hockender Stellung den Kopf vornübergefallen.

«Abbate! Stehen Sie auf!» rief ihm Bolza zu. Er rührte sich nicht.

«Seine Hände halten ein Kruzifix umklammert», sagte d'Arnoult, der seinen Kopf aufrichtete. «Er ist tot!»

Die Schwester bekreuzigte sich. «Rasch um einen Arzt!» rief Bolza. Lascari wollte sich entfernen.

«Es ist überflüssig. Er ist tot. Sehen Sie, auf seiner Brust!» Er hatte das Kruzifix aus den steifen Händen genommen, und seine Hand spürte etwas Knolliges unter sich, das schwarz glänzte. Er faßte es, es war das Heft eines Stiletts, das er langsam aus der Leiche zog. Der Stahl leuchtete wie ein Blitz in seiner Hand. Es war eine schmale, kaum fingerbreite Klinge. «Die Templer sind uns zuvorgekommen, es ist ihr Werk. Sehen Sie im Heft die Zeichen!» Bolza nahm das Stilett prüfend in die Hand und bemerkte in kaum erkennbarer Größe einen Totenkopf, darüber das Wort AMASARAC, zwei Stierhörner, darüber ASARADEL, einen Katzenkopf, darüber AKIBEEL, eine Fledermaus, darüber BERKAIAL, wie mit einer Nadel geritzt. Wo das Heft in die Klinge überging, standen in hebräischen Buchstaben die Worte Hemen-Etan.

«Ein den Satanen geweihter Dolch, eine magische Waffe!» rief der Professor entsetzt aus, indem er das Stilett auf den Tisch legte und mit einem Tuch bedeckte.

Man bahrte die Leiche auf dem Bett auf, während Bolza die Polizei von dem Todesfall in Kenntnis setzte. Der Generalvisitator betete die Sterbegebete und befahl durch die Schwester Pförtnerin die Äbtissin und alle Nonnen in den Kapitelsaal. Als er allein war, beugte er sich über die Leiche und wollte die Wunde untersuchen, als Lascari, der sich mit der Pförtnerin entfernt hatte, hereinstürzte:

«Sie ist nicht unter ihnen! Mein Gott, sollte auch sie –? Nein, so grausam kann der Teufel selbst nicht sein. Ich bitte Sie, Monsignore, kommen Sie!» zerrte er ihn mit sich.

Im hochgewölbten Kapitelsaal herrschte eisiges Schweigen. Ernst blickten die asketischen Gesichtszüge der Äbtissinnen, die an der Stirnwand in vergoldeten Rahmen hingen, herab. Die mit alten Glasflüssen bestickten Fenster warfen ein trübes Dämmerlicht auf die fahlen Gesichter der Nonnen, auf denen sich Schrecken und Entsetzen malten. Von den schwitzenden Fliesen stieg eisige Kälte durch die Füße empor und vermischte sich mit dem Feuer der schuldigen Brust. Hochaufgereckt stand die Äbtissin auf der Estrade unter dem Baldachin, starr mit geschlossenen Augen. Trotz und Empörung verhärteten sie zum herrlich-heroischen Marmorbild, das wie ein Felsen dastand inmitten der verschüchterten Seelen. Manchmal stöhnte es von den Bänken der Nonnen auf. Die Gemeinsamkeit des Schweigens verstärkte die Qual des Wartens. Man hörte von draußen die Schritte der Polizeibeamten, die von Bolza nach oben geführt wurden, das Auto der Rettungsgesellschaft war vorgefahren. – Und wieder wuchtete qualvolle Stille auf den zagenden Seelen der Nonnen. Alle Augen waren als letzte Rettung auf die Äbtissin gerichtet, die geisterhaft in einem bläulichen Lichtkegel stand, der durch eine Luke von oben auf sie herabströmte. Wie Phosphor schimmerte ihr Gesicht.

Man hörte jetzt die Tritte und Stimmen der Polizeibeamten, die die Leiche in das wartende Automobil tragen ließen.

Zwei Schwestern brachen in hysterisches Schluchzen aus, und das Übermaß des Grauens drohte die Nerven aller Wartenden zu zerreißen, als der Visitator mit langsamen Schritten den Saal betrat. Die Schwestern erhoben sich bleich und zitternd, eine schwer gegen die andere gestützt. Die Äbtissin öffnete die Augen, und ihr faszinierender Blick fiel auf den Kirchenfürsten, herrisch und beherrschend. Sie ging ihm entgegen, verbeugte sich tief und sprach mit gefalteten Händen: «Gelobt sei Jesus Christus!»

«In Ewigkeit. Amen!» erwiderte er und hob sie auf.

«Sind alle Schwestern und Novizinnen versammelt?» fragte er, indem ihn die Äbtissin auf die Estrade führte, wo er sich unter dem Thronsessel niederließ.

«Alle, die zu diesem Kloster gehören, sind in Gehorsam versammelt.»

«Welches ist die Novize Mafalda Rossi?»

«Mafalda Rossi?» tat sie erstaunt. «Nie lebte hier eine Novizin dieses Namens, solange ich das Amt bekleide.»

«Mafalda Rossi kam am 14. April dieses Jahres aus Foligno nach Florenz mit einem Empfehlungsschreiben unserer dortigen Tochteranstalt. Sie wurde in Santa Teresa am Abend des genannten Tages hier aufgenommen und legte am 15. April hier die Profeß als Novize ab – Man bringe mir das Diarium!»

«Hier ist es», reichte sie ihm das Buch. «Die letzte Novize, Maria Respighi, wurde zu Weihnachten eingekleidet. Eine Mafalda Rossi war niemals in Santa Teresa. Der hochwürdige Herr Spiritual wird es bestätigen», sagte sie trotzig.

«Abbate Giambattista Doni ist tot.» Diese Nachricht erschreckte sie nicht, im Gegenteil, ein unwillkürliches Lächeln des Triumphes lief über ihre kalten Züge.

«Es ist zu Ohren der Vorgesetzten gekommen, daß sich in diesem Kloster mehrere Mißbräuche eingenistet haben, und ich bin vom Heiligen Stuhl mit den weitgehendsten Vollmachten versehen, das Unheil mit Stumpf und Stiel auszurotten. Wehe, wenn sich die Gerüchte als Wahrheit erweisen sollten! Doch bevor ich die Untersuchung beginne, verlange ich vollständig Aufklärung über das Verschwinden der Novize Rossi. – Sie bleiben alle auf ihren Plätzen, ohne sich zu rühren, und beten den Psalm 37: Domine, ne in furore tuo arguas me. Ich untersuche indessen die oberen Räume.» Er warf noch einen ernsten Blick auf sie und ging.

Lascari war ihm vorangegangen und rief den Kirchenfürsten in ein geräumiges Zimmer. «Hier muß sie mit zwei anderen Novizen gelebt haben. Hier das Kleid, das sie anhatte, als sie nach Florenz fuhr. Sie ist nirgends, ich habe bereits das ganze Kloster durchsucht. Warum hält sie sich verborgen?»

«Die Äbtissin leugnet, daß sich jemals eine Novize dieses Namens in Santa Teresa aufgehalten habe. Das Diarium enthält keine Rossi.»

«Wenn man ihre Leiche verscharrt hätte –» ängstigte er sich.

«Ihre Phantasie übertreibt. Die Templer hatten wohl an der Beseitigung des armen Abbate ein Interesse, aber warum hätten sie das Mädchen töten sollen? Stand sie doch ohne Zweifel auf ihrer Seite, während Doni sie verraten hatte. Ich vermute vielmehr, daß man sie mit List oder Gewalt bewogen hat, noch in der Nacht das Kloster zu verlassen. So hat man ein Erpressungsmittel gegen Sie, Lascari, in der Hand, durch welches man die Übergabe der roten Tinktur und des Elixiers erzwingen will», war d'Arnoults Meinung.

«Gott sei Dank, sie lebt!» atmete Lascari erleichtert auf. «So wird es sein. Gern übergebe ich den Templern alles, was sie von mir wollen, nur wenn –»

«Das werden Sie nicht tun», unterbrach ihn der Monsignore. «Die Feinde der Kirche dürfen nicht in den Besitz dieser magischen Gewalten kommen.»

«Mafalda!» schnürte es ihm das Herz zusammen. «Denken Sie an das entsetzliche Ende des Abbate! Sie werden sich an ihr rächen, weil sie meiner nicht habhaft geworden sind. Es ist meine Schuld, wenn die Geliebte sterben muß. Ich bin für ihr Leben verantwortlich. Ich gehe sofort zu Brettigny –»

«Das werden Sie nicht tun!» mengte sich jetzt Bolza ein, der dazugekommen war, «übereilen Sie nichts! Die Templer haben alle Ursache, daß die ganze Untersuchung gegen das Kloster kein Aufsehen errege. Außerdem müssen sie befürchten, daß die Behörden gegen sie wegen der Ermordung Donis einschreiten. Wir sind vorläufig die Stärkeren. Es ist wahrscheinlich, daß sie sich auf Unterhandlungen einlassen werden, bevor die Sache in der Öffentlichkeit bekannt wird. Ich rate Ihnen an, mit der Äbtissin unter vier Augen darüber zu sprechen.»

«Das wäre diplomatisch und klug gehandelt. Ich will es versuchen.» Er berief die Äbtissin zu sich.

«Es ist uns alles bekannt, es hilft kein Leugnen. Die Beweise, die ich in Händen habe, sind so überzeugend, daß eine Untersuchung überflüssig ist. Erkennen Sie Ihre eigene Handschrift in den Protokollen, die Abbate Doni uns ausgeliefert hat? Noch einmal: wo ist Mafalda Rossi?» fragte er sie.

Sie blickte ihn trotzig an. «In sicheren Händen. Sobald Sie das Geringste gegen mich oder eine der Schwestern unternehmen, wird sie sterben.» Lascari wollte sich auf sie stürzen, mit Mühe hielt ihn der Professor am Handgelenk zurück.

«Mit Ihnen will ich nicht unterhandeln. Ich will mit Ephrem und seinem Seneschall sprechen. In einer Stunde will ich beide vor mir sehen. Schicken Sie die Pförtnerin mit Briefen an sie!» befahl d'Arnoult.

«Es wird geschehen. Und die Schwestern?»

«Bleiben im Kapitelsaal zur Buße bis zum Abend ohne Speise und Trank.»

«Es wird geschehen. Doch die Polizei?»

«Wird erst nach meinem Wunsch den wahren Mörder erfahren. Ich habe das Stilett vor ihr verborgen. Das teilen Sie Ephrem mit! Eine Stunde!» Sie ging.

«Taddo war der Mörder», sagte Lascari, «niemand anders als er. Durch die Tür in der Kirchhofsmauer konnte er jederzeit unbemerkt in das Kloster gelangen. Schnell, wir müssen seiner habhaft werden, ehe er ahnt, daß man Verdacht gegen ihn schöpft. Man hat ihn nicht warnen können, denn die Nonnen mußten sich sofort versammeln. Kommen Sie mit mir, ich kenne den Weg.» Sie stiegen die Treppe herunter, an der offenen Tür vorüber, aus der das Beten und Wimmern der Nonnen drang, gingen durch den Kreuzgang, durch den Gemüsegarten, an dem Ligusterstrauch vorüber – Lascari erinnerte sich des verwehten Papierstreifens – er bog das Gebüsch auseinander und die niedrige Tür zeigte sich. Sie ließ sich leicht öffnen, der verrostete Riegel konnte ohne Anstrengung eingedrückt werden.

«Ich werde allein vorausgehen», sagte Lascari, «gegen mich hat er das geringste Mißtrauen, er hat mich in der Begleitung Brettignys gesehen. Halten Sie sich bereit, wenn ich Sie rufe.» Er ging. D'Arnoult und Bolza setzten sich hinter dem Gebüsch auf eine Steinbank, der erstere zog das Stilett hervor und der Professor erklärte ihm die Bedeutung aller Zeichen und beschrieb ihm das scheußliche Ritual, nach dem diese Waffe geweiht war.

Lascari war in das Häuschen des Totengräbers mit unbefangener Miene eingetreten. Taddo kochte die Morgensuppe. «Guten Morgen, Taddo, schon auf? Sie erkennen mich doch? Ich war einmal mit Brettigny bei Ihnen.» Taddo schaute ihn mißtrauisch an und schob einen Topf von der Herdplatte. «Haben Sie keine Angst, der Seneschall hat mich in alles eingeweiht, ich werde beim nächsten Konvent aufgenommen werden. Übrigens, war schon Leftini hier?»

«Nein.»

«Also, wie ist es in der Nacht ausgegangen? Hat er sich gewehrt?»

«Gegen ein Stilett, das ich geweiht habe, gibt es keinen Widerstand.»

«Ich bewundere Sie, Taddo, aber was geschieht mit der Leiche?» fragte Lascari.

«Hole ich mir in der Nacht und begrabe sie zusammen mit der nächsten Leiche. Kein Mensch weiß dann, was mit dem Abbate geschehen ist, die Äbtissin erstattet in drei Tagen die Abgängigkeitsanzeige, alle Welt steht vor einem Rätsel und die Leiche wird niemals gefunden.»

«Donnerwetter, ich bewundere Sie, Taddo, alle Achtung! Aber das mit dem Stilett geht mir nicht aus dem Sinn. Doni ist doch ein starker Kerl und Sie sind ein unscheinbares Männchen: und er hat nicht einmal Widerstand gewagt? Wenn er gerufen, wenn er Lärm geschlagen hätte? Gegenüber sind doch Häuser, der Wachtposten ist in der Nähe.»

«Hehe, das kann außer mir niemand! Krötenzauber!» meckerte er.

«Wie, Krötenzauber?» staunte Lascari.

«Ja, das ist meine Spezialität. Da schau'n Sie mal!» Er humpelte einige Schritte seitwärts zu einem Verschlag, der wie eine Hühnersteige aussah, und schob den Deckel beiseite. Da hockte, scheußlich anzusehen, eine aufgequollene Kröte mit glotzenden Augen, die wie Katzenaugen phosphoreszierten. Vincente prallte vor dem häßlichen Anblick zurück. «Hehe, wie gefällt Ihnen mein kleiner Prinz? Ist er nicht niedlich? Ja, ja, du sollst dein Frühstück haben.» Taddo entnahm einer Schachtel kleine runde Scheiben und warf sie dem Scheusal zu, das sie begierig schnappte.

«Geweihte Hostien, so, mehr als sechs bekommst du nicht. – Ich brauche sie für einen ähnlichen Zauber.» Lascaris Sinne taumelten, er mußte sich festhalten, um nicht sein Gleichgewicht zu verlieren. «Das – das – überrascht mich. Davon hat mir Leftini noch niemals erzählt», stammelte er, nach Fassung ringend.

«Ja, das ist auch eine der feinsten Zauberkünste, davon weiß Leftini nichts. Aber da Sie einer der Unsrigen sind und wahrscheinlich von Goetie nichts wissen, will ich Sie über einiges aufklären.»

«Goetie? Den Namen habe ich noch nie gehört», heuchelte er.

«Das ist ein anderer Ausdruck für Teufelsmagie. Sie sind noch ein Anfänger, Herr – Ja, wie heißen Sie? Ich habe ein schlechtes Gedächtnis.»

«Beppo Molina», log Lascari, der sich verwunderte, wie schnell der Name über die Lippen gekommen war.

«Also Herr Beppo, so eine liebliche Kröte wird bei Neumond gefangen und bis zum nächsten Neumond mit geweihten Hostien gefüttert und mit konsekriertem Wein getränkt.»

«Verzeihen Sie, daß ich Sie unterbreche, Taddo. Sie wissen doch, daß Doni die Konsekretionsworte ausgelassen hatte. Und Sie haben wirklich geweihte Hostien?»

«Weiß ich, weiß ich, Herr Beppo. Ich bin ja als erster auf den Betrug aufmerksam geworden. – Echte, wirklich echte! Die hole ich mir aus Sant' Agata. Der Sakristan ist ein guter Freund von mir, der keine Ahnung hat, daß ich Goetie betreibe. Oft trifft es sich, daß ich allein in der Sakristei bin, und dann tausche ich die geweihten Hostien mit mitgebrachten ungeweihten aus. Der gute Federigo hat natürlich keine Ahnung davon.»

«Und der konsekrierte Meßwein?»

«Ah, alles sage ich nicht!» wehrte er ab. «Das ist mein Geheimnis, von dem auch Ephrem nichts weiß. So gut sind wir noch lange nicht miteinander. Also nach einem Monat wird die Kröte geschlachtet, das Blut mit Otterngift und einigen Kräutern vermischt und auf die beiden Seiten des Stiletts gestrichen. Dann wird der Kreis gezogen und Barbuel zitiert, genau nach dem Rituale, das Ihnen bekannt ist. Barbuel läßt seinen Speichel auf die Klinge fallen, man reibt sie damit von dem Krötenblut ab, der Satan verschwindet und man muß dann alle Reste des Blutes und Speichels verbrennen. Aber ich koch' mir daraus noch einen besonderen Absud zum privaten Gebrauch. Das also geweihte Stilett magnetisiert den, den es treffen soll. Man muß nur dreimal die Worte Hemen Etan sagen und ihm die Waffe zeigen. Dann sinkt er, ohne fliehen oder ein Wort reden zu können, in hockender Stellung zusammen und kann ohne Aufsehen getötet werden. Leider muß man das Stilett in der Wunde lassen und für jeden Mord ein neues weihen.»

Lascari bezwang seine Wut, auf den Verbrecher loszustürzen, und fragte mit neugieriger Stimme weiter: «Und für wen ist diese Kröte bestimmt?»

«Leftini hat den Mord bestellt. Für einen gewissen Lascari, den Erben des Marchese, der den Lapis besitzt.»

Vincente zuckte unmerklich. «Und den Marchese haben Sie auch kalt gemacht?»

«Ach nein, das hat doch Leftini getan!» Durch das viele Fragen wurde er stutzig und sah den Jüngling fremd an. Unwillkürlich wich er einige Schritte zurück und wollte den Topf auf dem Herd erfassen, aber schon hatte ihn Lascari erreicht, fuhr ihm an die Kehle und schrie: «Schuft, Mordbube! Ich bin jener Lascari, den du ermorden wolltest!»

Wie eine Strohpuppe schleuderte er das Männchen in die Ecke, lief hinaus und rief die beiden Wartenden herbei, die mit hastigen Schritten herbeieilten.

«Er ist der Mörder, er hat alles gestanden. Auch gegen mich sollte eine magische Waffe geweiht werden!»

Als sie die Türschwelle betraten, bot sich ihnen ein entsetzlicher Anblick. Taddo lag in einer Blutlache und die Kröte hüpfte auf ihm herum. Der Priester beugte sich über den Sterbenden, machte über ihn das Zeichen des Kreuzes. Die beiden anderen wichen zurück. Die Kröte hüpfte ins Freie zu ihnen und glotzte die beiden Männer an. Bolza erhob einen Stein, um das häßliche Tier zu erschlagen. «Er hat sie mit Hostien gefüttert. Durch ihr Blut sollte die Waffe gegen mich geweiht werden!» hielt Lascari seinen Arm auf und erzählte ihm von Taddos Krötenzauber.

Da trat Monsignore d'Arnoult hervor und sprach: «Er ist gestorben, ohne das Bewußtsein erlangt zu haben. Gott möge seiner armen Seele gnädig sein! Wir wollen ins Kloster zurück und die Behörde verständigen.»

«Sein Tod kommt unseren Feinden sehr erwünscht. Es ist bekannt, daß er in Feindschaft mit dem armen Abbate gelebt hat, und es wird ihnen nicht sehr schwer fallen, seine Ermordung als einen Akt persönlicher Rache auszuspielen», meinte Bolza.

Im Sprechzimmer warteten bereits Ephrem, sein Senneschall Brettigny und Leftini auf sie. Monsignore d'Arnoult stellte sich ihnen gegenüber unter das große Holzkruzifix und begann: «Der erste Waffengang ist vorüber. Es war erst ein Probieren der Klingen, und doch mußte ein wertvoller Mensch sterben. Was bieten Sie uns als Sühne?»

Leftini: «Ein Verräter ist gestorben. Wer kann uns beweisen, daß er durch unsere Hand gefallen ist? Wo ist ein Zeuge?»

D'Arnoult: «Hier!» – Er zeigte das Stilett. – «Die Zeichen sind deutlich genug.»

Ephrem: «Vor Gericht besagen sie nichts.»
D'Arnoult: «Der Prozeß wird es beweisen. Wir werden die uns vom Spiritual Doni übergebenen Dokumente vorlegen. Es sind die Originale mit Ihren eigenhändigen Unterschriften. Das ganze verruchte Treiben der Templer wird bekannt werden.»
Brettigny: «Wir haben so gute Beziehungen zu den Behörden, daß wir den Prozeß niederschlagen werden. Außerdem sind so hochstehende Persönlichkeiten als Mitglieder in den Listen angeführt, daß kein Gericht es wagen wird, gegen uns aufzutreten. Nicht Sie haben zu fordern, sondern wir!»
D'Arnoult: «Und doch sind Sie meinem Wunsche entsprechend hierher gekommen. Wenn Sie so ganz ohne Furcht sind, warum gehorchen Sie uns so schnell? Und möge auch das weltliche Gericht einen Prozeß gegen die Templer niederschlagen: der Vatikan ist ein souveränes Gebiet und hat noch immer Macht genug, die Dokumente aller Welt mitzuteilen und Sie moralisch zu vernichten.»
Ephrem: «Niemand wird die Dokumente für echt halten. Der Papst wird aus politischen Gründen die Veröffentlichung nicht zulassen.»
D'Arnoult: «Wo es sich um das Seelenheil der Christgläubigen handelt, werden alle politischen Erwägungen schweigen.»
Brettigny: «Die Veröffentlichung wird als Sensation wirken und das Gegenteil von dem, was Sie beabsichtigen, erzielen: eine Unzahl derer, die im Herzen auf unserer Seite sind, aber von unserem Dasein nichts wissen, wird aufmerksam auf uns werden. In Massen werden sie uns zuströmen.»
D'Arnoult: «Das ist noch fraglich: die Lauen und Trägen werden aufgerüttelt werden und sich mannhaft zu Christus bekennen. Nur der Abhub der Großstädte wird Ihnen zufallen. – Das ist der Sinn unserer Zeit, daß sie jeden einzelnen für oder wider Christus treibt. Die Kirche hat die Entscheidung nicht zu fürchten, im Gegenteil, sie drängt immer gebietender dazu.»
Leftini: Wir sind nicht zusammengekommen, um uns über Dinge akademischer Natur zu unterhalten. Gesetzt, Sie hätten durch den Verrat Donis eine Waffe in Händen, die uns empfindlich schaden könnte. Gesetzt, wir hätten ein Interesse daran, daß die Öffentlichkeit nichts von unserem Orden erfahre. Gesetzt, daß der Abbate von uns beseitigt worden wäre: was verlangen Sie von uns für die Rückgabe der Dokumente?»

D'Arnoult: «Abschwörung der Irrlehre, Unterwerfung unter den päpstlichen Stuhl, Auflösung des Ordens und Auslieferung der Novize Mafalda Rossi.»
Ephrem mit höhnischem Lächeln: «Das nenne ich bescheiden! Nun kann ich mit der Gegenliste kommen: falls nicht binnen vierundzwanzig Stunden die Originale in unseren Händen sind, falls die Elfenbeinkapsel und das Elixier uns nicht sofort übergeben wird, stirbt Mafalda Rossi noch denselben Abend.»
Lascari schrie auf: «Nehmt alles, ich gebe es euch! Noch heute, noch heute! Führt mich zu ihr! Ihr darf kein Haar gekrümmt werden!»
D'Arnoult nach schmerzlichem Schweigen und mit einem Blick auf Lascari: «Wer nicht für mich ist, ist wider mich, sagte der mn118avenn Sie, Lascari, den Feinden der Kirche in die Hände arbeiten, so erklären Sie sich als unseren Feind.»
Lascari: «Sie wird mir verzeihen! Ich liebe sie!»
D'Arnoult: «Über das Eigentum eines anderen steht mir kein Verfügungsrecht zu. Die Dokumente sind in meiner Hand, und Ihre Schuld am Tode des Abbate ist dadurch offenkundig. Hier handelt es sich nicht um das Leben eines Mädchens oder um die Gefühle eines jungen Mannes, sondern um das Heil der Kirche.»
Bolza, zu d'Arnoult tretend: «Zwei Herzen, die sich in Wirklichkeit gar nicht kennen, sind aneinander irre geworden. Ein Wort kann vielleicht genügen, um die Beklemmung ihrer Seelen zu lösen. Es handelt sich um Leben und Tod eines Menschen, um eine unsterbliche Seele, die, wenn Sie nicht nachgeben, noch heute unrettbar verloren ist. Wenn Gott am jüngsten Tag diese Seele von Ihnen fordert: Ein liebender Arm ist bereit, sie zu retten. Was nützt der größte Triumph der Kirche, wenn er um den Preis einer verdammten Seele erkauft ist?»
D'Arnoult, ohne von seiner Größe zu verlieren: «Wenn es Liebe ist, kann sie nicht verlorengehen, denn die Liebe ist demütig und rein. In ihr hat sich der Trotz verhärtet.»
Lascari, bittend: «Haben Sie Mitleid mit ihr! Es ist ihr erstes starkes Gefühl. In ihrem Blut rast die Empörung ihrer wilden Ahnen. Ein Wort der Aussprache wird alle Mißverständnisse lösen!»
Ephrem: «Wir verlangen eine rasche Entscheidung!»
Bolza: «Das Gräßliche muß vermieden werden!»
D'Arnoult: «Ihr Eifer ehrt Sie, aber ich kann nicht an eine große

Liebe des Mädchens glauben. Die wirkliche Liebe beseligt und belebt, die Leidenschaft aber stiftet nur Unheil und Verderben. Doch es soll der Versuch gemacht werden, daß beide sich aussprechen. Beide Parteien können nur dadurch gewinnen. Lascari, Sie sollen mit ihr sprechen.»

Ephrem: «Halt, unter einer Bedingung: Sie geben uns das Stilett zurück.»

D'Arnoult: «Werden Sie dann nichts weiter fordern?»

Ephrem: «Ich gebe Ihnen mein Ehrenwort. Sie sollen keinen Betrug befürchten. Ich erlaube sogar, daß der Professor mit Brettigny sie abholen geht, um sich zu überzeugen, daß sie nicht von uns beeinflußt wird.»

Er schrieb, alle unterzeichneten das Abkommen. Bolza und der Vicomte gingen.

D'Arnoult: «Da haben Sie die Waffe. Wir benötigen sie nicht, denn ein gleiches Stilett steckt in der Brust Taddos.»

Leftini: «Sie lügen!»

Lascari: «Er hat sich selbst getötet. Er hielt mich für einen der Templer, weil ich mit Brettigny einmal bei ihm war. So hat er mir sein Geheimnis des Krötenzaubers verraten. Für mich wurde ein anderes Stilett vorbereitet. Ich gab mich ihm zu erkennen, rief meine Freunde herbei und als ich zurückkam, stak der Stahl in seiner Brust.»

Ephrem, erbleichend: «Er war ein unvorsichtiger Schwätzer, der Alte. An ihm erfüllte sich ein geheimes Gesetz des Baphomet, daß ein jeder, der seine Geheimnisse verrät, noch in den nächsten vierundzwanzig Stunden sterben muß, gleichviel durch wen. Wir haben unsichtbare Helfer an unserer Seite. Hüten Sie sich! Der Tod des Abbate und jetzt der Selbstmord Taddos sind Beweise für ein okkultes Gesetz. Wollen Sie der dritte sein? Kennen Sie so schlecht die Geschichte unseres Ordens? Alle Ankläger gegen unseren letzten Großmeister Jakob de Molay fanden in kurzer Zeit ein schreckliches Ende.»

D'Arnoult: «Wer die Kraft Gottes kennt, wird die Macht des Satans nicht leugnen können. Aber er kann nur den Körper, nicht die Seele verderben. Abbate Doni ist als Märtyrer gestorben, und über Taddos Tod wird Gott richten.»

Ephrem: «Der Tod des Totengräbers kommt uns gelegen. Es wird uns nicht schwer fallen, den absonderlichen Alten für verrückt auszugeben. Das Innere seiner Wohnung ist Beweises genug. Es ist bekannt, daß er mit dem Spiritual auf gespanntem Fuße lebte. Im Wahnsinn hat er den Priester getötet und dann sich selbst. Das Stilett in seiner Brust paßt genau in die Wunde Donis. Ich danke Ihnen, Monsignore, das erleichtert unseren Standpunkt wesentlich.»

D'Arnoult: «Ich glaube nicht, im Gegenteil, dieser Beweis nützt uns. Denn Taddos Namen und Unterschrift kommt in den Protokollen vor und die Einrichtung seiner Wohnung, die gestohlenen Hostien und die Kröte erhärten, daß der Orden des Baphomet kein Hirngespinst, sondern entsetzliche Wirklichkeit ist.»

Lascari: «Und, Leftini, Sie haben ihn gedungen, mit dieser magischen Waffe wollten Sie mich töten! Sie sind ein Meister der Verstellung. Ich habe Ihrer Ehrlichkeit vertraut, als Sie mit mir unter einem Dach lebten.»

Leftini biß sich in die Lippen und schwieg.

Nach kurzer Zeit öffnete sich die Türe und Mafalda Rossi erschien mit ihren Begleitern. Sie hatte über die Schultern einen venezianischen Schal geworfen, ihr Haar verriet Unordnung, die bleiche Hautfarbe schimmerte in einem leisen Schweißanflug, ihr Auge suchte den Feind. Lascari hauchte einen unmerklichen Schrei der Überraschung über ihre seltsam verwandelte Schönheit aus. Das war nicht mehr das Landmädchen, das im schwärmerischen Abendgold ihre Gefühle verhauchte, ganz Hingabe an geliebte Träume und magdliche Scham: nein, ein mutig entschlossenes Weib blitzte ihn an. Vincentes Herz stürmte in Jubel! So schön entfaltet und heroisch gesteigert konnte er sie sich nicht vorstellen und doch war sie es, Mafalda, jeder Zug ihres Gesichtes zeigte den unsäglichen Liebreiz der Jungfrau, die zum Bewußtsein ihrer Kraft gekommen ist.

Sie trat in den Kreis der Männer und wandte sich an Ephrem: «Weshalb haben Sie mich herrufen lassen? Was soll ich unter diesen Fremden?»

«Einer von ihnen behauptet, Ihnen nicht fremd zu sein!»

«Er kennt meinen festen Willen. Was will er von mir?»

Vincente trat einen Schritt gegen sie zu: «Mafalda, meine Hände sind gebunden, ich bin unfrei. Ich mußte mich Fremder bedienen, mich selbst hätten Sie zurückgewiesen, wie einmal schon. Ich bin glücklich, daß ich Sie sehen kann!»

Sie wandte sich an Ephrem: «Worum handelt es sich? Was will man von mir?»

«Der junge Mann geht törichten Illusionen nach. Er behauptet, daß er Sie liebt.»

«Was kümmert das Sie?» Sie sah ihn mißtrauisch an.

«Es wäre für uns von Wichtigkeit, daß er sich eindeutig für oder wider uns entscheide. Eine dauernde Verbindung zwischen Ihnen und ihm würde uns in den Besitz der Erbstücke des Archimandriten setzen.»

«Ja, Mafalda», beteuerte Vincente, ich gebe alles gern hin. Sie sollen über mich entscheiden. Erst aus Ihrer Hand erhält mein Besitz Wert.»

D'Arnoult warf ein: «Es ist Vermessenheit, ja Blasphemie, Dinge, die für die Kirche von größter Wichtigkeit sind, von der Leidenschaft oder Laune eines unberatenen Weibes abhängig zu machen, welches die Tragweite seiner Entscheidung nicht kennt.»

Sie reckte sich auf, ihren geschmeidigen Leib überflog es wie ein Blitz der Entrüstung, in den Augen leuchtete unheimlicher Glanz.

«Wie, ihr wägt wie Krämer Vorteil und Nachteil miteinander ab, wie ich mich entscheiden werde? Welches Recht habt ihr, das zu verschachern, was mir allein gehört? Und fühlt ihr nicht, welch eine Gemeinheit ihr damit begeht, an das mit erwerbgierigen Händen zu rühren, was mir teuer und heiliger als Gott selbst ist?»

Lascari, hingerissen von ihrem begeisterten Trotz: «Mafalda, ich war es, der Sie gerufen, nicht bloß jetzt, nein, in jeder Stunde, seitdem ich Sie erblickt habe. Keine Frage fremder Männer soll sich an Ihnen vergreifen. Nur wir zwei allein – nur Gott steht zwischen uns beiden! Die anderen würden es nicht verstehen, was ich Ihnen zu sagen habe.»

«Gut, wir wollen beide allein lassen. Kommen Sie!» sagte Ephrem und die andern folgten. Man hörte die Schritte draußen sich entfernen.

«Mafalda, nach dieser Stunde habe ich mich gesehnt mit aller Kraft meiner Seele. Wie oft habe ich es mir ausgemalt, wie es sein wird, wenn ich Sie wiedersehen werde. Mit welcher Glut habe ich mir das Bild ausgemalt! Doch wie ganz anders ist es gekommen! Statt der Freude ist Todestraurigkeit über mich gekommen: jetzt erst, seitdem ich Ihre Schönheit wiedergesehen habe, weiß ich, warum Sie mich hassen.»

«Sie haben schwächlich an mir gehandelt. Die Welt wird keine Schuld an Ihnen finden und mich für exaltiert und überspannt halten. O dieser Abend, diese erste Nacht im Kloster! Ich war aus der Schlafkammer geflohen, mit nackten Füßen wartete ich an der Pforte. Ein Wort vom Mund des Geliebten, und ich wäre in seine Arme gestürzt!»

«Mafalda, an jenem Abend saß ich auf der Steinbank vor der Pforte und meine Seele träumte sich hinüber zu Ihnen.»

«Nur eine Spanne trennte uns? Und Sie hörten nicht das Klopfen meines Herzens, das sich an Riegel und Holz preßte?»

«Ich träumte. Alle Sinne waren noch trunken und schwach von Seligkeit.»

«Und die Tat? Vom Manne verlange ich mutige Kraft! – Und als ich am Morgen mit eisig erkaltetem Blut zurückwankte, da kam Empörung wie ein feuriger Regen auf mich. Meine Liebe war verschmäht, mein Stolz kochte wütend auf: da schwor ich Tod dem, der mich so tief beleidigt hatte. Und als dann der Professor als Unterhändler kam, als ich erfuhr – das wissen Sie alles – und die folgenden Tage – keine Nachricht, kein Brief!»

«Mafalda, gegen Ihren Haß kommt meine Liebe nur auf, wenn Sie mich nicht völlig verachten. Ja, ich habe erbärmlich gehandelt, aber es war in allem nur Liebe, wenn auch eine Liebe, die Ihrer unwürdig ist. Aber noch schändlicher handelte an Ihnen Ephrem und der Orden. Man benützt Ihren Haß gegen mich, um mich zu berauben. Sie sollen bei der Intrige mitspielen, Sie sollen ein Erpressungsmittel an mir sein: willigen Sie ein, meine Liebe anzunehmen, so bin ich auf Seite der Templer und muß ihnen das Erbe des Archimandriten übergeben, so fest rechnet man auf Ihre Mithilfe. Stoßen Sie mich aber zurück, so drohte man mir, daß man Sie, die sich ganz in der Gewalt der Templer begeben hat, töten werde: nur wenn ich Lapis und Elixier an Ephrem ausliefere, will man Sie verschonen. Ephrem ist so sicher Ihres Hasses gegen mich, daß er in diese Unterredung unter vier Augen einwilligte. Ich verrate seine Absichten nicht, um Sie für mich zu stimmen, sondern um Ihr Leben zu retten. Wenn er Sie auch nicht töten will, wie er drohte, so will er Sie in seiner dauernden Gewalt behalten. Um Sie aus der Sklaverei zu befreien – so nimmt er mit vollem Recht an – werde ich ihm selbst alles Verlangte überbringen, nur um die Geliebte nicht leiden zu lassen.»

Mafalda faßte sich an die Stirn: «Gott, ist das wahr? Welch ein Abgrund tut sich vor mir auf?! – Nein, das lügen Sie, um mich zu betören! Vincente, sagen Sie, daß das eine Erfindung von Ihnen ist! Diese Niedertracht der Gedanken!»

Lascari fühlte ein unnennbares Glück – sie hatte ihn in ihrer Verwirrung mit seinem Taufnamen genannt! Er öffnete die Tür zum Nebenraum und sagte: «Hier lag die Leiche des Spirituals, den die Templer in dieser Nacht töten ließen, weil er alle ihre Geheimnisse uns ausgeliefert hat. Zweifeln Sie, daß sie vor Gewalttaten an Ihnen zurückschrecken werden? Wer wird Sie beschützen, wenn Sie ihrer Willkür und Tyrannei ausgesetzt sein werden?»

«Sie wagten viel, daß Sie mir diese Pläne Ephrems verrieten», sagte sie mit einer Stimme, die einen wärmeren Klang angenommen hatte. Noch beherrschte sie sich ganz, nur die Augen verrieten die Ratlosigkeit ihres Gefühls. Ihr Blick irrte haltlos über die Wände und wich erschreckt vor dem großen blutigen Kruzifix aus. Wie abwesend fielen ihre Augen auf die grünen Topfpflanzen im Fenstergesims. Lascari nahm, von Mitgefühl mit ihrer Qual ergriffen, ihre Hand und sprach mit heilendem Laut: «Ich leide wie Sie, Mafalda. Wir beide wurden in eine Welt verstrickt, die uns innerlich fernsteht. Nur Verblendung hat uns in den Kreis von Magiern hineingetrieben, eine Leidenschaft, die an sich selbst irr wurde, und, da sie Gott nicht finden konnte, sich vom Empörer verleiten ließ. Fragen Sie in Ruhe Ihr eigenes Herz: ist nicht Unrast und Qual in ihm, seitdem Sie sich selbst an die Leidenschaft verrieten? Denn alle Liebe kommt von Gott, doch die Leidenschaft ist Adams Erbe. Müssen wir alle nicht das Triebhafte in uns bändigen, um im Geiste neu geboren zu werden? Diese Erleuchtung, die verzeiht und liebt, ist das wahre Gold der Adepten. Ich werfe alles Frühere von mir, ich will neu beginnen, um wiedergeboren zu werden. Nie mehr kehre ich in das Haus des Archimandriten zurück. In meiner Heimat am Fuße der Alpen, nahe der Schöpferkraft allheilender Natur, will ich genesen. Was ich hier erlebte, soll nur ein quälender Traum gewesen sein. Aber Ihr Bild wird durch meine kommenden Tage leuchten wie ein Heiligenbild auf goldenem Grund. Ich danke Ihnen das erschütterndste Erlebnis meines Lebens. Da es mir das Schicksal verwehrt, daß wir uns in Freundschaft näherkommen und mir kein anderes Mittel übrig bleibt, Ihnen für alles zu danken, vermache ich Ihnen meinen ganzen Besitz in Rifredi. Den Lapis und das Fläschchen mit dem Elixier werde ich auf hoher See ins Meer werfen.»

Das war keine romantische Geste, das war sein heiliger Ernst.

Der Schmerz hatte den Jüngling zum Manne gereift, seine Stimme vibrierte in einer Schwingung innerst erlebter Tragik. Mafalda blickte ihn erstaunt an, selbst ergriffen von seinem Mitwissen mit ihren eigenen Schmerzen. Stockend sagte sie dann: «Sie haben viel erlitten. – Wer kann da wägen? Ich ehre Ihr Gefühl, doch es kann an meinem Lose nichts ändern. Die Liebe ist uns als Schicksal auferlegt worden, das wir als Bürde und Prüfung hinnehmen müssen. Daß es uns beide traf, die wir bis vor kurzem voneinander nichts wußten und jetzt schicksalhaft aneinander gekettet sind, das erfüllt mich mit größerem Grauen als das Los, das Ephrem mir zugedacht hat. Was Sie vorhaben, ist Flucht. Sie fürchten sich vor der Aufgabe, die Sie als Erbe des Archimandriten zu erfüllen haben. Aber die Macht, die Ihnen unversehens die Schätze des Adepten in die Hände spielte und die Sie zu mir trieb, diese Macht werden Sie durch bloßen Verzicht nicht bannen. Ihr Opfer an Besitz wird ebenso vergeblich sein wie das Opfer, auf mich zu verzichten.»

«Wir kommen nicht los von den dunklen Mächten der Begier. – Doch was soll ich tun und was werden Sie tun, um sich zu retten?» fragte er besorgt.

«Alles bis zum letzten Tropfen trinken, was mir zugemessen wurde. Alles an Lust und alles an Schmerz! Liegt nicht die tiefste Wollust darin, standhaft zu leiden?»

«Doch wenn rohe Gewalt sich vergreift? Wenn Ephrem mit seinen Drohungen Ernst macht? – Ich hafte für Ihr Leben. Durch mich allein, Mafalda, mußten Sie soviel leiden.»

«Wir hätten Freunde werden können, ganz ohne Liebe, nur durch Achtung verbunden. Aber das Unheil war, daß wir liebten, und daß wir nicht stark genug waren, die Liebe mit der Leidenschaft in Einklang zu bringen.»

«Aber jetzt, Mafalda, jetzt wollen wie sie in Demut ertragen!»
«Zu spät! Der Stachel der Reue brennt ewig!»
«Mein Gott, es handelt sich um Ihr Leben! Und Sie reden so! Bedenken Sie –.»

«Es ist bedacht! Ich bin frei. Niemand hat ein Recht, über mich zu bestimmen, weder Sie, noch Ephrem. Was ich über mich verfügen werden, weiß nur mein Herz.»

Vincente faßte ihre beiden Arme und blickte ihr groß in die Augen: «Schwören Sie mir bei allem, was Ihnen heilig ist, daß Sie nichts gegen sich unternehmen werden.»

Diese liebende Angst entlockte ihr ein heiteres Lächeln: «Hören Sie: halten Sie Ephrem und die beiden andern zurück. Ich fahre ins Ausland, nach Avignon, wo meine Tante lebt. Hüten Sie dieses Geheimnis! Leben Sie wohl!»

«Mafalda, dies der Abschied. Kein Wort für mich?»

«Tragen Sie es, wie ich es tragen werde. Vielleicht sehen wir uns wieder.»

Die Tritte der Männer kamen näher. Man klopfte, und Ephrems Stimme fragte: «Darf man eintreten?» Mafalda öffnete.

«Nun, haben Sie sich geeinigt?»

«Herrn Lascaris Hoffnungen und Wünsche wurden nicht erfüllt. Benötigen Sie mich noch? Ich gehe zu Gilda.»

Mit einem leichten Nicken des Kopfes ging sie davon.

Lascari verbarg sein Gesicht in das Grün des Rankenwerks im Fenster.

«Die erste Frage wäre zu unseren Gunsten entschieden», sagte Brettigny. «Nun der Fall Taddo. Und was haben Sie mit den Nonnen vor? Wollen Sie es auf einen Prozeß ankommen lassen?»

«Ich werde zuvor die Äbtissin verhören», sagte Monsignore d'Arnoult.

«Wir bestehen darauf, dem Verhör beigezogen zu werden», sagte Ephrem.

D'Arnoult nickte Gewährung. Sie gingen in den Kapitelsaal zurück.

VIERTES KAPITEL

Das Scheitern seiner Hoffnungen hatte Lascari nicht zermürbt. Wußte er sich auch zu klein, um mit dem Höchsten siegreich zu ringen, so war er doch groß genug, um seine Niederlage mit Seelenstärke zu tragen. Viel dünkte ihm schon, daß es mit Mafalda zu einer Aussprache gekommen war, viel, daß sie ihm ihre Freiheit und die Rettung ihres Lebens danken mußte. Und wenn er alles reiflich überlegte, so festigte sich in ihm immer mehr die Überzeugung, daß zwischen ihr und ihm nunmehr ein Band bestehe, ein Einverständnis aus gegenseitigem Erbarmen und Leiden. Daß sie sich aber trotzdem von ihm abwandte, schien ihm nur letzte Geste zur Wahrung des Stolzes: nun trug ihre Seele eingeprägt das Bild des Geliebten, dem sie sich zwar noch sträubend versagte, doch schon gebannt von seinem Herzen.

Es war kein Aufsehen entstanden. Monsignore d'Arnoult hatte ohne Zweifel mit den Templern ein Abkommen getroffen, die Angelegenheit in aller Stille zu bereinigen. Eine Feindschaft Taddos mit dem Spiritual wurde von vielen Zeugen bewiesen, mehrere Nonnen hatten ausgesagt, daß der verrückte Taddo – so wurde er angeblich von allen geheißen – des öfteren wilde Drohungen gegen den Abbate ausgestoßen hätte. Den Richtern leuchtete es ein, daß es sich um einen Racheakt des halbwahnsinnigen Totengräbers handeln mußte, und sie waren froh, daß die unangenehme Affäre mit dem Selbstmord des Mörders aus der Welt geschafft war. Daß ein geheimer Orden der Templer existierte, kam überhaupt nicht zur Sprache. Beide Parteien gingen mit dem größten Takt vor und vermieden es mit Geschick, die Augen der Richter von den Tatsachen auf die tieferen Ursachen zu führen. Es dauerte keine Woche, und die ganze Angelegenheit war mit den beiden Leichen begraben.

Als nun das Gerichtsverfahren geschlossen war, berief Ephrem die Seinigen zu einer Beratung. In seinem Zimmer dunkelte es bereits, als Gilda als die letzte erschien, im Reisekleid, eine Reisetasche in der Hand. Nachdem Fenster und Tür geschlossen waren und der Seneschall Brettigny die schwarzen Windlichter angezündet hatte, schritt Ephrem, mit einem dunklen Überwurf über seinen Kleidern angetan, zu dem vorgeschriebenen Zeremoniell; in die Responsorien teilten sich der Seneschall und Leftini. Nach der liturgischen Szene hieß Ephrem die Mitglieder sich setzen und sprach: Weshalb ich euch, liebe Brüder, außerhalb der vorgeschriebenen Zeit zu einem Präfektur-Kapitel herbefohlen habe, werdet ihr alle erraten haben. Es haben sich Ereignisse von ungeheurer Tragweite in unserem Sprengel abgespielt, deren Zeugen wir alle waren. Wir sind mit unserem gefährlichsten Feind zusammengekommen, ohne ihn zerschmettern zu können. Der Preis des Sieges, den wir schon fest in den Händen zu halten wähnten, ist uns schmählich entwunden worden. Ich will niemanden anklagen: wir alle haben Fehler begangen, wir sind überrumpelt worden. In diesen Dingen können wir uns vor den Vorgesetzten rechtfertigen. Doch daß wir über ein Jahr lang nicht bemerkten, daß Doni nur darauf lauerte, uns zu verraten, und daß keiner von uns nur den geringsten Verdacht schöpfte, das werden wir bei der nächsten Synode zu verantworten haben. Wir alle sind zu großer Leichtgläubigkeit schuldig, da wir Mafalda Rossi, ohne sie näher zu kennen, in unseren Orden aufgenommen haben. Hierin trifft vor allen, Gilda, dich die Schuld. Daß sie uns so schmählich im Stiche ließ, das ist dein Werk.»

Zornig begehrte Gilda auf: «Und von Leftini redest du nicht? Daß er an Lascari fast alles verriet, daß er Tinktur und Elixier in Händen hatte und beides nicht uns überbrachte? Wer will von meiner Schuld reden? Und daß du den Fehler begingst, beide ohne Zeugen sich aussprechen zu lassen, wessen Schuld ist das, Ephrem? Mafalda war wie eine Flamme der Leidenschaft, ich mußte nach allen Äußerungen und Handlungen annehmen, daß zwischen beiden eine Versöhnung unmöglich wäre. Daß sie im entscheidenden Augenblick von ihrem Haß abließ, ist mir ein Rätsel. Wie hätte ich ahnen können –» Leftini unterbrach sie mit einem giftigen Blick: «Ich war immer gegen die Aufnahme von Weibern. Sie schaden immer und nützen selten.» Gilda fuhr ihn an: «Jetzt willst du dich rächen! Ephrem und Brettigny wissen genau, mit welchen Mitteln du mir nachstelltest.»

«Ruhe!» gebot Ephrem mit lauter Stimme. «Soll Feindschaft unter uns wüten, wollt ihr das zerstören, was andere in Mühsal aufgebaut haben? Kämpft eure Zwistigkeit bei der Synode aus, aber nicht hier. Wir sind hier versammelt, um Entscheidungen über unser weiteres Tun zu fällen.»

Brettigny fragte an: «Vor allem müssen wir wissen, ob wir in dieser Stadt in Sicherheit sind. Und der Monsignore hat noch immer unsere Protokolle. Ist Verlaß darauf, daß er nichts gegen uns unternimmt?»

Ephrem erwiderte: «Ich bin überzeugt davon. Die Kirche hat alle Ursache, darüber zu schweigen, sie will vorläufig keinen Kampf. D'Arnoult hat Weisungen aus Rom, kein Aufsehen zu erregen. Er wird die Stadt in kurzer Zeit verlassen. Von Lascari haben wir nichts zu befürchten, ebensowenig von Bolza.»

«Ich danke für die günstige Auskunft», sagte der Seneschall. «Und was geschieht mit der Äbtissin und den Nonnen? Können sie uns nicht schaden?»

«Ich habe mit d'Arnoult die Vereinbarung getroffen, daß wir unsere Propaganda nicht mehr auf Santa Teresa ausdehnen werden. Die Nonnen werden mit Dominikanerinnen ausgetauscht, die aus Rom kommen werden», teilte Ephrem mit.

«Wie stellst du dir die weitere Entwicklung unserer Lage vor?» fragte Gilda. «Ist es nicht wahrscheinlich, daß wir alle strafweise in bedeutungslose Städte versetzt werden?»

«Florenz ist ein sehr heikler Posten. Wir haben hier zwei äußerst gefährliche Gegner, Lascari und Bolza. Beider Treiben muß unbedingt bewacht werden», bestimmte Ephrem.

«Ich bleibe hier», sprach Leftini, «ich habe das nächste Anrecht darauf, mit Lascari abzurechnen. Ich erkenne keine Obrigkeit an, die mir dieses Recht nimmt.»

«Über das Zunächstliegende sind wir wenigstens einig. Gilda fährt noch heute, wir anderen folgen drei Tage darauf. – Hat noch einer eine Frage oder einen Antrag zu stellen?»

Man setzte sich wieder, Ephrem las einige Kapitel aus dem Consolamentum vor und schloß mit den vorgeschriebenen Zeremonien die Sitzung. Gilda verabschiedete sich von allen, außer von Leftini, nahm ihre Reisetasche und eilte zum Zug.

Ephrem ging auf Brettigny zu und sagte: «Im Ernst, Freund, es wird notwendig sein, daß du deine Beziehungen zu Gilda abbrichst. Wem anders als ihr verdanken wir die beschämende Niederlage? Sie ist sentimental wie alle Weiber, und statt ihren Einfluß auf Mafalda und Lascari geltend zu machen, hat sie bei beiden gänzlich versagt. Daß sie so gar nicht in der Seele ihrer Freundin lesen konnte!»

«Wer kennt sich bei diesem überspannten Wesen aus! Gefühle sollen bei unseren Berechnungen ausgeschaltet werden.»

«Diese Liebesgeschichte erscheint mir absurd», fügte Leftini dazu. «Daß Lascari im Augenblick der Transmutation keine anderen Gedanken als an sein Mädchen hatte, ist mir unfaßbar. Er soll sich jetzt nur plagen, ohne meine Hilfe erreicht er nichts anderes, als daß er die kostbare Tinktur vergeudet. Hat er sich mit dem Schicksal eines unglücklichen Liebhabers abgefunden, so wird die Lust, mit dem Lapis zu operieren, schon von selber in ihm erwachen. Er weiß, daß ich allein die Fähigkeit habe, den Stein durch einige Gramm der Prima Materia zu regenerieren. Es werden keine drei Wochen vergehen, so wird er mich bitten, zu ihm zurückzukehren. Ich muß in seiner Nähe bleiben, um ihm leicht erreichbar zu sein. Daher reise ich unter keinen Umständen zur Synode.»

«Auf deine Verantwortung, Leftini!»

«Auf meine Verantwortung!»

Zur selben Zeit saß Lascari in der friedlich leuchtenden Stube allein mit seinen Büchern. Es waren dies nicht mehr alchimistische und magische Werke, sondern schlichte Gebetbücher und Postillen des vorigen Jahrhunderts. Friede strömte von den einfachen und einfältigen Werken aus, die keinen anderen Anspruch erhoben als innig zum Herzen zu sprechen. Gebete für alle Anliegen eines friedlichen Gemüts ließen ihn mit Wehmut an die Zeit zurückdenken, wo er aus dem Gebetbuch der Mutter buchstabieren lernte und alles das in den gedruckten Worten zum Ausdruck gebracht fand, was seine Seele beschäftigte: Trost, Bitte und Dank, Aufschwung des Herzens und unvorhergesehene Blicke in Tiefen, die ihn erschauern ließen. Wie unwichtig erschien ihm da jede Kunst, die mit einem umständlichen Aufwand auf Umwegen das zu erreichen trachtet, was ein gottgläubiges Herz unmittelbar berührt! Wenn er das Bedürnis nach schärferer logischer Kost hatte, nahm er die Schriften des von Ignoranten vielgeschmähten Alfons von Liguori in die Hand und stählte seinen Geist an dessen unerbittlichem Heldentum, das sich den Himmel durch asketische Tugenden erzwingen will wie ein fanatischer Krieger. Da lernte er auch wirkliches Lesen, nämlich mit allen Kräften sich dem behandelten Gegenstand hinzugeben, langsam, mit immer schärferen Sinnen, das Unklare nochmals durchzuarbeiten, so lange, bis das Gedankenbild klar und deutlich vor seinen Augen stand. Sein bisheriges Lesen war ein hastiges Jagen nach Sensationen gewesen, ein Bedürfnis nach Augenfälligem, das sich in heftigen Spannungen entlud. Jetzt erst lernte er warten, bis der Sinn des Gelesenen in ihm tönend wurde und ihn mit immer reineren Melodien erfüllte.

Dieses Leben in Reinheit und Vertiefung gab ihm ein bisher unbekanntes Glück. Seine Liebe leuchtete fern und ruhig wie etwas Unerreichbares und störte nicht sein friedliches Sinnen. Lascari wunderte sich, daß seine Leidenschaft so plötzlich ruhig geworden war. Ohne Bitterkeit, nur mit Rührung dachte er an Mafalda zurück, und wenn ihm ihr Bild erschien, so erregte es in ihm nicht mehr begehrende Wünsche, sondern er nahm es wie ein Gnadengeschenk hin, das ihn mit unverdienter Seligkeit erfüllte. Er wußte sich in einem geistigen Zusammenhang mit ihr, den nichts mehr zerreißen konnte. Die Gier, ihr nachzureisen, hatte sich bald gelegt. Sein einziger Umgang waren Luigi und dessen Frau.

Das Laboratorium betrat er nie. Die Elfenbeinkugel und das Kristallfläschchen hatte er zu sich in das Arbeitszimmer genommen und verwahrte beides in einem einbruchssicheren Stahlschrank. Mitunter, wenn er von seinem Origenes aufblickte und das Gewissen ihm einen Gedanken quer durch sein Sinnen warf, erinnerte er sich seiner pathetischen Worte, daß er Mafalda versprochen hatte, Tinktur und Elixier ins Meer zu werfen. Dann nahm er den Atlas zur Hand und suchte eine Stelle an der Küste aus, wo er sein Versprechen einlösen wollte. Am nächsten lag Viareggio. Aber das Meer war seicht, die Dünung zu schwach. Wie leicht konnte der Zufall die beiden unheilvollen Dinge wieder ans Tageslicht bringen! Nein, auf offener See muß es geschehen! Von Livorno gehen Eildampfer nach Marseille, und von dort ist es nur einige Stunden Fahrt nach Avignon!

Das Reisefieber packte ihn, unmutig schlug er den Folianten zu, und seine Sinne schweiften aus in abenteuerlichen Bildern und Gestalten. Wozu hier seine Tage im Moderluft vergangener Jahrhunderte versauern? Wozu alle die geheimen Kunden, Kirchenväter, Alchimie? Draußen glüht dir das prangende Leben entgegen, Vincente, du bist frei, unabhängig, jung, und du sitzt über dem Origenes beim sechsten Buch wider den Heiden Celsus. Er riß die Fenster weit auf und ließ die Luft in das stickige Zimmer einströmen. Der Wind trug den Duft von Heu herein, Schwalben schwirrten mit zwitscherndem Jubel, singende Pfeile, vorüber, und aus der nahen Locanda klang das silberhelle Lachen eines Mädchens. Vincente beugte sich aus dem Fenster, um die Ausgelassene zu erspähen. Sie arbeitete in der finsteren Küche, ein Bursche in aufgerollten Hemdärmeln stand neben ihr. Plötzlich umfaßte er sie wild, küßte sie, und ihr helles Lachen brach ab. Vincente wandte sich ab, in ihm zitterte das Blut. – Nein, so konnte das nicht weitergehen! Mit einem heftigen Ruck warf er den Hausrock von sich, kleidete sich um, schloß alles ab und wollte gerade das Haus verlassen, als es am Gartentor läutete. Er blickte hinaus, wer es denn sein könnte, und war erstaunt, den Professor Bolza zu gewahren. Ehe noch Luigi herangeschlurft kam, hatte er selbst das Gitter geöffnet. «Wenn ich bisher nicht an psychische Fernwirkungen geglaubt hätte, so müßte ich jetzt daran glauben. Soeben waren meine Gedanken bei Ihnen, und ich stand im Begriff, Sie aufzusuchen», bewillkommnete Lascari den Professor.

Mit unmerklichem Lächeln drückte dieser dem Jüngling die Hand, als sie über die Treppe ins Haus traten. Luigi erhielt den Auftrag, ein gutes Abendbrot bereitzumachen, und Vincente trat mit Bolza in das Studio.

«Sie spannen meine Neugier auf die Folter», begann Lascari. «Erzählen Sie! Hat sich seit der Abreise des Monsignore etwas Bemerkenswertes ereignet?»

«Nein, alles ist der Vereinbarung gemäß abgelaufen. Gilda, Ephrem und Brettigny haben die Stadt verlassen, Leftini aber ist hier geblieben. Ich bin gekommen, um Sie vor ihm nochmals zu warnen. Anscheinend hat er sich mit Ephrem zerstritten, wurde von diesem aus dem Orden wegen Ungehorsams verstoßen und hat den Plan, sich in den Besitz der Lapis zu setzen, nicht aufgegeben.»

«Er ist in einem Stahlschrank verborgen», sagte Lascari.

«Was gedenken Sie mit beiden Schätzen zu tun?»

«Ich habe Mafalda versprochen, sie ins Meer zu werfen, und ich bin entschlossen, es zu tun. Ich will von all dem Plunder der Vergangenheit nichts mehr wissen, ich will durch eigene Kraft das erlangen, was ich werden will. Mafalda hatte Recht, mich zu schmähen. Zufälliges, nicht selbst Erworbenes, schändet die Würde des Menschen. Besitz hat nur Wert als Ziel oder Kampfobjekt, wenn er die geistigen Kräfte steigert; als unverdiente Wirklichkeit macht er gemein.»

«So edel auch Ihre Worte sind», erwiderte Bolza, «so sehr muß ich Ihnen widersprechen. Nichts geschieht zufällig. Haben Sie niemals darüber nachgedacht, warum gerade Sie in diesen Konflikt gestürzt wurden? Und alles geschah im Verlauf weniger Stunden.»

«Ich stehe noch immer vor Rätseln», gestand Lascari.

«Der Besitz der Lapis erklärt alles. Diese Quintessenz aller physikalischen und astralen Naturkräfte schafft eine geistige Atmosphäre von Hindernissen und feindlichen Strebungen, durch die sich derjenige hindurchkämpfen muß, der in ihren Besitz kommen will. Bedingt schon ein Stückchen des irdischen Goldes unsäglichen Schmerz und wilden Taumel – an jedem Goldstück kleben mehr als ein Tropfen Blut und mehr als eine Träne – um wieviel mehr muß der Besitz des Lapis Leidenschaften entflammen! Weshalb gerade Sie dazu berufen wurden? – In Ihren Adern fließt noch das Blut des Archimandriten, das nach dem Golde gierte, das den Lapis aus sich heraus erzeugt hat. Zwischen Blut und Gold besteht ein dauernder Zusammenhang. Alle die anderen wahren Adepten starben kinderlos, so Sehfeld, Wagnereck, Setonius und Philaletha, sie begruben ihr Geheimnis mit ihrem Leib. Nur der Archimandrit Laskaris zeugte irdische Nachkommen, um den Lapis der Nachwelt zu überliefern. Solange diese leben, solange lebt auch die Kraft seines Werks. Erkennen Sie nun den Zusammenhang? Und wenn Sie sich gewaltsam des Erbes entäußern, gewaltsam den von Ihrem Ahn geschaffenen Zusammenhang zerreißen und die Schätze ins Meer werfen, so zweifeln Sie nicht, daß der Lapis Sie mit auf den Meeresgrund ziehen wird. Wenn Ihnen Ihr Leben teuer ist, so werden Sie es nicht tun!»

Vincente erblaßte im Schein des sinkenden Tags. Er blickte wie geistesabwesend durch das Fenster, das ihm gegenüber lag, und seine glanzlosen Augen sahen das Mädchen wieder, das an das Herdfeuer trat und die erloschenen Gluten wieder weckte. Rot leuchtete ihr Gesicht im Widerschein des prasselnden Feuers, aber sie sang nicht mehr, sondern wischte sich mit dem Schürzenzipfel aufsteigende Tränen aus den Augen – und dann zuckte heftiges Schluchzen durch ihren Leib. Vincentes Blicke stierten ins Leere. –

«Woran denken Sie?» weckte ihn der väterliche Freund auf.

«Ach, ja», schreckte Lascari zusammen, «ich dachte an etwas ganz anderes. – Doch raten Sie mir, was soll ich tun? Wenn der Lapis weiter in meinem Besitz ist, so werde ich durch ihn wahnsinnig, entäußere ich mich seiner, so ist es mein Tod. Und die Geliebte habe ich verloren, mag ich nun dies oder jenes tun.»

Nun begann es finster zu werden. Bolza setzte sich in das Klubfauteuil, und seine Stimme klang aus dem Dunkeln: «Ich habe darüber mit Monsignore d'Arnoult gesprochen.»

«Und was rät er mir an?»

Bolza wich aus. «Ich weiß nicht, ob Sie mich richtig verstehen werden. – Er hat sich sehr vorsichtig ausgedrückt. Vielleicht habe ich es nichts richtig aufgefaßt – und übrigens hat er mich nicht ausdrücklich ermächtigt, Ihnen Mitteilung darüber zu machen.»

Luigi meldete, daß aufgetragen sei. Lascari hatte keinen Blick für ihn.

«Bolza, ich beschwöre Sie, sagen Sie mir alles! Sie dürfen kein Geheimnis vor mir haben!» bat er immer drängender.

«Vincente, lassen Sie es in Stille begraben sein! Wenn Sie es wissen werden, werden Sie erst zum Bewußtsein Ihrer Tragik kommen. Was nur als Ahnung uns umspielt, kann niemals so sehr bedrücken wie die Gewißheit, vor der es kein Entrinnen gibt. Ich darf daher nur andeuten, worum es sich handelt: der Lapis ist – wie Sie wissen – der Inbegriff aller geheimen Kräfte der Natur, an seiner Entstehung wirkt Baphomet ebenso mit wie das unaussprechliche Tetagrammaton; seine Herstellung macht zum Meister der oberen und unteren Gewalten. Seine Herkunft geht in die graueste Urzeit zurück, wahrscheinlich in die Zeit der zugrunde gegangenen Atlantis, in eine Zeit, wo Gut und Böse, Licht und Dunkel als gegenseitige Notwendigkeit wirkten. Seine Tradition erbte sich auf die magischen Völker des Altertums fort, auf die Ägypter, Chaldäer und Perser, deren sämtliche Gottesmythen nichts anderes sind als symbolische Verschleierungen alchimistischer Begriffe. Der von Typhon zerstückelte Osiris, der dann zu neuem Leben erwacht, ist ein zu bekanntes Beispiel dafür. Fast alles Gold aus dem Altertum, das auf uns gekommen ist, ist durch Transmutationen hergestellt. Dies nur nebenbei. Als aber die Welt durch das Auftreten unseres Heilandes in Gut und Böse auseinandergerissen wurde, ging die Wissenschaft vom Lapis, die auf einer Wechselwirkung von Gut und Böse beruht, verloren. Die Alchimie hat durch Christus jede Berechtigung eingebüßt, da es sich von nun an ausschließlich um das seelische Gold und das Licht des Christus handelte und nicht mehr um ihr irdisches Symbol, Sonne und Gold. Von nun an wurde alles zur Entscheidung gedrängt: entweder gut oder böse. Die Seele allein ist das Wichtige, das Fleisch allein nichts. Durch eine solche Weltanschauung mußte natürlich die Alchimie in Verfall geraten, und die Kirche bekämpfte sie mit allen ihr zur Verfügung stehenden Mitteln wegen des ihr notwendigerweise anhaftenden baphometischen Bestandteils.

So ist denn die Herstellung der Lapis in geschichtlicher Zeit nur ausgesprochen satanischen Orden wie den Templern, den Kainiten und Yeziden geglückt. Und wenn auch der Adept der späteren Zeiten rein und gottesfürchtig wie der Adept Lascaris war, so mußte er dennoch den Baphomet anrufen, ohne dessen Hilfe er nicht das Magisterium erlangen konnte. Selbst von dem frommen Theophrastus Paracelsus haben wir erschütternde Bußgebete, in denen er Gott um Verzeihung bittet, daß er sich zwecks Herstellung des Lapis in schwere Sünden gestürzt hat. – Der geradeste Weg in den Himmel führt mitten durch die Hölle.»

In Vincente regte sich der Widerspruchsgeist: «Dies würde jedes Verbrechen antizipativ heiligen. Je tiefer ich sinke, desto höher muß ich steigen? Warum muß ich? Vielleicht gefällt es mir tief unten ganz gut. – Nein, einen solchen Standpunkt kann ich nicht anerkennen. Übrigens ist er unchristlich.»

«Ganz richtig! Aber Sie mißverstehen mich in den anderen Fragen, ich behaupte ja nicht, daß ich ihn billige. Durch Christus ist alles anders geworden. Kurz, er ist Inhalt des magischen Weltbildes. Wie mit dem Erscheinen des Heilands alle Orakel verstummten und alle Magie plötzlich erlosch, wurde die Kirche alleinige Verwalterin der geheimen Gewalten, die sie aber zum Heile der Menschheit verborgen hält, ja verborgen halten muß. – Sie werden daher das Erbe des Archimandriten in ihre Hände legen, die allein Gewalt hat, Sie von dem Fluch zu lösen.»

Diese Worte kamen für Lascari nicht unerwartet, aber die Argumentation verwirrte ihn. Warum hatte sich Monsignore d'Arnoult nicht direkt an ihn gewandt und persönlich an ihn das Ersuchen gerichtet? Warum immer Umwege, von seiten der Templer ebenso wie von seiten des Vatikans? «Darf ich erfahren, was die Kirche mit der Tinktur und dem Elixier zu tun beabsichtigt? Wenn sie wirklich – wie Sie behaupten – Kenntnis der magischen Gewalten der Vorzeit hat, wie kann sie nach den paar Gramm und den wenigen Tropfen trachten, die sich in meinem Besitz befinden? Es müßte ihr doch nicht schwerfallen, unbeschränkte Mengen der beiden Arkana herzustellen!» Er sagte die Worte mit einer Heftigkeit, deren Ironie sich nicht verbergen lassen konnte.

Bolza antwortete ohne Überhebung und ohne Schärfe: «Weil die Kirche die Ausübung der Magie im Prinzip verbietet, hat sie sich selbst der Möglichkeit beraubt, als Verwalterin des Erbes Christi, die vom Heiland ausgerottete Magie für ihre Zwecke zu benützen. Ein Papst als ausübender Magier, das wäre gleichbedeutend mit Satan auf dem apostolischen Stuhl – doch ich will auf Ihre Frage zurückkommen. Die Kirche will in den Besitz der Arkana nur deshalb kommen, um sie vor Mißbrauch zu schützen.»

«Sie meinen also? Verstehe ich recht?» fragte Lascari.

«Zwischen Ihnen und der Tinktur besteht ein unzertrennbarer Zusammenhang. Sie können Ihr Leben – und Ihre Seele – nur retten, wenn Sie sich selbst zugleich mit den Arkanen in Sicherheit bringen. Mögen Sie immerhin im unbeschränkten Besitz der Tinktur und des Elixiers bleiben: die Kirche will nur die Gewißheit haben, daß beide Dinge niemals in den Besitz der Templer kommen.» «Ah, jetzt begreife ich also!» fuhr Lascari aus dem Dunkel auf und drehte die Tischlampe auf, deren bunter Glasschirm vielfarbige Lichtbänder ausstrahlte. «Man will mich in ein Kloster stecken, mich entmannen, damit ich kinderlos sterbe und alles in den Besitz der Kirche komme! Deshalb das augenfällige Bestreben, mich der Geliebten zu entfremden! O, jetzt durchschaue ich alles! Überall Betrug und Hinterlist!» «Vincente, hören Sie doch! Sie sind ja blind! Ich muß Ihnen die Augen öffnen, bevor es zu spät ist. Was Sie von den Templern zu erwarten haben, wissen Sie doch. Wer kann Sie vor ihren Anschlägen besser schützen als der Vatikan? Nachdem ihre Erpressungen an Ihnen abgeprallt sind, wird man mit kräftigeren Mitteln gegen Sie vorgehen. Denn man wird alles daran setzen, um Sie zu berauben. Die Templer benötigen die Tinktur nicht für Transmutationen, sondern für magische Operationen von furchtbarer Gewalt, mit denen sie die ganze Welt in Schrecken setzen können. So sehr sie sich auch brüsten, im Besitz der Lapis zu sein, so sicher ist es, daß sie ihn nicht haben. Ist nicht die Gier, mit der sie sich auf die Arkana des Archimandriten stürzen, der beste Beweis dafür? In Wahrheit haben Jakob de Molay und seine vierundfünfzig Komture das Geheimnis auf dem Scheiterhaufen mit sich in den Tod genommen. Die großen Adepten der späteren Zeit waren auf der Hut vor ihnen, die ihnen ihr Geheimnis ebenso entreißen wollten wie die Fürsten, die nur nach Reichtum strebten. – Ich habe keine Argumente mehr. Jetzt wissen Sie alles.» «Ich danke Ihnen jedenfalls für Ihre Aufrichtigkeit, die wohl ein wenig spät gekommen ist», sagte Lascari. «Doch Sie müssen mir zugestehen, daß ich mir alles gründlich überlegen muß. Ich kann mich nicht überrumpeln lassen. Aber das kann ich Ihnen schon jetzt sagen, daß ich in meiner Entscheidung weder auf die Templer noch auf die Kirche Rücksicht nehmen werde. Ja, erschrecken Sie nicht! Ich will frei und glücklich sein. Mafalda liebt mich, das ist mir mehr als Lapis und Elixier! Aber kommen Sie jetzt zum Abendbrot, Luigi wird schon ungeduldig. – Sagen Sie, kennen Sie Avignon?»

Bolza ließ sich ins Speisezimmer führen und gab nur einsilbige Antworten. Vincente erhitzte sich an seinen eigenen Worten und geriet in eine übertriebene Heiterkeit, die, sich selbst ironisierend, Fangball mit seinen Beklemmungen spielte. «Eigentlich bin ich doch töricht», sagte er, «jeder andere hätte schon längst eine befriedigende Lösung gefunden. Ich werde einfach einige Gramm der Tinktur den schwarzen Magiern des Baphomet und ebensoviel an Monsignore d'Arnoult schicken, dann werden beide glücklich sein. Auch den armen Narren Leftini will ich beschenken. – He, Luigi, willst du auch etwas davon?»

«Sie sollten mit so ernsten Dingen keine Scherze treiben!» verwies ihn Bolza. «Wenn Sie im Ernst das ausführen, was Sie scherzhaft erwähnten, so laden Sie eine Schuld auf Ihr Gewissen, die sich furchtbar rächen wird!»

«Immer Schuld und Geheimnis! Ich will davon nichts wissen! Ich bin ein junger, unbefangener Mensch, ich will in selbstgewählter Arbeit meine Kraft und mein Glück erproben, und ich hasse alles, was sich dem einfachsten Lebensglück entgegenstellt. Jeder Taglöhner kann nach seinem Geschmack glücklich werden, und mir mißgönnt man die harmlosesten menschlichen Gefühle. Ich soll ins Kloster gehen! Ein freundlicher Gedanke! – Übrigens nichts für ungut, Professor! – Luigi, einen Chianti!»

«Sie sind heute aufgeräumt, Vincente, man kann im Ernst mit Ihnen nicht reden. Wer sprach übrigens von einem Kloster? Der päpstliche Stuhl benötigt auch weltliche Beamte. Wollen Sie eine Stelle im Lateran, in den Sammlungen, in den Fabriken?»

«Ha, warum nicht in der Garde? In roten und gelben Hosen, einen Spieß in der Hand, sich von reisenden Engländerinnen durch das Lorgnon angaffen lassen! Das wäre lustig!»

«Mit Ihnen kann man heute nicht reden. Was ist in Sie gefahren?»

«Ich weiß nicht warum, aber ich möchte die ganze Welt umarmen. Ja, Professor, das viele Stubenhocken tut mir nicht gut. Ich fahre morgen nach Livorno. Dann geht's zu Schiff nach Marseille, und Avignon ist nicht mehr weit!»

Bolza aß weiter und tat, als ob er nicht zugehört hätte: «Sie werden in Rom eine erlesene Gesellschaft zu Ihren Freunden haben. Die Kardinäle Alberoni und Della Fontana sind über Ihre Erlebnisse informiert und werden Sie in die Paläste des alten päpstlichen Adels einführen. Sie werden eine Welt von Geist und Schönheit kennenlernen, die in Europa einzigartig dasteht. Vergessen Sie übrigens nicht, daß es Ihnen in Rom nicht schwerfallen wird, dank der guten Verbindungen, die Sie dort anknüpfen können, den Nobilitierungsprozeß, der ja noch läuft, zu gewinnen. Aber man sieht es gern, daß sich der Bewerber überall vorstellt. Wenn Sie nicht überall persönlich vorsprechen, wird der Akt jahrelang in den Kanzleien liegen, wenn er nicht gar abhanden kommt, was schon oft vorgekommen ist. – Ich werde Ihnen ein Empfehlungsschreiben an die Fürstin Ruscelli mitgeben, das Ihnen alle Wege ebnen wird. Sie kommen gerade zur Eröffnung der Saison. Jedermann spricht noch von Ihnen. Sie werden eine vielumworbene Persönlichkeit sein.»

Vincente war beim Nachtisch angelangt und knackte eine Mandel auf. «Meinen Sie, daß ich zum Salonlöwen geschaffen bin? Dazu bin ich weder genug eitel noch genug blasiert. Ich bin ein Provinzler und will es weiterhin bleiben. – Nein, ich bleibe bei meinem Plan! Morgen reise ich nach Livorno!»

«Sie sind ein Kindskopf, Vincente! Einem Mädchen nachlaufen, das könnte ich nicht. Mein Mannesstolz würde sich dagegen empören. Wollen Sie sich mit Gewalt zugrunde richten?»

«Ich bitte Sie, Professor, dieses Thema nicht zu berühren. Ich bin alt genug und weiß, was ich vorhabe. Reden wir von anderen Dingen!»

«Wenn Sie harthörig gegen die Ratschläge eines Freundes sind, der Ihnen mehr als einmal den Beweis erbracht hat, daß er es ernst mit Ihnen meint, dann muß ich allerdings schweigen. Es tut mir leid, daß ich Sie aus Ihrer heiteren Stimmung gerissen habe, aber ich hielt es für meine Pflicht, Sie zum letztenmale zu warnen. – Was haben Sie für diesen Abend vor?» fragte Bolza, indem er seinen Kaffe trank.

«Nichts. Ehe Sie kamen, hatte ich die Absicht, in die Stadt zu fahren. Ich hatte das Bedürfnis nach Musik und Menschen. – Ich werde zu Hause bleiben und den Koffer packen.»

«Kommen Sie mit mir in die Stadt», lud ihn der Professor ein, «Barduzzi ist ungehalten, daß Sie sich so lange nicht sehen ließen. Um zehn Uhr ist ein Fackelzug anläßlich des guten Ausgangs der Wahlen. Am Piazzale Michel Angelo wird ein Feuerwerk abgebrannt werden. Mensch, lesen Sie denn keine Zeitungen?»

«Ich bin nicht in der Stimmung, Professor. Verzeihen Sie mir, daß ich ablehne.»

«Dann leben Sie wohl!» In Bolzas Stimme vibrierte noch etwas, was er sagen wollte, aber wegen der brüsken Absage in sich verschloß. Lascari verabschiedete sich mit kurzen Worten, begleitete seinen Gast zur Gartentür, schloß auf und empfahl sich.

Langsam ging er in das Haus zurück, sah still Luigi zu, der das Essen abräumte, setzte sich ans Fenster und sann ins Leere hinaus. Ein stumpfes Gefühl von Mattigkeit klebte feucht an seiner Haut, im Munde zog sich ein bitterer Nachgeschmack des Kaffees zusammen, die angefangene Zigarre widerte ihn an, und er wußte nicht, was er mit sich anfangen sollte. Daß auch Bolza hatte kommen müssen! – Nein, er wollte sich von ihm das Leben nicht verekeln lassen! Und er setzte sich an den offen gelassenen Handatlas, nahm den Bädecker zur Hand und las, was das Handbuch über Avignon erzählte. Aber sein Geist war unruhig, bald sah er sich in einem alten römischen Palazzo, von Kardinälen und schönen Frauen umringt, bald hörte er laute Blechmusik in seinem Ohr klingen, bald sah er sich auf dem Korso von Florenz flanieren. Und er erinnerte sich seines nächtlichen Abenteuers damals bei den Klägen des Triumphmarsches von Aida. Wieder zuckte es in ihm nach Abenteuern, sein abgetötetes Einsamsein drängte ausbrechend nach Menschen, denen er sich mitteilen konnte, nach einem liebenden Händedruck, nach einem warmen Wort.

Seine Augen fielen wie von ungefähr durch das Fenster auf das Nebenhaus. Dort setzte sich die Familie zum ländlichen Mahl. Der Vater saß in offenen Hemdärmeln da, die Mutter brachte eine dampfende Schüssel Polenta herein, der Kleine fuchtelte voll Freude mit dem hölzernen Löffel herum. Die Magd hatte die Sonntagskleider angezogen, am Haustor wartete ein Bursche auf sie. Die Hausfrau gab ihr Urlaub, sie hüpfte die Treppe hinunter und eilte mit ihrem Liebhaber zur Straßenbahn, um zum Feuerwerk zurechtzukommen.

Lascari spürte ein Würgen in seiner Kehle, er schritt im Arbeitszimmer wie ein gefangenes Tier in seinem Käfig auf und ab. Einen Menschen, mit dem er reden konnte! Ihn packte die Lust, in die Stadt zu fahren. Das Gedränge des Volkes, die Ausatmung der aneinandergepreßten Leiber, das Jubeln und Lärmen der Menge, wenn eine Rakete hoch oben zerplatzte, die Rufe des Entzückens, alles das würde ihn mit kindlicher Freude erfüllen.

Er schloß den Wäscheschrank auf und packte den Koffer. Ein Anzug, ein wenig Wäsche müßten genügen. Dann öffnete er den Stahlschrank und nahm die beiden Arkana heraus. Wie eigentümlich die Flüssigkeit im Kristallfläschchen leuchtete! Wie selbstleuchtendes Wasser phosphoreszierte sie in unbestimmbaren Farben. Die Versuchung kam ihm, den Propfen zu lockern und daran zu riechen. Ob es wirklich das Elixier Vitae war? Und ob es seine Kraft nicht verloren hatte?

Hatte ihm Leftini nicht gesagt, daß es für den tödlich sei, der es ohne Vorbereitung trinke? Aber nein, es konnte nicht schädlich sein, da es der Archimandrit in dem doppelten Kreuz zwischen den heiligen Buchstaben verwahrt hatte. War auch die Tinktur ein Werk des Baphomet, so konnte das Elixier nur durch Hilfe der göttlichen Kräfte gewonnen sein.

Mit einem glucksenden Knall sprang der Propfen fast ohne sein Zutun auf. Lascari roch daran, und ein betäubender Geruch, stark und würzig, drang in seine Lungen. Er schwankte nach dem Tisch, stellte das Fläschchen darauf, fiel in den Lehnstuhl, und ein unnennbares Gefühl von Kraft und Glück rieselte durch seinen Leib. So plötzlich, so unerwartet war es gekommen, daß er diesen Zustand mehr für einen Wachtraum als für Wirklichkeit hielt. Er konnte nicht denken, alles in ihm war Seligkeit und Freude. Mit beiden Händen umfaßte er die Brust über seinem Herzen. Wohin riß es ihn jetzt? Stand nicht Mafalda vor ihm, greifbar nahe, das Antlitz ihm liebend zugewandt mit den kindlichen Zügen wie damals im rollenden Zuge? –

Mit Gewalt riß er sich aus der Vision in die Wirklichkeit zurück. Er war in seinem Zimmer, dort stand das Fläschchen – o dieser Duft, der berauschend das ganze Zimmer erfüllte! Und doch mußte die Geliebte da gewesen sein, so körperlich nahe konnte man kein Trugbild fühlen! Hatte das Elixier die Gewalt, die Geliebte an sich zu binden? Oh, noch einmal einen tiefen Zug mit saugendem Atem!

Aber plötzlich zuckte sein Kopf wie von einem Schlage getroffen zurück, er stellte das Fläschchen hin und verschloß es gut. – Die Geliebte an sich binden? Hatte er ihr nicht gelobt, in allem von neuem anzufangen, ohne die Künste der Vergangenheit zu gebrauchen, aus sich selbst heraus Mensch zu sein? Und jetzt wollte er sie durch ein Mittel gewinnen, durch das er sie verloren hatte. –

Nein! Er erkannte, daß die Werke der Magie nur Versuchung sind, die Seele vom einzig Wichtigen und Notwendigen abzulenken, von Gott auf die Erscheinungen der Welt, von der himmlischen zur irdischen Liebe.

Wie verklärt stand Vincente in dem einsamen Raum. Er faßte noch nicht alles, aber Seelenfrieden atmete in seiner Brust.

Er schloß beide nunmehr ihres Geheimnisses entkleideten Arkana wieder ein und stieg mit aufwärtsstrebenden Gliedern, wie nach oben gezogen, auf die Dachterrasse. Was kümmerte ihn noch das Laboratorium nebenan? Fahrt wohl, Tiegel, Bocksgestalt und Doppelkreuz! Alles nur Gleichnisse für das, was man innerlich erleben soll.

Er stand auf einem kleinen Balkon, der luftig ins Freie überhing. Der Mond war noch nicht aufgegangen, nur ein schwacher Schimmer über den Hügeln im Osten deutete die Stelle seines baldigen Auftauchens an. Die Milchstraße warf ihr Band aus schimmernden Schneeflocken mächtig über die stählerne Himmelskugel, und alle Sterne flackerten in ihren hellsten Feuern. Er blickte auf. Kassiopeja, der Schwan, die Leier, Aldebaran, Arktur, alle die Boten und Erzengel des Lichtes flammten im glitzernden Harnisch der Nacht, ekstatisch im Feuer der Liebe und Kraft. –

Da glühten plötzlich von unten aufsteigend in die unerreichbaren Höhen rote und grüne Feuer auf, das Feuerwerk! Feurige Bälle jagten einander, unhörbar durch die weite Entfernung von dem Ort ihres Aufsteigens, zerplatzten in grellweiße Punkte, die schwerlos in der Luft hängen blieben, oder schlängelten sich in mutwilligen Windungen nach unten, wo sie als letzte Überraschung einen Funkenregen von sich spien. Schiefgestellte Raketen furchten in allen Richtungen das Firmament, das zeitweise von flammenden Runenzeichen wie zerhackt war. Aus der Ferne erschien alles durch das Fehlen des Zischens und Knallens wie ein geisterhafter Spuk, der sich bemüht, die strahlende Pracht der Sterne nervös zu überbieten.

Zum Schluß überstürzten sich die aufsteigenden Feuerstreifen, der ganze südliche Himmel schien im Delirium zu sein. Girandolen verschlangen sich ineinander, bis mit einem deutlich hörbaren Kanonenschlag der ganze Sommernachtszauber verschwunden war.

Lascaris Seele schwang in seligen Klängen des Glückes. Er lauschte tiefer hinein in die Nacht, und immer reinere Verzückung quoll von den Sternen in sein Herz.

Die Sonne stand schon am Himmel, als Lascari mit einem Ruck erwachte. Heute wollte er doch abreisen, abends mußte er in Livorno sein. Nur schnell auf die Beine! – In einigen Minuten war er fertig. Luigi mußte schnell einen Wagen besorgen, während

Vincente das Frühstück verschlang. Aber ehe noch der Diener zurück war, kam unerwarteter Besuch. Ein Automobil war vorgefahren und jemand klopfte von unten mit dem Stock auf das Fenster. Lascari sah nach: es waren der Advokat und seine Gemahlin, die ihm beide zuwinkten. – Das war sicher Bolzas Werk, ihn an der Abreise zu hindern! Gegen Barduzzi hatte er Verpflichtungen, und ärgerlich sah er ein, daß er diesem Netz wohl kaum werde entkommen können. Nun, was weiter! Der heutige Tag war verloren, er würde erst morgen dazukommen abzureisen.

Das nun zweimal versuchte Durchqueren seiner Pläne von einer Seite, von der er es am wenigsten vermutet hätte, und das auffallende Schweigen Leftinis machten ihn nachdenklich. Indessen konnte er nicht lange überlegen, schon stand Barduzzi mit einem Wortschwall vor ihm und Frau Margherita lächelte ihm verbindlich entgegen. Vincente hatte sich einen brüsken Ton vorgenommen, aber die Blicke der Frau verwirrten ihn, und er ärgerte sich, daß jedes weibliche Wesen ihm gegenüber bisher immer gewonnenes Spiel hatte. Er wollte den Kühlen, Überlegenen mimen, aber immer hatte er verloren, ehe er noch begonnen hatte. Die Gäste schienen seine Verlegenheit nicht zu bemerken, und Barduzzi, der immer auf der Linie des geringsten Widerstands arbeitete, schnellte scheinbar ungeschickt die Frage ab: «Ist es wahr, daß Sie die Absicht haben uns zu verlassen und nach Frankreich zu übersiedeln? Gefällt es Ihnen bei uns nicht?»

«Davon kann nicht die Rede sein. – Ich sehe, daß Bolza geplaudert hat.»

«Lieber Freund», warf die Frau ein, «ich finde es gar nicht schön von Ihnen, uns so ganz zu vernachlässigen. Sie sollten mehr unter Leute gehen. Ein so hübscher Junge, der sich ganz in seine Bücher vergräbt! Ist das ein Leben? Kann Sie nichts mehr verlocken?»

«Gnädige Frau, ich bitte Sie vielmals, nicht an eine Wunde zu rühren –»

«Ach, verzeihen Sie! Wirklich? Das kleine Mädchen – wer hätte ahnen können –»

Barduzzi schnitt kurz ab: «Natürlich, was du nicht alles glaubst. Herr Lascari ist viel zu vernünftig, als daß er romantischen Passionen nachgehen würde. Ich kenne ihn besser als du. – Übrigens dieser Grieche scheint mir doch nicht ganz verächtlich zu sein. Er war unlängst bei mir und hat mir Dinge erzählt, die mich sehr interessiert haben. Ich bin durchaus kein Phantast, eher das Gegenteil, denn der Beruf zwingt mich, nur mit Wirklichem zu rechnen. Aber alles, was er mir darlegte, schien mir tiefe wissenschaftliche Begründung zu haben.»

«Herr Barduzzi», unterbrach ihn Lascari, «dieser Grieche hatte einmal die Absicht, mich zu berauben, und ein zweitesmal, mich zu töten. – Doch erzählen Sie weiter!»

«Das ist der Fanatismus der Wissenschaft. Wer wirklich von ihr erfüllt ist, wird vor keinem Mittel zurückschrecken, um an sein Ziel zu kommen. Wo stände unsere Kultur, wenn es keine solchen Männer gegeben hätte? Also dieser Gelehrte teilte mir mit, daß Sie mit ihm gemeinsam, und zwar hauptsächlich durch seine Anstrengung, im Nachlaß des Marchese zwei alchimistische Präparate gefunden hätten, die für Sie wertlos seien, für ihn aber höchste Bedeutung hätten.»

«So, meint er, daß sie für mich wertlos sind? – Bitte fahren Sie fort. Ich weiß nicht, worauf Ihre Worte hinaus wollen.»

«Von Alchimie und dergleichen verstehe ich nichts, aber von unseren Gesetzen.» –

«Gesetze? Was kümmern mich die? Alles in diesem Haus ist gesetzlich mein Besitz, den mir, nachdem ich durch Ihre Hilfe den Prozeß gegen den Staat gewonnen habe, niemand streitig machen kann. Oder doch? Haben sich andere Erben gemeldet?»

«Das nicht. Aber vom rechtlichen Standpunkt aus muß ich erwähnen, daß Herrn Leftini der gesetzliche Anteil von dem zukommt, was durch seine Hilfe aus einem virtuellen Besitz ein wirklicher wurde. Das sind nach unserem Gesetz zehn Prozent.»

Darauf war Lascari nicht gefaßt. Wie mußte Leftini den Advokaten bestochen haben, daß er zur Gegenpartei überging? «Wieviel tausend verlangt er?»

«Kein Geld. Genau nach dem Wortlaut des Gesetzes die zehn Prozent der roten Tinktur, die ihm zustehen. Es wären dies achtundvierzig Gramm.»

«Niemals!» fuhr Vincente auf. «Sie scheinen ja gut über alles informiert zu sein, Herr Doktor! Ich hätte es mir niemals träumen lassen, daß Sie sich zu einem feindlichen Akt hergeben werden. Und wenn auch Leftini hundertmal im Recht sein sollte – daß gerade Sie es sind, dem ich soviel verdanke und der mir jetzt in den Rücken fällt!»

«Aber, lieber Freund, wie können Sie nur so etwas denken! Ich bin nur gekommen, um Sie rechtzeitig zu warnen. Statt mir dankbar zu sein, kommen Sie mir mit üblen Vermutungen! Hören Sie! Leftini hat – nicht durch mich – die Anzeige gegen Sie erstattet, daß Sie ihm den ihm gebührenden Anteil vorenthalten. Sie werden noch heute die Zustellung bekommen. Gleichzeitig hat er Sie verdächtigt, daß Sie sich dem Prozeß durch die Flucht ins Ausland entziehen wollen, und die Grenzpolizei erhielt den Befehl, Sie nicht passieren zu lassen.»

«Gefangen!» brach Lascari in Wut aus. «Hätte ich mich doch von Bolza nicht aufhalten lassen oder wäre ich schon vorige Woche gefahren! Aber Leftini freut sich zu früh! Jetzt werde ich mit gleichen Mitteln kommen und ihn noch heute verhaften lassen: erstens wegen Einbruchsdiebstahls und zweitens wegen Mordversuches. Er wird mich kennen lernen! Das ist ja nichts als eine gemeine Erpressung, die er an mir beabsichtigt!»

«Hm. – Haben Sie Zeugen für beides? – Soviel ich weiß, ist der Totengräber Taddo tot. Es hat Mühe gekostet, die ganze Angelegenheit zu vertuschen – nicht zum mindesten haben sich Ihr Freund Bolza und der Monsignore aus Rom darum bemüht, kein Aufsehen zu erregen – und jetzt wollen Sie alles wieder ans Tageslicht zerren?»

«Verwünscht! Was soll ich tun?»

«Die berechtigten Ansprüche des Herrn Leftini erfüllen. Die paar Gramm, was macht das aus?»

«Das kann ich nicht. Ich habe der Geliebten» – da traf ihn ein seltsam höhnischer Blick aus den Augen der Frau, deren Mundwinkel zuckten – «versprochen, die beiden verruchten Schätze des Archimandriten ins Meer zu werfen, und das Versprechen werde ich einlösen.»

«Mit den Ihnen gehörenden neunzig Prozent können Sie tun, was Sie wollen, darüber haben Sie volles Verfügungsrecht. Da die Sache für Sie ohnehin wertlos ist, wird es Ihnen nicht schwer fallen, die Ansprüche eines Gelehrten zu erfüllen, für den die paar Gramm das höchste Ziel seines Lebens sind.»

«Jedem andern, nur nicht ihm! Auf so heimtückische Weise wollte er mich beseitigen und jetzt soll ich ihm willfährig sein? Nie!»

«Ich begreife Ihre Abneigung gegen ihn, aber juristisch können Sie damit nichts anfangen. Jedes Gericht wird ihm recht geben.

«Hören Sie, lieber Herr Lascari», warf jetzt Frau Margherita ein, «diese Rechtsfragen interessieren mich nicht, aber ich bin furchtbar neugierig, einmal dieses märchenhafte Pulver zu sehen. Das ist doch nicht glaubhaft, daß man damit Blei in Gold verwandeln kann.»

Barduzzi schien seine Frau nicht gehört zu haben und wandte sich an Lascari: «Sie tun dem griechischen Gelehrten sicher unrecht, wenn Sie glauben, daß er Ihr Feind ist. Er wünscht im Gegenteil eine Versöhnung mit Ihnen, und er kann Ihnen noch sehr viel nützen. Er allein hat das Mittel in Händen, das in seiner Wirkungskraft geschwächte Pulver zu beleben. Durch seine Hilfe würde es an Kraft hundertmal gewinnen.»

Vincente lachte: «Barduzzi, jetzt sind Sie gar auch Alchimist geworden!»

«Lachen Sie ihn nur aus», stimmte Frau Margherita in das Lachen ein, «und auch mich, denn mich haben die Erzählungen des griechischen Herrn noch mehr gefesselt als ihn. Nicht wahr, Herr Vincente, Sie werden die Liebenswürdigkeit haben, uns in das Laboratorium zu führen.»

«Ich kann Ihnen übrigens einen Beweis dafür geben, daß es Leftini ehrlich mit Ihnen meint. Er hat mir ein Stückchen des Stoffes mitgegeben, der die Kraft des Pulvers verstärkt. Sie sollen sich davon überzeugen, daß er kein Scharlatan ist, und das Experiment vor uns ausführen. Wenn Sie ihm gutwillig seinen Anteil herausgeben, so überläßt er Ihnen soviel der Prima Materia, daß Sie den Wert Ihres Anteils erhöhen können. Eine solche Bereitwilligkeit eines Prozeßgegners ist mir noch nicht vorgekommen, und ich rate Ihnen dringend an, auf seine Vorschläge einzugehen.»

«Wirklich, er hat Ihnen ein Stückchen der Materia übergeben? Darf ich es sehen?»

«Nein. Ich habe nur das Recht, es in die flüssige Bleimasse zu werfen, nachdem Sie das rote Pulver daraufgeschüttet haben.»

«Daran erkenne ich den Juristen! Zwei Fliegen auf einen Schlag. Jetzt kann ich noch leugnen, daß ich überhaupt in dem Besitz der Tinktur bin –»

«Pardon, nicht mehr. Sie haben das Versprechen erwähnt, daß Sie Mafalda gegeben haben. Meine Frau ist Zeugin.» Lascari biß sich auf die Lippen. «Das haben Sie gut eingefädelt, Doktor! – Ich gratuliere zu der geglückten Rolle, Madame», wandte er sich mit einem giftigen Blick an die Frau.

«Aber Herr Lascari, was denken Sie von mir?» sagte sie mit geheuchelter Unschuld.

«Wir haben nicht viel Zeit, Emotionen nachzugehen. Lascari, das beste ist, sich einmal davon zu überzeugen, ob Herr Leftini geflunkert hat oder nicht. Nach dem Experiment werden Sie mir Ihre endgültige Entscheidung sagen.»

Lascari überlegte kurz und willigte ein. Das der Geliebten gegebene Versprechen sollte erfüllt werden. Der von Leftini geführte Gegenzug konnte keine wesentliche Bedeutung haben, daran war das Schicksal schuld, das diesen mit ihm zusammengeführt hatte. Es wäre Bolzas und des Monsignore Pflicht gewesen, das Wirken Leftinis vorauszusehen und den Streich abzuwehren. Warum wurde auch ihr Auftreten gegen die Templer so plötzlich matt, warum wurde alles mit Heimlichtun vertuscht? Nun mochte die Kirche den Schaden davon tragen! – Und doch waren das nur Scheingründe, mit denen er sein pochendes Gewissen beschwichtigen wollte. Wieder hatte ihn der Hang nach dem Abenteuerlichen gepackt, die Lust am Grauen und Unbekannten, die Magie des Werks, welche die Magie seines Herzens übertrübte.

«Kommen Sie!» sagte Lascari und öffnete seinen Reisekoffer, nahm die Elfenbeinkugel heraus und ging den beiden voran. Barduzzi zwinkerte seiner Frau zu, deren Augen von Neugier und Erregung glänzten.

Sie stiegen die Treppe empor, Lascari schloß die Tür auf und betrat mit ihnen den hohen Raum. Noch lagen vom letzten Versuch alle Gerätschaften ungeordnet durcheinander. Lascari mußte der Frau alles einzeln erklären, das Balneum Mariae, den Athanor, den Alembic mit den verschiedenen Digestionsgefäßen, und kam unmerklich im Feuer des Gesprächs darauf, wie sein Herz trotz aller Gelöbnisse und besseren Einsichten noch immer an diesen Dingen hing. Barduzzi hörte im Lehnstuhl schweigend zu und kam sich angesichts der abenteuerlichen Instrumente plötzlich ins Mittelalter versetzt vor. Seine Züge verrieten gleichzeitig Skepsis und den Wunsch, das Unwahrscheinliche möge doch wirklich werden. Wie jeder Mann, der nur den praktisch brauchbaren Wirklichkeiten lebt, hatte er tiefinnerst ein Grauen davor, daß es noch eine andere Welt als die seine geben könnte, die ihn von der Inhaltslosigkeit seines bisherigen Lebens zu überzeugen vermöchte. Immer wenn man spürt, daß sich der Gleichgewichtspunkt verschieben könnte, hat man Angst und Lust zugleich, besiegt zu werden. Darüber kann nur die Ironie hinweghelfen, die um so wirksamer ist, je mehr sie das Spannungssystem der Seele übertreibt.

Lascari ließ sich durch die gequälten Witze, in denen Barduzzi den Gläubigen spielen wollte, nicht aus der Fassung bringen und fuhr in seinen Hantierungen fort. Frau Margherita half ihm beim Abwiegen der Mengen, reinigte Tiegel und Mörser und schürte das Feuer. Als nun das Blei allmählich zerging und der Blasebalg in gleichmäßigen Stößen fauchte, konnte Barduzzi seine Ruhe nicht mehr bewahren, sprang auf und trat ganz nahe an den Tiegel heran. Am liebsten wäre es ihm gewesen, wenn er Lascari bei irgendeinem Betrug hätte ertappen können. Aber das war wirklich flüssiges Blei und nichts anderes. Zwischen den Fingern wälzte er unaufhörlich das Kügelchen, das er von Leftini erhalten hatte.

«Nun haben Sie alles bereit?» fragte er.

«Ja», sagte Lascari und zeigt ihm ein winziges Kügelchen.

«Das ist alles?»

«Ja. Nach den Berechnungen Leftinis muß diese kleine Menge im Verein mit der Prima Materia imstande sein, diese ganze Bleimasse in Gold zu verwandeln. Ich habe zur Vorsicht das doppelte Quantum genommen, denn die Materia sollte, um richtig wirken zu können, zuvor mit dem Lapis solviert, digeriert und koaguliert werden. Wenn das, was Sie von Leftini bekommen haben, wirklich die Materia ist, erfolgt eine Tingierung, wie sie die Geschichte der Alchemie nur selten aufwies, wenn nicht, werden sich an der Oberfläche des Bleis nur einige Goldadern zeigen, die seltsame Zeichen und Arabesken bilden werden.»

«Und daraus kann man dann die Zukunft erforschen! – Das ist ja wie beim Bleigießen am Silvesterabend!» scherzte Barduzzi.

«Ruhe!» befahl Lascari, «der günstige Augenblick ist gleich da. Sie müssen die Materia sofort nach mir fallen lassen.»

«Laß mich es tun!» bat Frau Martherita ihren Mann, «ich bitte dich.» – Er gab ihr das Kügelchen, das sich vom Schweiß klebrig anfühlte.

«Jetzt!» kommandierte Lascari, ließ den Lapis fallen und die Frau schleuderte das Ding in das flüssige Blei. –

Immer, wenn die Nerven erwartungsvoll wie die Saiten eines zu hoch gespannten Instrumentes vibrieren, erwarten wir das Außergewöhnliche, niemals das Nächstliegende. So gerieten die beiden Fremden in maßloses Erstaunen, als die Masse des Bleis, ohne

Wallung und ohne Zischen allmählich gelblich wurde und schließlich in sattem Goldgelb glänzte.

«Gold, sieh doch, wirkliches Gold!» jauchzte die Frau.

«Betrug! Das kann nicht sein», ereiferte sich Barduzzi, «das ist ja unmöglich! Dahinter muß ein Betrug stecken. Du wirst ja sehen. Es kann nur eine dünne Schicht Vergoldung sein. Lieber Lascari, diesen Trick kenne ich.»

«Bitte, überzeugen Sie sich. Ich werde den Tiegel nicht berühren. – So, Frau Margherita, lassen Sie das Feuer ausgehen! – Die Masse muß erkalten, dann können Sie den Tiegel zerschlagen und das Metall untersuchen», sagte Lascari.

«Herr, machen Sie mir keine Komödie vor!» brauste der Advokat auf. «Sie werden mir doch nicht im Ernst einreden wollen, daß Sie Blei wirklich in Gold verwandelt haben. Alles ist nur Taschenspielerei!»

«Aber Mann, warum regst du dich denn so auf? Ich bitte dich, sei doch vernünftig! Wie und wann konnte denn ein Betrug stattfinden?» beschwichtigte ihn die Frau.

«Es kann nicht mit rechten Dingen dabei zugehen. Entweder ist die ganze übrige Welt verrückt oder wir sind es. Daß die moderne Chemie nicht das hervorbringen kann, was ein Mensch des 18. Jahrhunderts imstande war, ist undenkbar. Und daß es außer den der Naturwissenschaft bekannten Kräften noch andere geben soll, der Gedanke allein ist so ungeheuerlich, daß man sich fassungslos an den Kopf greifen muß. Wenn hier wirklich Blei in Gold verwandelt wurde, so wäre dadurch eine ganze Weltanschauung vernichtet. Dann gibt es zwei Welten, die uns bekannte und ein unbekanntes, grauenvolles Etwas, in dem die Ursache aller Erscheinungen ist. Dann ist alle unsere Wissenschaft nur ein Spiel von Kindern.»

«Sie mißverstehen alles, Doktor», unterbrach ihn Lascari. «Alles ist innerhalb der Natur, alles, was überhaupt Beziehung zu uns haben kann. Wir müssen uns nur gewöhnen, die Natur als etwas Lebendiges zu erkennen, und alle Ihre Bedenken und Ihr Erstaunen werden verschwinden. Diese lebendigen Naturkräfte zu erkennen und mit ihnen umzugehen, das nannten frühere Zeiten Magie; ein Wort, das einen unliebsamen Beigeschmack von Geheimnistuerei und Aberglauben hat. Man wird einen neuen Namen dafür erfinden müssen, um dieser Wissenschaft den fatalen Nebensinn zu nehmen. Ist die Menschheit einmal so weit, dann wird sie sehen, daß hinter der Magie in unserem Sinne erst die eigentliche Magie beginnt, die Welt des Jenseitigen, die nicht mehr Wissenschaft ist, sondern direktes Erleben des Göttlichen. – Aber während wir darüber reden, ist der Tiegel kalt geworden. Hier ist der Hammer, bitte, zerschlagen Sie ihn und untersuchen Sie das Metall.»

Barduzzi zerschlug die tönerne Form, ein Barren reines Gold lag vor ihm. Er schnitzelte an ihm mit seinem starken Taschenmesser herum: immer glänzte es in der gleichen Farbe. Zitternd legte er den schweren Block nieder. «Gold!»

«Nun sind Sie davon überzeugt. – Wir wollen hinunter gehen», sagte Lascari.

«Kann ich mir ein Andenken mitnehmen?» bat die Frau.

«Ich habe eine kleine Stahlsäge und will den Block in drei Teile schneiden», sagte Lascari, holte eine kleine Kreissäge, spannte sie und den Block in einen Schraubstock und drehte das Rad. Der feine Goldstaub sprühte wie ein goldener Regen auf das unten aufgebreitete Papier. Die Zähne der Stahlscheibe durchschnitten das Metall, als ob es Wachs wäre. Lascari gab der Frau und dem Advokaten je einen der Würfel.

«Das geht doch nicht, Herr Vincente, Sie berauben sich», lehnte die Frau ab, «das ist ja viele tausend Lire wert. Ich meinte ja nur ein kleines Stückchen.»

«Nehmen Sie, gnädige Frau, und Sie, Herr Doktor, greifen Sie zu!» sagte Lascari, «ohne das Stückchen der Prima Materia wäre kaum der hundertste Teil des Bleis transmutiert worden.»

«Mensch, und da waren Sie im Begriff, sich mit Leftini zu verfeinden und das kostbare Pulver ins Meer zu werfen oder einem überspannten Mädchen zu geben? – Das ist ja Wahnsinn! Man müßte Sie ja direkt unter Kuratel stellen!» sagte der Advokat.

«Lieber Barduzzi, Sie sagten vor kurzer Zeit, daß ich mit meinem Anteil machen könne, was ich wolle, und dabei bleibt es. Gut, Leftini soll den ihm rechtlich gebührenden Anteil bekommen, wenn er sich verpflichtet, mir die genügende Menge der Prima Materia zu geben und unverzüglich Italien zu verlassen. Ich will ihn nicht mehr zu Gesicht bekommen», sprach Lascari und schüttete den ganzen Inhalt der Elfenbeinkugel auf eine Waage. Die Gewichte zeigten 483 Gramm. Er schüttete seinen Anteil in den beinernen Behälter zurück und tarierte 48,3 Gramm genau auf der Apothekerwaage aus. «Da nehmen Sie, überbringen Sie Herrn

Leftini seinen Anteil. Genügt eine mündliche Vereinbarung oder sollen wir einen Vertrag darüber aufsetzen?» fragte er mit spöttischem Lächeln und ließ das fettig schimmernde Pulver in ein Fläschchen rieseln.

Barduzzi griff mit gierigen Händen danach. «Geben Sie! Ich verbürge mich dafür, daß Herr Leftini unverzüglich die Anzeige gegen Sie widerruft, Ihnen die gewünschte Menge der Materia verschafft und mit dem nächsten Schnellzug Italien verläßt. Ich habe schon zu Hause den Vertrag fertiggestellt; Herr Leftini hat rechtskräftig unterschrieben», sagte der Advokat und entfaltete das Papier. Lascari durchlas es, Klausel für Klausel, und sagte: «So, dieser Fall wäre erledigt. Ich erwarte die strikteste Erfüllung der übrigen Vertragspunkte.»

«Sie können sich auf mich verlassen. In einer Stunde bin ich zurück. Komm!» sagte er seiner Frau, steckte das Fläschchen vorsichtig ein, verwahrte den Vertrag in der Brusttasche und stieg nach kurzem Gruß die Treppe hinunter.

«Halt», eilte ihm Lascari nach, «Sie vergessen meine Geschenke, gnädige Frau», und händigte ihr die zwei goldenen Würfel ein.

«Verzeihen Sie mir, ich bin verwirrt, ich weiß nicht, wo mir der Kopf steht», entschuldigte sie sich, nahm die Metallwürfel in Empfang und ließ sie mit schwerem Fall in das Ridikül plumpsen.

«Porcodio!» schrie Barduzzi von unten herauf. «Margherita, die zwei Würfel!»

«Beruhige dich, ich bringe sie schon. – Sehen Sie, er ist noch konfuser als ich. Also, leben Sie wohl, lieber Freund», sagte die schöne Frau und ihre Augen hingen in ehrlicher Begeisterung an dem Jüngling. «Sie haben mich zu großem Dank verpflichtet und ich werde Mühe haben, Ihnen meinen Dank abstatten zu können.» Und ihre Wangen überflog eine Röte, in welcher Tugend und Begier leuchteten, und die Augen nahmen den matten Glanz der Hingabe und des Geständnisses an. Sie hauchte, ganz nahe seinem Mund: «Vincente, mein Mann verreist nächste Woche nach Neapel. Ich bin für Sie täglich um die Mittagszeit zu sprechen.»

Seine Arme dehnten sich, die Frau in wilder Besinnungslosigkeit zu umarmen. Doch er riß sich zurück. Wieder tönte von unten das Fluchen des Mannes, er wandte sich ab und sah nicht, wie die Frau mit einem leisen Gruß, der vieles andeutete, entschwand. Er hörte das Trippeln ihrer Füße auf der Holztreppe, das Zuschlagen einer Tür, das Knirschen des Sandes, und dann war alles still.

Noch am selben Tag gab Barduzzi mit überhitzten Worten der Frau und dem Dienstmädchen den Befehl, so rasch als möglich den Koffer zu packen. Er müsse noch heute nach Neapel; soeben habe er ein Telegramm erhalten, das ihn dringend abberufe.
«Aber du wolltest doch erst Montag abreisen. Was ist denn vorgefallen?»
«Frage nicht viel. Ich werde wohl längere Zeit fortbleiben müssen, vielleicht einen Monat. Ich werde dir selten schreiben können, aber habe keine Sorge um mich! – Ich muß noch schnell auf die Post. In einer Stunde muß alles fertig sein.»
Der Advokat eilte in seine Kanzlei, gab seinem Stellvertreter alle Vollmachten und sagte ihm: «Die Sache mit Gampitelli in Neapel habe ich fallen gelassen. Wenn er noch einmal depeschiert, empfehlen Sie ihm Grenelli als Sachwalter. Ich verreise in einer privaten Sache nach dem Süden. Der Arzt hat mir dringend einen Erholungsurlaub angeraten. Seit drei Jahren habe ich keinen freien Tag gehabt. Wenn Sie sich einmal nicht auskennen sollten, so schreiben Sie mir postlagernd nach Neapel. – Also, leben Sie wohl!»
Zu Hause stand schon der Koffer gepackt, Frau Margherita sagte zu ihrem Gatten: «Du verschweigst mir etwas, du bist nicht ehrlich zu mir. Seitdem du mit Leftini zusammengekommen bist, bist du ganz verändert. Gestehe, daß du dich mit ihm verabredet hast und ihm jetzt nachfährst!»
«Kind, ich schwöre dir, daß ich nach Neapel fahre! Leftini ist doch nach Norden gefahren, weiß Gott, wo er ist. – Ich verstehe nicht, wieso du von mir Heimlichkeiten vermutest.»
«Ich bitte dich, Luigi, sage mir alles! In dir geht etwas vor, was du mir verschweigst. Damals, als du zum ersten Male mit Brettigny zusammenkamst, hat es begonnen. Hüte dich vor den Templern! Es ist leicht zu erraten; die rasche Schwenkung auf ihre Seite ist Herrn Lascari aufgefallen, du stehst mit ihnen im Bund!»
«Was redest du für einen Unsinn! Ich werde mich mit solchen Phantasten einlassen! Also leb' wohl und sei ohne Sorge um mich!»

Das Stadtviertel in San Lorenzo in Neapel gibt den berüchtigten Stadtteilen längs der Via di Roma an Unsauberkeit nichts nach. In den übervölkerten Häusern kreischen ganze Schwärme von kleinen Kindern, quer über schmutzigen Gäßchen hängt die zerrissene

Wäsche der Weiber, aus Küchen dringt der faule Geruch von Fischen und abgestandenen Speisen, und halbnackte Bengel lungern an jeder schattigen Stelle herum.

In diesem Viertel hatte Rabbi Mordechai seit einem Jahr eine Wohnung im dritten Stockwerk eines Hauses im Vico del Sole inne. Als es in Famagusta zu Zusammenrottungen und Attentaten gegen die Juden gekommen war, war er einer der ersten gewesen, welcher die ungastliche Stadt verlassen hatte. Für den Rest seines Vermögens hatte er sich rechtzeitig englische Staatspapiere gekauft, von deren Zinsen er ein bescheidenes Leben fristen konnte. Mit seinem Schüler Leftini stand er in dauernder Verbindung, und dieser war es auch, der Barduzzi auf den alten Juden aufmerksam gemacht hatte. Nach dem Erlebnis im Laboratorium zu Rifredi war Barduzzi wie von einem Dämon besessen; der bisher überlegen lächelnde Saulus war zum fanatischen Paulus der Geheimwissenschaft geworden. Alle bisher durch eine geregelte Bürgerlichkeit unterdrückten Instinkte waren auf einmal wie eine verheerende Flamme in ihm aufgebrochen und hetzten seine Sinne mit der Gier nach übernatürlicher Macht.

Barduzzi stieg die von Schmutz starrende Treppe empor und trat bei Rabbi Mordechai ein, der gerade dabei war, sich sein Frühstück zu bereiten. Er übergab ihm ein Schreiben Leftinis.

«Herr Leftini hat mich von allem unterrichtet. Ich weiß aber nicht, ob ich die Aufgabe übernehmen kann», sagte der Rabbi, ohne sich in seinen Hantierungen stören zu lassen.

«Sie werden mich doch nicht zurückweisen?» erblaßte Barduzzi. «Sie sind der einzige, zu dem ich Vertrauen habe. Sie müssen mir helfen!»

«Sie wollen etwas mit Gewalt erzwingen, was für Sie nicht bestimmt ist. Die Vorbereitung zur Einweihung dauerte in Ägypten sieben Jahre. Sie haben vor einem Jahre noch nichts von den Geheimnissen gewußt und Sie wollen mit einem Schlag die Arkana besitzen. – Zeigen Sie mir Ihre rechte Hand!»

In der einen Hand den Napf mit der Polenta haltend, betrachtete er die Linien der Handfläche. Seine Augen blickten gespannter, er stellte den Napf hin und beugte sich über die Hand des Fremden, die unwillkürlich zu zittern begann. Angstvoll bat er: «Was sehen Sie, Rabbi? Ich bitte Sie, reden Sie!»

«Merkwürdig. Ich sehe nicht das Zeichen der Initiation. Und doch werden Sie in den Besitz des Lapis gelangen. Seltsam!»

«Sie haben richtig aus meiner Hand gelesen: ja, ich besitze etwa vier Gramm des Lapis von Lascari.» – Er hatte das Pulver auf der Fahrt von Rifredi nach Hause gestohlen. –
«Sie haben sich auf unrechtmäßige Weise die Tinktur angeeignet», erriet der Rabbi seine Gedanken. «Ich sehe unheilvolle Linien auf dem Saturnberg der Hand.»
«Was bedeuten sie? Woher droht mir Gefahr?»
«Tod. Sie werden durch den Lapis ein unnatürliches Ende finden.»
Den Advokaten durchschauerte es. Aber sofort war er überzeugt, daß ihm der schlaue Jude den Lapis mit List abspenstig machen wollte. Er glaubte, den Rabbi durchschaut zu haben, als er mit erzwungenem Ton sagte: «Ich lasse mich nicht so leicht ins Bockshorn jagen, werter Rabbi. Was ich mir einmal vorgenommen habe, das will ich durchführen. Daß ich auf die Seite Leftinis getreten bin, ist ein deutlicher Beweis, daß ich es mit meinem Studium ernst nehme.»
«Leftini weiß viel, aber das letzte Geheimnis ist ihm verborgen.»
«Sie müssen mir helfen!»
«Was verlangen Sie von mir?»
«Die Kraft meines Lapis zu verstärken. Wie geschieht das! Sie haben die Materia Prima. Sie müssen mir helfen!» Barduzzi reichte ihm die Eprouvette, in der er das gestohlene Ding verwahrt hielt.
«Ja, es ist der wirkliche Stein!» rief Mordechai aus. «Sie halten einen Schatz in Händen, der mächtiger macht als alle Herrscher der Welt! Fünfzig Jahre habe ich mit heißem Bemühen danach gestrebt, und jetzt erst sehe ich dich, du Phönix der Welt, aber in fremden Händen!» Seine Stimme sang es in Rührung und seine Augen leuchteten.
«Nicht wahr, Sie werden mir helfen?»
«Nur ein Stäubchen genügt, um die Masse zu fermentieren und einen neuen Stein zu schaffen. O hätte ich es in der Jugend gehabt! Jetzt bin ich zu alt.»
«Ich gebe Ihnen mehr Stäubchen, wenn Sie meine Arbeiten leiten», drang Barduzzi in ihn ein, und seine Hände klammerten sich an die langen Ärmel des Juden.
«Es wird Ihr Tod sein, ich darf es nicht tun!»
«Ich gebe Ihnen ein halbes – nein, ein ganzes Gramm des Lapis Rabbi!»

«Wirklich? – Dann will ich es tun. Aber nur unter der Bedingung, daß Sie in einem eigenen Raum experimentieren.»

«Gut. Ich werde zusehen, wie Sie laborieren, und alles in meinem Laboratorium wiederholen. Sie müssen mir auch bei der Anschaffung der alchimistischen Geräte behilflich sein. Ich habe genug Geld zu meiner Verfügung und überdies einen Goldwürfel, den Lascari vor meinen Augen transmutiert hat.» Er stellte das Metall auf den Tisch. «Die Weisen sagen, daß man zur Herstellung des Steins nicht mehr als einen Taler benötigt. – Gut, ich werde mit Ihnen die Geräte einkaufen. – Haben Sie schon eine Wohnung? Sie müssen mit einem Aufenthalt von drei bis vier Monaten rechnen, aber vielleicht kann er nicht so lange dauern.»

«Ich bin beim Bahnhof abgestiegen. Wissen Sie eine Wohnung?»

«Hinter San Servo werden Sie leicht eine finden. Kommen Sie! Morgen ist Neumond, die beste Zeit, mit dem Magnum Opus zu beginnen.»

«Rabbi, ich möchte Sie umarmen!»

Der Jude holte eine kleine Handwaage heraus und sagte: «Also, ein Gramm!» Barduzzi verstand und schüttete die verlangte Menge des kostbaren Staubes auf die Waage. Rabbi Mordechai verwahrte das Arkanum in seinem Schrank, dessen doppeltes Schloß er vorsichtig zusperrte. Seine Augen strahlten befriedigt. «Wir wollen zu dem Schlosser gehen, der auch meinen Athanor und das Balneum Mariae hergestellt hat.»

Barduzzi hatte es sich viel leichter vorgestellt. Wie alle Anfänger arbeitete er blindlings auf das Ziel los, ohne sich nur einen Augenblick Ruhe zu gönnen. Aber von Tag zu Tag wuchsen die Schwierigkeiten, deren er nicht Herr werden konnte. Er kam bald darauf, daß Rabbi Mordechai niemals präzise Unterweisungen und Regeln mitteilte. Alle seine Äußerungen waren so gehalten, daß sie ebenso das Gegenteil bedeuten konnten, und trugen dazu bei, ihn vollends zu verwirren. Wenn er so den ganzen Tag am chemischen Ofen gestanden war und das Resultat des Tages, einen durch Schwefel, Salz und Quecksilber verunreinigten Erdkuchen, in der Hand hielt, heulte er vor Wut wie ein wildes Tier auf, zertrümmerte mit Eisenstäben Öfen und Retorten, und fiel erschöpft, mit einem Nagen und Bohren im Hinterkopf auf sein Lager, wo er sein Schreien mit den Kissen erstickte.

Und morgens begann er wieder nach einer anderen, als unfehlbar sicher angepriesenen Methode sein Werk. Immer der gleiche Mißerfolg. Die Briefe seiner Frau warf er ungelesen in den Winkel. Seine Gestalt verfiel zusehends. Die Wangen hatten sich gehöhlt und jenes hektische Rot angenommen, wie man es bei Wahnsinnigen findet. Die Augen phosphoreszierten unruhig, und das heftige Zittern seiner Hände verriet, daß Barduzzi vor dem völligen Zusammenbruch seiner Nerven stand.

Er haßte Lascari, Leftini, den Rabbi, alle, die ihn auf den Weg des Irrsinns getrieben hatten, am meisten aber den alten Juden. Oft, wenn er in tauber Wut in seiner Stube wie ein Besessener hauste, war ihm das Verlangen gekommen, zu Mordechai zu stürzen und mit der Eisenstange, die in seinen Händen zitterte, an ihm Rache zu nehmen.

Umsonst! Nach solchen Ausbrüchen folgte ein Rückschlag der Weichherzigkeit und er netzte mit Tränen der Ohnmacht sein zerwühltes Lager.

Zwei Wochen waren vergangen, und er hätte schon längst durch Selbstmord seiner Verzweiflung ein Ende gemacht, wenn ihn der Besitz der wenigen Gramm der roten Tinktur nicht ans Leben gefesselt hätte. Wie ein Kind sein Spielzeug, so herzte und liebkoste er das Gefäß mit dem dunklen Staub. Stundenlang saß er vor ihm wie vor einem Fetisch. Er trug seinen Schatz in einem Büchschen aus Horn mit einem Riemen um den Hals, auf der Brust.

Wieder war ein Tag in fruchtloser Arbeit vergangen. Er hatte heute nach dem sogenannten kleinen Bauer gearbeitet, wo die Prima Materia mit ziemlicher Klarheit angegeben ist. Die Materia muß zuerst in ihrem eigenen Wasser aufgelöst werden, das Harte muß weich werden. Nichts leichter als das, und dennoch war es mißglückt. Woran lag es? Er zwang sich zur Klarheit und wiederholte im Geiste Stück für Stück das Laborieren des heutigen Tags. Alles war eingehalten worden, und dennoch dies klägliche Ende! Entweder war die ganze Alchimie nichts als ein Betrug oder Rabbi Mordechai hatte ihn irregeführt und die alchimistischen Schriften logen.

Seine Sinne waren heute klarer als seit langem. Er hatte das Bedürfnis nach Menschen, denen er seine Enttäuschung klagen konnte. So ging er zu dem alten Juden. Als er bei ihm eintrat, wunderte er sich über die Veränderung seines Zimmers. Alle

Wände waren mit gelber Seide bespannt, am Boden lagen prächtige Felle von Löwen, Leoparden und Ziegen. In einer Ecke stand ein massiger Tempelkoro aus chinesischer Bronze, aus dem der zarte Duft fremdartiger Gerüche drang, in der anderen brannten Kerzen auf einem siebenarmigen Leuchter, der mit schmalen Pergamentstreifen behängt war. Mordechai saß bei einem Tisch, auf dem eine Menge von Tabellen lag.

«Guten Abend!» sagte Barduzzi. «Oh, Sie rechnen? Ein Logarithmenbuch?»

«Ja, es sind dies die Ephemeriden.»

Barduzzis Mienen fragten. Er hatte nicht verstanden.

«Die Ephemeriden dienen zur genauen astrologischen Geburtsbestimmung, nicht nur des Menschen, sondern eines jeden geschaffenen Wesens. Bevor ich den Lapis zeuge, will ich die Stunde bestimmen, die für seine Geburt am günstigsten ist. Ich werde noch zwei Monate warten müssen, bevor ich einen günstigen Uranusaspekt habe. Denn Uranus ist mein Regent.»

«Wie könnte mir ein Planet nützen?» fragte Barduzzi.

«Wie, Sie kennen nicht Ihr Horoskop? Und ohne astrologische Kenntnisse wollen Sie sich an das Magisterium machen? Dann allerdings —»

«So helfen Sie mir doch, Rabbi! Ich habe alles getan und dennoch nichts erreicht. Der kleine Bauer lügt!»

«Nein, jedes Wort ist wahr, aber Sie müssen es innerlich ebenso verstehen wie äußerlich. Die eigentliche, mechanische Arbeit ist so gering, daß sie ein Kind ausführen kann.»

«Die Solution der Materia im eigenen Wasser ist unmöglich! Sie widerstrebt den Gesetzen der Physik. Durch die Einwirkung des Feuers wird die Materia nur noch härter, statt sich aufzulösen.»

«Das Feuer macht die Herzen weich, ich meine nicht unser Feuer, sondern den Ignis der Philosophen. Durch diesen Ignis ist die Welt entstanden und durch denselben wird sie einst zugrunde gehen. Durch das Feuer erneuert sich die Natur vollkommen. Das ist der Fundamentalsatz der Alchimie. Igne natura renovatur integra. Nehmen Sie die Anfangsbuchstaben dieser Worte und Sie haben das Testament jenes Mannes, das er vom Kreuz aus der Welt verkündete.»

«Das Feuer, das Sie meinen, existiert nicht. Wie könnte es Wirkungen hervorbringen, die dem irdischen Feuer gerade entgegengesetzt sind?» warf Barduzzi ein, der dadurch hoffte, dem

Alchimisten sein Geheimnis unversehens zu entreißen. «Es ist eine bloße Allegorie aber keine Wirklichkeit.»

«Meinen Sie? Gerade in dieser Stadt haben Sie Gelegenheit, sich von der Wirklichkeit des Astralfeuers zu überzeugen, wie es das Harte flüssig macht. Haben Sie es noch nicht gesehen?»

«Ich verstehe nicht, was Sie meinen. In dieser Stadt?»

«Morgen ist der 19. September, der Jahrestag des heiligen Januarius. Gehen Sie frühzeitig, vor sieben Uhr, in den Dom. Nehmen Sie ein Opernglas mit, um alles genau betrachten zu können. Das vertrocknete Blut des Heiligen wird von selbst flüssig werden. Es wird sieden und aufwallen wie kochendes Wasser. Was in San Gennaro geschieht ist ein alchimistischer Prozeß. Die Welt hält es für ein Wunder.»

«Aber wie gewinne ich dieses Astralfeuer, wie kann ich es lenken? Wie hängt es mit der Astrologie zusammen?»

«Versinken Sie einmal inbrünstig in ein Gebet und Sie werden alles wissen.»

«Rabbi, Sie halten nicht Ihr Wort! Sie haben mir versprochen, mich in alle Geheimnisse einzuweihen, und Sie kommen mir mit allgemeinen Redensarten!»

«Ich schwöre Ihnen, daß ich Ihnen alles, was sich mitteilen läßt, gesagt habe. Alles andere ist Gnade von oben. Astrologie und magische Vorbereitungen sind Hilfsmittel, die nur einen Wahrscheinlichkeitswert haben.»

«So werde ich lieber alles aufgeben, ich spüre weder das Astralfeuer noch Gottes Erbarmen. – Wozu sind also alle magischen Vorbereitungen?»

«Sie wundern sich über mein Zimmer. Es dient einem Zweck, den ich angedeutet habe. – Wollen Sie nicht mit mir ein wenig auf die Chiaja spazieren gehen? Ihre Gesundheit hat gelitten. Nur ein völlig gesunder Mensch kann den Lapis herstellen. Sie sollten das bedenken!»

Rabbi Mordechai sperrte sorgfältig ab, faßte den kranken Barduzzi unter den Arm und führte ihn des Wegs.

Auf der Chiaja wogte der Korso. Neapels mondäne Welt hatte sich versammelt, aus den Luxushotels waren die Fremden gekommen. Die Musik spielte die neuesten Schlager. Weich fächelten die hohen Palmen in der Abendluft. –

Nur mit Mühe drängten sich der Jude und Barduzzi durch die Menge der Flanierenden, wanden sich durch die Reihen der

Karossen und gelangten endlich an den Strand, wo sie sich auf einer Bank niederließen. Lange saßen sie schweigend da. In gleichen Abständen klatschten die Wellen gegen die steinerne Brüstung. Musik und Menschenlärm drangen wie aus einem fernen Traum zu ihnen.

Barduzzis Blicke schweiften über das Meer, das wie dunkler Samt sich ins Unendliche verlor. Über Ischia hing noch ein unmerklicher Widerschein des letzten Abendrots. Gegenüber ragten die Hügel Sorrents im tiefen Violett auf, am Vesuv glühten die Lichter der Funicolare wie eine Perlenschnur, die von unten bis zum Gipfel geradlinig aufstieg. Barduzzi erinnerte sich seiner Frau. Heute war wieder ein Brief gekommen. Er nahm sich vor, das Schreiben zu lesen und zu beantworten.

Mit Gewalt riß er sich wieder zu den Gedanken des heutigen Tages zurück und fragte den Rabbi: «Was ist das für ein Stern, gerade über uns?»

«Saturn, der Unheilspender. Solange er oben steht, kann das Werk, das ich vorhabe, nicht gedeihen.»

«Aber Sie sagten mir doch einmal, daß er auf mich einen großen Einfluß hat. Erzählen Sie mir etwas von der Astral-Alchimie!»

Rabbi Mordechai versetzte langsam: «Bitte aber meine Worte nicht mißzuverstehen. – Die Metalle haben ein Leben wie Pflanzen und Tier, sie wachsen und sterben unter dem Einfluß des Gestirns, unter dem sie stehen. Und jedes Gestirn, jeder Planet ist eine geistige Intelligenz mit guten und bösen Kräften wie alles Individuelle. Wer die positiven Astralkräfte der Planeten benützt, der belebt die unter ihrem Einfluß stehenden Lebewesen und Metalle, wer die negativen Gewalten gebraucht, der zerstört sie. Das ganze Leben in der Natur ist nichts anderes als der Kampf der Astralgewalten miteinander.

Der Mensch muß zuerst zum Bewußtsein kommen, welche Astralgewalten in ihm tätig sind, und dazu kann ihn genaues Studium seines Horoskops führen. Wenn er das weiß, wird er diese Gewalten in sich isolieren und durch den Zusammenhang mit dem korrespondierenden Planeten verstärken. Die klassische Alchimie umkleidet dieses Wirken der Planeten-Intelligenz auf den Menschen als ein Erscheinen von Engeln und Dämonen des betreffenden Planeten, die dem Menschen bei der Herstellung des Lapis behilflich sind. Jeder Planet hat eine Erz-Intelligenz und ein Erz-Dämonium. Die zeremonielle Magie, vor allem Agrippa,

Paracelsus und de Guaita, kennt nun alle Zeichen, Namen und Vorschriften, durch deren Anwendung dieser Kontakt herbeigeführt wird. Damit der Mensch befähigt werde, diese feinen Influenzierungen in sich wahrzunehmen, muß er sich durch Fasten und eine strenge geistige Disziplin vorbereiten. Ich arbeite nach Paracelsus. Die gelbe Seide in meinem Zimmer hat den Zweck, die Astralschwingungen zu reflektieren, das Löwenfell – doch ich befürchte, schon zuviel gesagt zu haben.» – Ein mit Lampionen geschmücktes Boot fuhr vorüber, aus dem fröhliches Lachen drang. Barduzzi fühlte, wie es ihm die Kehle einengte, und das Symbolhafte seines eigenen Lebens kam ihm schmerzhaft zum Ausdruck. Früher: blind gegenüber den Freuden der Welt, abgehetzt von der Jagd nach Ehre und Gold; jetzt: in ein Labyrinth des Geistes verirrt, aus dem es keinen Ausgang gibt. Und das Leben, Freude und Lust, strich an ihm vorüber, andere jubelten und lachten.

«Mich fröstelt, Rabbi», sagte er. «Hätten Sie mir gleich am ersten Tag gesagt, worum es sich handelt, so hätte ich mir all das erspart.»

«Ich habe es getan, aber Sie haben nicht auf mich gehört. Was werden Sie tun?» fragte der Rabbi.

«Ich weiß noch nicht. Mir schwindelt der Kopf, ich glaube, ich bekomme Fieber. Bitte, begleiten Sie mich nach Hause!»

Wirklich, Barduzzi klapperte vor Kälte mit den Zähnen, seine Haut fröstelte, und das Glühen der Augen war erloschen.

Der Jude rief einen Wagen herbei, half Barduzzi beim Einsteigen und fuhr mit ihm nach Hause. Der Entkräftete wollte von einem Arzt nichts wissen. Mordechai bereitete ihm einen Glühwein und legte den Kranken ins Bett.

Im Fieber schrie er auf: «Die Briefe! Margherita!»

Der Rabbi legte ihm seine kühlenden Hände auf die Stirn, bis jener eingeschlafen war. Dann löschte er das Licht aus und ging.

Vor dem ersten Läuten der Glocken standen schon einige Leute vor der Pforte des Doms, um als die ersten eingelassen zu werden, meist Weiber der untersten Klasse. Barduzzi stand unter ihnen mit verwildertem Aussehen. Mitten aus dem drückendsten Alptraum, vom Fieber durchflackert, hatte er sich aufgerissen. Das Wunder des heiligen Januarius mußte Betrug sein. Ebenso wie die Worte des Juden. Seine Seele tobte wider sich selbst wie damals, als

Lascari die Transmutation vollführte. Aber damals ging es nur um Gold und Macht, jetzt aber handelte es sich um ihn selbst.

Er lehnte seinen schlotternden Leib an die Wand, um nicht zu fallen. Die Menge der Wartenden wurde immer größer. Endlich kam der Kirchendiener mit dem rasselnden Schlüsselbund und schloß auf. Schreiend und fluchend stürzte die eingekeilte Menschenmenge in die Kirche vor das Gitter, das die Capella del Tesoro abschloß. Ohne daß er sich besonders angestrengt hatte, war er in der vordersten Reihe, in nächster Nähe des Heiligtums. Rechts und links keiften Weiber noch immer um die Plätze; er hielt sich an einem Messingstab des Gitters fest, um nicht abgedrängt zu werden. Schließlich wurde es ruhig, die Weiber erzählten einander, wie es das vorigemal zugegangen war, und Barduzzi hatte Muße, die prächtige Kapelle zu bewundern, die neunzehn herrlichen Bronzestatuen, die Gestalten von Heiligen aus matt schimmerndem Silber, das Tabernakel, das in Tönen von edlen Erzen feierlich strahlte. An den Wänden die vor Alter erdunkelten Prunkgemälde.

Der Dom hallte vom Stimmgewirr der immer zahlreicher hinzuströmenden Menschen, ein Dunst von Erwartung und Erregung stieg aus den vielen aneinandergepreßten Leibern. Die eine Gruppe betete laut den Rosenkranz, die andere sang das althergebrachte Lied zu Ehren des großen Wundertäters. Die Zeit verging rasch, und durch die hohen Fenster fielen die heißen Strahlen der Sonne. Die ganze Kapelle schwamm in leuchtenden Farben.

Endlich verkündete das Geläute der großen Glocken den Beginn des feierlichen Amtes. Die Orgel brauste, Weihrauchgewölk stieg himmelan.

Der Bischof mit Inful und Stab, geleitet von den Priestern der ganzen Stadt, trat in die Kapelle ein, öffnete einen Schrein, holte ein gläsernes Gefäß mit goldenem Postament hervor und stellte es, von allen Seiten sichtbar, vorn auf den Altartisch. Ein Diakon zündete auf allen sieben Altären die Kerzen an.

Der Bischof sprach lange Gebete. Tausende Augen starrten auf das schwarze Gefäß. Nichts rührte sich darin. Einzelne Stimmen riefen: «San Gennaro, wirke das Wunder! San Gennaro!»

Der Bischof entfernte sich mit seinem Gefolge und setzte das Hochamt am Hauptaltar des Domes fort.

Durch die Menge lief Erregung wie ein elektrischer Strom. «San Gennaro, du mußt das Wunder tun!» riefen mehrere. Barduzzi spürte, wie alle seine Nerven in Erregung schwangen. Das Fieber war wie von ihm gewichen. War es das Astralfeuer in ihm, das ihn so beseligte?

O Gott, wenn dies es ist –

Da schrie eine Stimme von der Seite: «Seht, es bewegt sich schon!»

Er sah mit gespannten Blicken hin – in der Tat, die dunkle Masse setzte sich in eine ungleichmäßige Wallung und nahm allmählich eine karminrote Färbung an.

Barduzzis Augen quollen aus ihren Höhlen. «Eviva San Gennaro!» jauchzte es aus tausend Kehlen, daß der ganze Bau erdröhnte.

Barduzzi stieß einen Schrei aus, senkte die Hände abwehrend von sich und stürzte, wie von einem Strahl getroffen, zu Boden.

Die Menge tobte und schrie, niemand achtete des Gestürzten.

Erst als das Hochamt beendigt war und das Glasgefäß wieder seine dunkle Farbe angenommen hatte, zerstreuten sich die Versammelten, und man wurde auf den regungslos Liegenden aufmerksam.

Der Kirchendiener verständigte die Polizei, als eben Rabbi Mordechai die Treppe emporeilte. «Es ist der berühmte Advokat Barduzzi aus Florenz. Rasch in seine Wohnung! Gott sei Dank, er lebt noch!»

FÜNFTES KAPITEL

Ein bleierner Himmel wölbte sich über die alte Stadt der Päpste, Avignon. Im stumpfen Licht einer drückenden Dämmerung kündigte sich das Nahen des Mistral an. Die Möwen der Rhone flogen wie aufgescheuchte Blitze über die dünstenden Gassen und Plätze, in denen die Menschen besorgt gegen den Himmel sahen. Noch lag das ganze Firmament im Opalglanz da, und nur fern, im Nordosten, zeigte sich über dem Mont Ventoux eine verräterische Wolke, düster leuchtend in braunroter Glut.

Unbeschadet des drohenden Sturms stand ein Mann, augenscheinlich ein Fremder, vor dem klotzigen Würfel der Papstburg. Seine Augen umgierten die aufgetürmten Quader und schienen die Geschichte des Steins mit kundigem Blick zu lesen.

Avignon, du Stadt der Grausamkeit und der Liebe! Wie viele Geheimnisse verbergen diese wuchtigen Mauern! Dieser Palast ist ein zweiter, größerer Vatikan, so wie dieser wäre, wenn man ihn ganz aus den Travertinblöcken des Kolosseums erbaut hätte. Dort unten, in den Staatsgefängnissen, schmachtete Cola da Rienzo, in einem dieser Zimmer starb Johann XXII. als Opfer eines teuflischen Anschlags. In seinem Prunksaal fügte Benedikt XII. zum Zeichen der unumschränkten Gewalt des Papstes über alles Erdreich einen dritten Reif der Tiara hinzu. Und welche Frauen verklärten diese Welt! Hier obsiegte die Königin Johanna im Disput mit zwanzig gelehrten Kardinälen ebenso durch Weisheit wie durch Schönheit. Und du, gottselige Frau aus Siena, Katharina, wie strahlte hier deine Reinheit, wie eine Lilie inmitten eines giftigen Sumpfes berückender Blumen!

Und der ghibellinische Sinn des Fremden empörte sich über diese weltliche Macht der Nachfolger dessen, der nichts hatte, wo er das Haupt hinlegen konnte. Der Sündenfall des Papsttums schien ihm nirgends deutlicher zum Bewußtsein zu kommen. Ein riesiger in Stein gehauener Adler über dem Portal zeugte noch jetzt vom Machttaumel der verirrten Nachfolger Petri: die sanfte Taube, das Symbol in den Katakomben, war zum blutgierigen Raubtier geworden, das die Reiche der Kaiser und Könige zerfleischte. Und wie viel Blut war hier im Namen des Heilands vergossen worden! Jahrhundertelang qualmten hier die Scheiterhaufen der Ketzer, und ihr brechendes Auge sah wie er jetzt den furchtbaren Adler über dem wuchtigen Portal.

Grauen vor dem Glauben, dessen reines Bild er im Herzen trug, wandelte ihn mit einem Gefühl nur halb verstehender Bewunderung an, wie alle gewaltigen Taten der Vorzeit den Sinn betäuben. Er fühlte sich gleicherweise begeistert und abgestoßen.

Doch nun fauchte die Windsbraut heran und rüttelte ihn aus seinen Träumereien auf. Mit so plötzlicher Heftigkeit war der Sturm gekommen, daß er bestürzt von dem leeren Platz flüchtete. Ohne zu überlegen, ließ er sich vom Wind treiben.

Bei Saint-Agricol blies ihm ein anderer Windstrom gerade entgegen. Die Gaskandelaber klirrten mit ihrem Glas, ein Ziegelbrokken fiel gerade vor ihm nieder und zerplatzte wie eine Granate. Wie immer im Sturmwind jauchzte der Jüngling auf, wenn das rasende Element an den Strängen seiner Nerven riß und die Gefahr seinen Mut jubelnd herausforderte.

Aber er konnte nicht lange die Lust des Windes genießen, ein heftiger Stoß schleuderte ihn gegen einen Laternenpfahl, die Stirn blutete, und er mußte Zuflucht unter einem schützenden Dach suchen.

Gerade nebenan tanzte im Wind der grüne Kranz einer Schenke, und er trat dort ein. Nachdem er die Blutung gestillt hatte, ging er in die Wirtsstube, deren Scheiben in den Stößen des Windes zitterten. Ein Kellner zündete gerade die Gaslampen an. Der Fremde ließ sich die Speisekarte geben und starrte dann unbeschäftigt vor sich hin. An einem Tisch spielten Kutscher unter mannigfachem Lärm Karten. Dort unter der Lampe saß ein Mensch, ganz hinter seiner Zeitung versteckt. Man konnte deutlich den Titel lesen. Es war ein italienisches Blatt, der Osservatore Romano. Jetzt legte jener die Zeitung beiseite, und die Blicke der beiden Männer trafen sich, prüfend, vorsichtig. Der andere stand auf und näherte sich ihm.

«Erkennen Sie mich nicht in meiner Verkleidung, Herr Lascari? Bitte, machen Sie kein Aufsehen. Vorsicht! Ja, ich bin es.»

«Sie, Monsignore d'Arnoult? In weltlicher Tracht? Ich bin überrascht, Sie hier zu treffen. Welch ein merkwürdiger Zufall!»

«Nennen Sie mich nicht mit meinem Titel! Ich heiße hier d'Arnoult und lebe als Privatmann in meiner Heimat.»

«Wie, Sie haben Ihre geistliche Würde abgelegt?»

«Ruhig, ruhig, mein Freund! Ich werde Ihnen alles klarlegen. – Da kommt Ihre Suppe. Nun, was gibt es Neues in Florenz? Wie geht es unserem gemeinsamen Freund Bolza? Ich habe seit einem Monat keine Nachricht von ihm. Aus Neapel kam einmal eine Karte mit merkwürdigen Andeutungen, die ich nicht ganz verstehe. – Ich bitte Sie um Himmels willen, seien Sie vorsichtig! Die Männer dort drüben sind auf der Lauer nach mir.» Die Geschwindigkeit seiner Umstellung auf Beiläufiges, in das sich seine Angst erkannt zu werden wie ein grimmiger Unterton beimengte, gab ihm ein Gefühl des Balancierens zwischen Abenteuer und berufsmäßiger Gefahr. Vincente traf überraschend gut die Einstellung, die ihm bedeutend mehr verhieß, als das regungslose Antlitz des Verkleideten verraten konnte.

«Ja, der Mistral kommt. Es ist gefährlich, jetzt auszugehen. – Sind Sie schon lange hier?» fragte d'Arnoult. «Gerade kam ich vom Zug. Mein erster Gang schon brachte mir Glück. Es wird herrlich sein! Welch eine Stadt! Abenteuer wehen in der Luft.»

«Avignon ist ein zweites, aber heimliches Rom. Dort steht alles im Brennspiegel der großen Weltereignisse, hier aber ist alles unterirdisch. Hier flüchtet die Seele so tief in sich hinein, daß sie die Rückkehr ans Tageslicht nicht mehr finden kann. Paris ist die rote, giftige Sünde, Rom noch immer der Mittelpunkt der Welt, Avignon aber das verborgene Laster, das nicht den Mut hat, sich öffentlich schamlos zu bekennen. Diese Stadt ist vom Satan bezeichnet.»

Die Männer dort drüben hatten es aufgegeben, etwas von dem Gespräch zu erhaschen, und machten mit dem Kartenspielen Ernst. Was früher nur Vorwand schien, wurde zum Gegenstand ihrer Aufmerksamkeit. Ihr hitziges Temperament ging mit ihnen durch, und bald waren immer häufigere Flüche in der Mundart des Landes die Marksteine ihrer nunmehr ungezügelten Spielleidenschaft.

Mit einer wegwerfenden Geste gegen sie fuhr Monsignore d'Arnoult fort: «Wenn Sie Mundanastrologie betrieben hätten, würden Sie mich sofort verstehen. Aber schon die Tatsache, daß Sie in diese Stadt gekommen sind, und die Erkenntnis der Ursache muß Ihnen alles sagen. Wenn unsere Erde ein lebendes Wesen ist, so ist Avignon ihr erotischer Ort. Manche Landschaften sind unfruchtbar für die Leidenschaft, manche wiederum von einer sinnlichen Atmosphäre geradezu geladen. Auch die stumpfsten Nerven müssen es spüren. Haben Sie jemals die schwellende Üppigkeit Venedigs geatmet? Es liegt nicht an dem Hauch der Lagune, dem halbverfaulten Wasser, nicht an der theatralischen Architektur seiner Paläste, die jedes Gefühl erhaben anspannen: nein, etwas Undefinierbares zieht eines jeden Gemüt in seinen Bann, der die Stadt besucht. So ähnlich haucht Avignon einen verzehrenden sinnlichen Duft aus, nicht moroses Liebesverlangen einer schmachtenden Frau, sondern Glut einer halberblühten Jungfrau, in der noch Scham mit Lust ringt. Und die Lust, die noch nie gestillt war, herb und mit dem klopfenden Herzen einer brennenden Neugier, besitzt einen Zauber, der deshalb weit gefährlicher ist als in Venedig, weil er unvermutet den Fremdling überfällt, der sein Herz getroffen fühlt wie von einem plötzlichen Wunder. Hier ist jede Liebe die erste, und täglich sieht hier Petrarca die schöne Laura zum erstenmal.» «So ist Ihnen bekannt, was mich hierher geführt hat», sagte Lascari. «Haben Sie sie einmal getroffen?»

Der Verkleidete fuhr sich mit der Hand über die Stirn und tat, als ob er die Frage nicht gehört hätte. «Und doch ist die Jungfräulichkeit der Stadt nur Schein. In ihren Adern kocht das Blut heißer als im prunkenden Leib der Venezia, ihr Atem begeistert zur Tollheit und zeugte Verruchtheiten, von denen alle Jahrhunderte voll sind. Soll ich Ihnen von den Liebeshöfen Avignons im Mittelalter erzählen? Vom Irrsinn der Leidenschaft, die auch vor dem geweihten Haupt nicht Halt gemacht hat?»

Lascari fühlte, daß jetzt eine indiskrete Frage eine Erleichterung für beide wäre. Aber statt sie zu wagen, las er aus dem halbdunklen Gesicht seines Gegenübers die strenge Abkehr vom rein Persönlichen, die immer erschreckt und welche nur Menschen haben, die den langen Weg einer unerbittlichen Askese zu Ende gegangen sind. Der Priester sah den Jüngling mitleidig an und sprach: «Junger Freund, Sie täten besser daran, wenn Sie mit dem nächsten Zug zurück nach Florenz fahren würden. Sie gehen hier auf unterirdischen Minen. Ein unvorsichtiger Schritt kann eine von ihnen zur Explosion bringen und Sie zerreißen. Schon einmal sind Sie wie durch ein Wunder dem Verhängnis entgangen. Sie wissen nicht, wie nahe Sie damals dem Tode waren. Wollen Sie das Schicksal nochmals herausfordern? Sie begeben sich geradezu in einen Löwenkäfig. Ich fühle, daß ich meiner Aufgabe nicht gewachsen bin. Was wollen Sie eigentlich hier?»

«Sie wissen es doch, Monsignore! Sie, die Geliebte, ist mir nunmehr nur Symbol für das, was mir mein Ahnherr, der Adept Laskaris, in der Gestalt der roten Tinktur als Erbe und Aufgabe hinterlassen hat. Ich trage die Elfenbeinkugel mit dem verruchten Pulver mit mir wie einen antiken Fluch. Es gibt keine Flucht vor ihm, ebensowenig wie eine Flucht vor sich selbst. Auf der Meerfahrt von Livorno nach Marseille war ich mehr als einmal im Begriffe, das verruchte Ding in die Wogen zu schleudern. Aber es war, als ob ich mich selbst zum Tod verdammen würde. Ich konnte einfach nicht. Und da zweifelte ich zum erstenmal an der Freiheit meines Willens. Wie kann ein totes Ding mich, eine unsterbliche Seele, so verwandeln?»

«Es ist eben kein totes Ding. Der Auszug, die quinta essentia, alles Lebenden ist in dem roten Pulver enthalten. Die wilde chaotische Gewalt der Natur, ihre Schöpferkraft und ihr Wandlungswille haben in ihm ihren konzentrierten Ausdruck gefunden. Was in jedem Sonnenstrahl lebt, die Keimkraft der Erde im Frühling, das tolle Schlagen der Nachtigallen in heißen Sommernächten, die Kraft des elektrischen Stromes, der mit Licht die Städte überflutet, die feinen seelischen Schwingungen, die uns mit Ahnungen überraschen: alles das, ein Maximum der Kraft auf ein Minimum des Raumes gebracht, vermehrt durch die Leidenschaft des eigenen Herzens, das ist der Lapis. Und diese ungeheure Kraftquelle sollte ohne Wirkung auf den sein, der sie täglich berührt? Nur dem Heiligen ist sie nicht mehr Gefahr. Nur die Kirche darf im Besitz dieser furchtbaren Macht sein.»

«Was Sie für Wirklichkeit nehmen, ist für mich nur Symbol und Metapher. Die Kräfte der Natur kümmern mich ebensowenig wie ihre theologische Wertbestimmung. Hier handelt es sich vor allem um mich: daß ich das reinste Glück meiner Seele um eines Dinges willen – und wäre es der kostbarste Schatz der Erde – verscherzt habe, und daß kein Tausch und keine Flucht das Geschehene rückgängig machen können. Wenn der Geist zwischen Melancholie und Tragik ratlos steht, hilft ihm meist die Grimasse darüber hinweg. Und ich sehe die Maske vor mir, das Symbol meiner selbst: das scheußliche Bockshaupt, die grinsende Fratze der Zerstörung, die wie ein Drache den goldenen Hort bewacht. Diesem Tier entkomme ich nicht. Je reiner ich meine Liebe gestalten will, desto tierischer zieht es mich in die Gemeinheit hinab. – Ich habe mein Herz und die Geliebte schmählich verraten.»

«Freund, nicht die Sünde des Fleisches, sondern nur die des Geistes vermag zu verblenden. Um so deutlicher haben Sie den Beweis, daß der Besitz des alchimistischen Pulvers für Sie eine immer größere Gefahr ist. Alles drängt Sie zur Entscheidung, jedes Zögern verschlechtert nur Ihren Zustand. Sie müssen wählen zwischen Baphomet und dem Kreuz. Hüten Sie sich, daß Sie am Tage des Gerichts nicht für lau befunden werden! Wer nicht für Christus ist, ist gegen ihn.»

Lascari sah sich von dem schon gesichteten Festland seiner Wünsche wieder in die Brandung der Leidenschaften zurückgeworfen. Und wie ein Ertrinkender klammerte er sich an den einzigen Gedanken, der ihm geblieben: «Wo ist Mafalda? Haben Sie sie gesehen? Wo kann ich sie sprechen?»

«Ich habe sie gesehen und habe mit ihr gesprochen. Doch Sie weichen meiner Frage aus: ich bestehe auf einer Antwort.»

«Alles gehört ihr. Sie soll wählen.»

«Das ist neuerliche Ausflucht.»

«Monsignore, Sie quälen mich. Ich kann Ihnen keine Antwort

geben, bevor ich nicht mir ihr gesprochen habe. Wo kann ich sie treffen? Bitte, führen Sie mich zu ihr!»
«Avignon ist eine kleine Stadt. – Ist das Ihr letztes Wort?»
«Ja, es hängt alles von Mafalda ab. Ich kann nicht anders.»
«Und wenn sie wiederum im Gefolge der Templer ist?»
«Gleichviel, sie ist meine Herrin!»
«Starrkopf! So gering achten Sie meine Gegnerschaft?»
«Nicht Rom oder Baphomet, sondern Mafalda!»
Der Verkleidete machte eine unsichere Bewegung nach dem Trinkglas, starrte einen Augenblick nach der leise singenden Gaslampe und sprach: «Es ist nicht schwer zu erraten, daß ich aus einem besonderen Grund das geistliche Gewand abgelegt habe, und im ersten Augenblick, als ich Sie sah, glaubte ich, daß Sie alles von Professor Bolza wüßten. Doch dieser hat reinen Mund gehalten. Hat er Ihnen niemals eine Andeutung darüber gemacht?»
«Nein, es ist ein Mißverständnis zwischen ihm und mir eingetreten, das eine ähnliche Ursache hat wie meine Meinungsverschiedenheit mit Ihnen.»
«So muß ich weit ausholen. Da Sie in den Wirkungskreis der Templer bereits eine ausführliche Einsicht haben, ist es überflüssig, Ihnen das weitere geheimzuhalten, in das Sie früher oder später dennoch Einblick gewinnen würden. Ja, ich muß weit ausholen.» Er warf noch einmal einen Blick auf die Spielenden und sagte beruhigt: «Ich habe mich getäuscht, die Leute dort sind ganz ungefährlich, die ich für Spitzel der Templer hielt. Also hören Sie!
Als Titus die heilige Stadt Jerusalem plünderte, fielen die Tempelschätze, vor allem der siebenarmige Leuchter, in die Hände der Römer. Beweis dafür ist der Titusbogen in Rom, auf dem in einem Relief die Beutestücke, darunter der heilige Leuchter, abgebildet sind. Als dann Alarich die ewige Stadt verheerte, raubte er auch den Leuchter und schleppte ihn mit sich nach Südfrankreich. Die übrigen Kostbarkeiten wurden in alle Welt zerstreut und sind wohl für immer verschollen. Ein letzter Rest der Salomonischen Pracht befindet sich in der Peterskirche in Rom, rechts in der ersten Kapelle, wo die Pietà des Michelangelo bewundert wird. Gleich rechts beim Gitter ist eine gewundene Säule, die aus dem Tempel von Jerusalem stammt, und die, wie eine Inschrift kündet, Kranke, die von Dämonen geplagt werden, heilt. Also der siebenarmige Leuchter kam in die Provence. Nun schweigen einige Jahrhunderte über ihn. Erst am Ende des zwölften Jahrhun-

derts taucht er wieder auf. Die Judengemeinde von Carcassone berichtet in einem Sendeschreiben an die Ältesten von Barcelona beruhigend, daß alle Gerüchte, der heilige Leuchter wäre ihnen in den letzten Kriegswirren geraubt worden, glücklicherweise unwahr seien, und daß dieser kostbare Schatz sowie die Bundeslade sich unversehrt im Besitz der Gerechten dieser Stadt befinde. – Wohlgemerkt, auch die Bundeslade!

Und wieder vergeht ein Jahrhundert. Fast alle Juden Südfrankreichs werden von Fanatikern ausgerottet. Und plötzlich tauchen beide, Leuchter und Bundeslade, als Besitz der Templer wieder auf. In einem Consolamentum, das von der Hochburg der Templer, von Castrum Peregrini, an das Kapitel von Cypern geschickt, aber von französischen Rittern aufgefangen wurde, rühmen sich die Tempelritter ihrer Schätze, unter denen auch die beiden erwähnten Stücke des Salomonischen Tempels aufgezählt werden. Ja, der Name der Templer geht hauptsächlich darauf zurück, daß sie sich durch den Besitz der Bundeslade als legitime Nachfolger der althebräischen Tempelmysterien fühlten. Nun, Leuchter und Arche des Bundes sind mehr als liturgische Gegenstände oder Symbole. Wie alles im Alten Bund höchste Magie war, die nur den Hohepriestern kund war, so sind auch diese beiden Geräte magische Geräte. Daß die Alchimie den Eingeweihten der Hebräer nicht unbekannt war, dafür haben wir in der Genesis deutliche Kunde. Und der siebenarmige Leuchter ist nichts anderes als die Darstellung der sieben Planetenlichter und ihrer Steigerung ins unnennbare Licht A U R, dessen materielles Gleichnis unser irdisches Gold, aurum, ist: drei positive Planetengeister rechts, drei negative links. Das Geheimnis des siebenarmigen Leuchters enthüllt alle Mysterien der Alchimie. Und was noch unklar ist, deutet die Bundeslade.

Wer also diese beiden besitzt, darf sich eines Schatzes rühmen, wie die Erde keinen zweiten hat. – Doch hören Sie weiter meinen Bericht!

Als dann die Ruchlosigkeit der Templer offenbar wurde und ihnen vom päpstlichen Stuhl und von Philipp dem Schönen der Prozeß gemacht wurde, war es natürlich das erste Bestreben der Inquisition, in den Besitz der Salomonischen Schätze zu gelangen. Aber weder die Folter noch der Scheiterhaufen konnten dem letzten Großmeister Jacques de Molay oder einem der Verurteilten ein Geständnis erpressen. Auch der templerische Rotulus signorum arcanorum, den man später auffand, enthält keine Andeutung. So mußte man die Nachforschung nach diesen beiden Schätzen aufgeben, und auch die gelehrten Forschungen späterer Zeiten brachten keine Kunde. Selbst der gelehrte Dupuy in seiner Historie de la condamnation, Loiseleurs Doctrine secrète des Templiers, die Deutschen Wilcke und Prutz fanden keinen Anhaltspunkt und bezeichnen den Besitz von Leuchter und Lade als leere Prahlerei der Templer.

Aber mehr als die gelehrte Forschung weiß die Sage. In der ganzen Provence wird von den märchenhaften Schätzen erzählt, welche die Templer auf die Nachricht, daß das Konzil von Vienne zusammengetreten sei, vergraben haben sollen. Bald wird Carcassone, bald Nimes, bald Avignon genannt. Daß die Templer auf einen Schlag gegen ihren Orden wohlvorbereitet waren, beweist ihr fast unglaublich plötzliches Verschwinden. Um 1300 zählte der Orden in Schottland gegen 20 000 Mitglieder, und als die Inquisation 1313 gegen sie einschreiten will, sind sie auf einmal spurlos verschwunden. Aus Österreich haben wir Berichte von Dominikanern, die mit ihrer Verfolgung betraut wurden, daß die Templer in der Sekte der Luziferinaner aufgegangen wären und sich in Alpentäler geflüchtet hätten. Und aus dem Orient wird berichtet, daß sich der Orden in yezidische und kainitische Sekten aufgelöst habe, nachdem der größte Teil zuvor zum Mohammedanismus übergetreten wäre.»

«Gut, Monsignore, doch woher haben Sie Beweise, da doch die ernstesten Forscher darüber nichts berichten?» warf Lascari ein.

«Gemach, Sie wissen, daß ich nun gegen dreißig Jahre in der vatikanischen Bibliothek arbeite. In den Kellern und auf dem Dachboden liegen noch ganz ungeheure Ballen halbvermoderter Akten aus allen Jahrhunderten. Ein Stab von Forschern hätte Jahrzehnte zu arbeiten, um das ganze Material zu ordnen. Kaum daß eine Schleife anzeigt, woher diese Schriften stammen. Jahrelang arbeitete ich dort, um einigermaßen Ordnung in den unabsehbaren Wulst zu bringen. Vieles ist völlig wertlos, besonders was aus neuerer Zeit dazukam. Aber ich verliere mich, verzeihen Sie! Nur einen dieser Bände, der die Aufschrift De haereticis Galliae meridionnalis trug, habe ich gesichtet, und unter den Pergamenten fand ich Beweise. Genug, ich weiß, daß sich Lade und Leuchter tatsächlich im Besitz der Templer befanden, und daß diejenigen, die sich jetzt noch Templer nennen, diese beiden

Schätze verborgen halten. Deshalb bin ich verkleidet nach Avignon gekommen –.»

«Um Himmels willen, Monsignore», unterbrach ihn auffahrend Lascari, «Sie sind der Meinung, daß Ephrem, Brettigny, Leftini und die anderen, die Anhänger des Baphomet, die beiden Kostbarkeiten des Salomonischen Tempels besitzen?»

«Davon will ich mich überzeugen.»

«Welchen Zwecken dienen jetzt die heiligen Geräte? Baphomet und die Bundeslade! Jahve und sein Widersacher in einer Gemeinschaft vereint! Haben die Templer das alchimistische Geheimnis des Leuchters erkannt? Und weshalb trachteten sie so gierig nach meiner roten Tinktur?»

«Alle magischen Geräte sind unbrauchbar, wenn sie nicht zuvor von dem Menschen eine Seele erhalten. Die Templer besitzen wohl alles, die echten alten Formeln, die Einweihung, das Rituale und die Instrumente. Aber ihre Verzückung – ob nun für Gott oder gegen ihn, ist einerlei – ist nicht mehr so stark, daß sie die Werke der Vorzeit vollbringen könnten. Denn immer ist die Leidenschaft, das überirdische Feuer AUR, die Prima Materia aller geistigen Dinge. Alles ist aus dem Feuer entstanden, und alles geht durch das Feuer zugrunde. – Und da ihnen diese Geisteskraft fehlt, bestreben sie sich, deren irdisch konzentrierte Form, eben den Lapis, in ihren Besitz zu bekommen, um durch ihn den totgewordenen Kult neu zu beleben.»

«Und glauben Sie wirklich, daß ein Stein diese rein spirituellen Dinge vermöchte?» fragte Lascari ungläubig.

«Das Geheimnis des Lapis kennt nur der, der ihn selbst hergestellt hat. Ich weiß nur, daß seine Wirkung auf jeden, der mit ihm in Berührung kommt, eine ganz ungeheure ist. Haben Sie es nicht selbst erlebt? Ist es Ihnen noch nicht zum Bewußtsein gekommen? Gerade an dem Tag, an dem Sie rechtlicher Nachfolger und Besitzer des Erbes Ihres Ahnherrn wurden – Sie wußten es damals noch nicht – hat das Feuer AUR Sie in der Erscheinung einer heftigen Leidenschaft ergriffen. Und nicht früher können Sie von dieser Krankheit genesen, als bis Sie sich der roten Tinktur entäußert haben.»

Vincente mußte über die Beharrlichkeit des Priesters lächeln. «Nein. Monsignore, es wird Ihnen nicht glücken! Es ist mir ein Unterpfand, daß Mafalda mit mir durch das Schicksal verbunden ist. Jetzt gerade erst recht will ich mit aller Leidenschaft um sie

kämpfen. Ihr Widerstand macht mir den Sieg um so kostbarer.»
«Und Gilda und Margherita?»
Lascari zuckte unmerklich zusammen. Dieser Priester war furchtbar.

«Ja, ich bin von allem informiert, aber glauben Sie nicht, daß ich ein Dunkelmann und Intrigant bin», klärte ihn der Priester auf, «ich habe nicht die Hände im Spiel, ich bin nur stiller Beobachter.»

«Monsignore, wir könnten noch stundenlang so weiter reden, wir kämen dennoch nicht weiter. Wir reden aneinander vorüber. Und doch bedarf es nur eines einziges Wortes, eines Blickes von Mafalda Rossi, und ich weiss alles. Ich bitte Sie daher nochmals, mich zu ihr zu führen!»

Junger Mann, ich kann es beschwören, daß ich wirklich nicht weiß, wo sie wohnt. Ich habe hier ein einziges Mal mit ihr gesprochen und sie nur zwei- oder dreimal flüchtig gesehen, einmal in St. Agricol und einmal am Rhoneufer.»

«Ich danke Ihnen für Ihre Auskunft. Der Sturm hat nachgelaßen, ich werde gehen. Mein Gepäck ist noch auf dem Bahnhof, ich muss mir noch ein Hotel suchen. Können Sie mir eines empfehlen?»

«Ja, gehen Sie zum Roten Löwen, beim Petrarca-Denkmal, oder zur Weißen Linie in der Rue du Soleil. Sie lächeln? Ich scherze nicht und spiele nicht mit Allegorien. Diese zwei Gasthöfe gibt es wirklich.»

«So gehe ich zum Roten Löwen. Leben Sie wohl, Monsignore! Wo kann ich Sie wieder treffen?»

«Ich bin jeden Montag und Donnerstag um diese Zeit hier. Also, auf Wiedersehen, junger Freund!»

Lascari ging. Monsignore d'Arnoult nahm aus der Brusttasche ein Telegrammblankett, schrieb einige Worte und ging auf das Hauptpostamt.

Wo der Boulevard Saint-Lazare sich der alten Stadtmauer nähert, an der Porte de l'Imbert, liegt ein von den Jahrhunderten unberührter Häuserblock, umgeben von Maulbeerbäumen und verwachsenem Liguster. Die sprudelnde Sorgue rauscht vorüber, und ihre Wellen atmen noch den frischen Duft der Berge von Vaucluse aus und zittern noch wie die Gesänge des unsterblichen Dichters, der an ihrem Quell sein heißes Herz über die klaren, frischen Wasser beugte. Der Steg aus klotzigem Eichenholz steht vergessen da, seit vielen Jahren wegen Einsturzgefahr nicht mehr benützt. Moos und Gräser wuchern aus den schimmeligen Fugen hervor. Eine alte Steinbank, vom Grün der üppigen Büsche umgeben, bietet ein anmutiges Versteck vor den glühenden Sonnenstrahlen.

Zwei Mädchen sitzen dort, mit Näharbeiten beschäftigt. Es ist ein heißer Nachmittag. Die zierlichen Eidechsen schlafen in dem brütenden Licht. Manchmal klappert die stählerne Schere, wenn eines der Mädchen nach ihr greift. Im schmalen Schatten der Stadtmauer spielen einige Knaben, welche Kupferstücke gegen die alte Mauer werfen. Und immer singt das Wasser der Sorgue, eintönig mit einschlafender Melodie.

Mafalda ist über ihre Arbeit nach vorne gebeugt. Die Stiche fliegen ihr von der Hand, die Bluse soll noch heute fertig werden. Gilda arbeitet nachlässiger. Ihr Auge blickt manchmal ins Leere, haftet an den Ameisen, die zu ihren Füßen kribbeln, oder sieht einem Falter nach, bis sie sich mit einem plötzlichen Ruck wieder zur Arbeit zwingt. Plötzlich springt sie auf und wirft die Stoffstücke auf die Bank. Ihr langer angestauter Zorn kommt zum Ausbruch, aus ihren Augen schießt ein Blick giftigen Hasses auf die Gefährtin. «Ach was, jetzt habe ich es satt! Das kann nicht so weiter gehen. Nur du bist an allem schuld!»

Mafalda blickte ruhigen Auges auf, selbstbeherrscht, fast hoheitsvoll. «Ja, ich habe dich doch gewarnt. Warum hast du darauf bestanden? Du wußtest doch, daß ich mit diesen Leuten nichts mehr zu tun haben wollte. Ich will alles vergessen, was früher war.»

«So, und weshalb kamst du gerade nach Avignon? Kannst du leugnen, daß es dich hierher zog, weil du dich nur von hier aus an ihm rächen kannst? Jetzt willst du noch die Unwissende, Verführte spielen!»

«Schilt nur immerzu! Was ich dir hundertmal gesagt habe, dabei bleibt es! Ich ernähre mich durch meine Hände Arbeit schlecht und recht und bedarf eurer Hilfe nicht. Sprich mir kein Wort mehr davon!»

«Du bist wahrhaftig verrückt! Statt das Leben einer großen Dame zu führen, bist du nun eine kleine Näherin geworden. Wir haben Verpflichtungen dir gegenüber. Ephrem wird gleich kommen, ich habe ihn hierher bestellt.»

«Gilda, reize mich nicht!» zürnte Mafalda auf, und ihr Gesicht überflog eine kämpferische Note. «Wenn du Gewicht darauf legst, mit mir noch weiter zu verkehren, muß ich dich bitten, kein Wort mehr davon zu sprechen. Ich will weder Ephrem noch Brettigny oder einen der anderen mehr sehen. Was in Florenz geschehen ist, muß vergessen sein. Leb wohl! Ich werde zu Hause weiter arbeiten.»

Sie packte ihr Nähzeug zusammen und wollte gehen.

«Halt, du Wilde, du Närrin!» rief ihr Gilda zu. «So höre mich doch zu Ende an! Ephrem wird dir etwas mitteilen, was dich interessieren wird: Vincente Lascari ist hier in Avignon! Er hat ihn gestern im Roten Löwen gesehen.»

«Du lügst!» schrie Mafalda zurück. «Das ist unmöglich!» Doch ihr Auge konnte die jähe Freude einer Überraschung nicht verbergen, und die Nasenflügel zitterten unmerklich. Mafalda fühlte mit einem Male etwas beseligend Leichtes in ihrem Herzen aufsteigen und bis zu ihrer Kehle dringen, wo es sich schluchzend zusammenballte. Ihre Füße fühlten nicht mehr den Boden, das ganze Gewicht des Körpers schien in der Brust zusammenzuströmen. Gilda hatte bemerkt, wie sich ihre Lippen verräterisch aufeinandergepreßt und einen Schrei des Entzückens jäh verbissen hatten. Sie weidete sich einen Augenblick an dem Anblick. «Ja, Vincente ist nach Avignon gekommen. Ohne Zweifel sucht er dich. Ephrem wird dir mehr von ihm erzählen. So bleibe doch! Du gehst wirklich?»

«Leb wohl!» Ohne ihr die Hand zu geben, ging sie davon. Gilda sah ihr nach, wie sie hinter den Maulbeerbäumen verschwand.

Sie nahm ihre Arbeit wieder auf, mit Unlust, und sah hinüber zu den Knaben, die wegen irgendeiner Sache zu streiten begannen. Dann streute sie den Sperlingen Futter aus ihrer Tasche.

Endlich kam Ephrem. Seine stechenden Augen sahen fragend auf Gilda, die seinen Worten zuvorkam. «Es ist aussichtslos, nichts konnte sie bewegen dazubleiben. Vor einigen Minuten ist sie gegangen.»

«Du bist ungeschickt. Man muß sie klug anfassen, sonst merkt sie die Absicht. Nun, was hast du herausgebracht?»

«Sie liebt ihn stärker als je. Es wird unmöglich sein, sie von ihm loszureißen, mit Freuden erduldet sie alles Elend weiter. Von uns will sie nichts mehr wissen.»

Ephrem setzte sich zu ihr auf die Steinbank und heischte: «Erzähle!»

«Sie lebt als einfache Näherin. In der Rue des Tenturiers hat sie bei einer armen Witwe Quartier genommen. Sie ist mit Arbeit überhäuft, durch die sie sich zu betäuben versucht. Ich habe ihr mit den verlockendsten Farben das Leben bei uns geschildert: sie hat abgelehnt. Wir sind machtlos.»

Ephrems Hand spielte nervös mit der Uhrkette. «So wird nichts anderes übrig bleiben, als Lascari mit Gewalt zu zwingen. Sie wird mit ihm zugrunde gehen. Auch d'Arnoult darf nicht länger geschont werden. Wir müssen mit einem vernichtenden Schlag alle Hindernisse aus dem Weg räumen und den Eminenzen einen gehörigen Denkzettel versetzen. Die Schlappe von Florenz muß ausgewetzt werden! Jetzt stehen wir stärker da als damals.»

Gilda sah den schwarzhaarigen Mann mit einem bittenden Blick an: «Ephrem, ich flehe dich an, unternimmt nichts Böses gegen Mafalda! Ich habe sie sehr liebgewonnen. Sie ist ein edler, prächtiger Mensch, ein Mädchen von seltenen Geistesgaben. Die vielen Schmerzen, die sie erduldet hat, haben mein Herz gerührt. Laß sie mit ihrem Geliebten glücklich werden! Ist es denn nicht das reinste Glück, sich an der Freude des anderen mitzufreuen? Sie hat ein so gutes Herz, ihr früherer Stolz ist im Feuer der Reue dahingeschmolzen und sie sehnt sich nach nichts anderem mehr als nach einem verzeihenden Wort aus dem Mund des Geliebten.»

«Es darf nicht geschehen! Denn wenn beide in Glück vereint sind, wird die Kirche über Lascari Einfluß gewinnen, und dieser überläßt dann die Erbschaft des Archimandriten an d'Arnoult. Nur im Unfrieden können wir bestehen, sonst ist er für uns verloren. Mafalda muß als Lockmittel für ihn an unserer Seite stehen. Übrigens ist es nicht so schwer, denn ich habe eine Helferin: Frau Margherita Barduzzi. Sie kommt her und wird der Rossi ins Gesicht sagen, daß Lascari ihr Geliebter in Florenz war. Er wird es nicht leugnen können, und Eifersucht wird sie zur Rache auf unsere Seite treiben. Hab' keine Besorgnis, es muß glücken.»

«Lascari hat sie in den Armen Margheritas vergessen?»

«Ein flüchtiger Rausch, aber schwerwiegend für eine liebende Jungfrau.»

Gildas Herz zuckte zusammen, sie wußte, daß die Freundin den neuerlichen Schimpf nicht ertragen würde. «Du bist herzlos, Ephrem.»

«Kind, es muß sein! Jeder Gott ist gefräßig und fordert Opfer.

Besser, man wirft dem Moloch einen fremden Menschen in den glühenden Rachen, als daß man selbst geopfert wird. Und Baphomet ist gefräßiger als Dagon und Moloch. Ist er aber gesättigt mit warmem Menschenfleisch, so lächelt er breit und beschenkt seine Kinder.»

«Ephrem, laß mich los, ich hasse dich und die anderen!» brach Gilda in langverhaltenem Grauen hervor. «Du hast alle meine Gefühle mit Gewalt ausgerottet, ich weiß nicht mehr, was Liebe ist, ich kenne nur noch Gier und Zerstörung. Aber noch lebt etwas in mir, das mächtiger als beide, stärker als du bist! Erbarmen mit der unglücklichen Rossi. Sieh sie nur einmal an! Was hast du aus ihr gemacht? Der Stolz ihrer Augen ist erloschen, ihre Überhebung gebrochen. Wie leuchtet jetzt ihr Auge in unsäglicher Wehmut! Ich weiß es, sie weint! Und niemand ist da, dem sie ihr Herz ausschütten kann. Abscheulicher, und du willst sie noch weiter quälen? Ich hasse dich!» Ihre Hand stieß heftig nach ihm.

«O, du begehrst auf, Kleine? Ich werde dich bändigen! Wag' noch ein Wort! Aus dem Straßenstaub habe ich dich aufgelesen, ohne mich wärest du im Elend verkommen. Und nun wagst du es, die Rossi gegen mich aufzuhetzen?»

«Das ist nicht wahr! Aber ich werde es tun, wenn du sie noch weiter quälst. Glaubst du, ich weiß nicht, warum du so gierig darauf versessen bist, sie zur Verzweiflung zu treiben? O, ich durchschaue dich schon seit langem! Du liebst sie! Leugne es nicht! Und da du sie mit ehrlichen Mitteln nicht gewinnen kannst, denn sie verachtet dich, willst du sie durch Verzweiflung an deine Seite zwingen.»

Ephrem erblaßte; so hatte ihn noch niemand durchschaut. Ein neuer Gegner, seine eigene Kreatur! «Du bist wahnsinnig, Gilda!» stieß er hervor. «Deine Beschuldigungen sind so unsinnig, daß ich nicht darauf eingehen kann. Aber ich habe deine gehässige Gesinnung gegen mich erkannt und kann dir nur sagen: Hüte dich! – Brettigny wird am Abend zu dir kommen.»

Er ließ ihre Hand mit einer schleudernden Bewegung los und ging erregt davon. Gilda nahm ihre Handarbeit wieder auf, aber bald erstarrten ihre Hände.

Sie blickte zu Boden und sah eine zertretene Ameise, die der Fuß Ephrems halb zerquetscht hatte. Der Körper war tot, nur ein einziges Bein zuckte noch hilflos in der Luft. Und im getretenen Tier erkannte sein eigenes Leiden der Mensch. Fassungslos, als ob sie zum ersten Male im Leben solches gesehen hätte, beugte sie sich über die happenden Bewegungen des winzigen Beines, dessen Würfe bis an ihr Herz gingen. Sie nahm den zerquetschten Kadaver auf ihre flache Hand, die leise zu zittern begann, und fühlte ein Brennen in ihren Lidern. Dann, mit Ekel vor den Schmerz, warf sie das Tier von sich und stampfte mit den Füßen darauf herum, daß der Staub unter ihr aufflog. Erleichtert und wie von einer schweren Arbeit erschöpft, sank sie dann auf die Steinbank.

Aber es duldete sie nicht lange. Mit Hast warf sie die Handarbeit in das Täschchen, sprang auf und eilte in die Rue Tenturiers, als ob sie befürchtete, zu spät zu kommen.

Vincente hatte die ganze Stadt in nervöser Unrast durchflogen, um die Geliebte zu entdecken, hatte in jedes Antlitz erwartungsvoll, neugierig geblickt, ob ihm nicht ihre Augen entgegenleuchteten. Oft hatte ihn aus der Ferne der erste Anblick getäuscht; dort an der Ecke das Mädchen mit den schön abfallenden Schultern, dort die schlanken Fesseln der Füße, die so selbstherrlich und sicher auftraten, dort glaubte er ihre Stimme gehört zu haben. Rasch hatte er die Vorübergehenden eingeholt, doch ein fremdes Gesicht blickte ihn verständnislos an. Und immer wieder warf er sich aufs neue in den Strudel der Menschen, mit irrenden Augen, ungeduldig und furchtsam, ob ihm der heutige Tag das Glück bescheren würde.

Sie in den vornehmen Gasthäusern zu finden, war unwahrscheinlich. So irrte er zur Mittagszeit durch die billigen Gaststätten, ging auf den Gemüse- und Fischmarkt, durchstreifte die kleinen Cafés und die Geschäftsläden. Und wenn dann der Abend kam, fiel er mit zerbrochenen Beinen, in allen Gliedern erschöpft, in einen Korbstuhl eines Kaffeehauses und schlürfte grünen Absinth, während draußen eine Abendmusik zu spielen begann.

Schmerzlich erinnerte er sich eines anderen Abends, als er in Florenz auf der Piazza Vittorio Emmanuele saß und die Musik den Triumphmarsch aus Aida schmetterte. Damals jeder Muskel von Kraft und Freude gespannt, jetzt – oh, nicht daran denken! Und doch, so mußte es kommen. Das war die Strafe für den neuerlichen Verrat, daß er sich in den Armen Margheritas vergessen hatte. – Er lauschte auf. Wieder spielte die Musik Verdi. Er hörte nicht die Melodie, nicht den Klang der Instrumente, nur die Klage eines leidenden Herzens. Ach, nur der Schmerz rührt an unser eigentliches Sein, im Geheimnis seines unfaßlich ernsten und doch so sanften Grauens.

Müde schwankte er heimwärts. Er kam bei St. Agricol vorüber, die Kirchentür stand noch offen. Eine fromme Brüderschaft hielt ihre Andacht ab. Lascari ließ sich durch das ernste Summen der Stimmen bereden und trat ein. Er setzte sich in einen Stuhl vor einem Seitenaltar und ergab sich einem lauen Gefühl. Man betete den Rosenkranz. Monoton wie wiederkehrende Wellen lösten sich die Stimmen der Frauen und der Männer ab. Lascari musterte mit stumpfen Blicken den Altar vor sich, das dunkle Altarblatt, dessen Gestalten kaum zu erkennen waren; nur zwei Heiligenscheine traten aus dem schwärzlichen Braun hervor.

Ein Bettlerweib schlurfte aus dem Hintergrund zu ihm. «Der Herr ist gewiß ein Fremder», sprach sie. «Ja, dieser Altar ist der berühmteste der Kirche. Hier wurde der heilige Valens mit der heiligen Cazarie vermählt. Beide gelobten nach der Trauung an diesem Altar dauernde Jungfräulichkeit und Keuschheit und sie haben dieses Gelübde wirklich gehalten. Ja, es ist wirklich wahr. – Daneben ist das Grabmahl des heiligen Bénézet, der seiner Braut, als sie mit sechzehn Jahren starb, gelobte, nie mehr eine Frau zu berühren und –»

«Danke, danke!» Vincente gab der Alten einige Sous und stürzte davon.

Ekel vor sich selbst packte ihn. Er wußte, daß er nun auch zu dem Gesindel gehöre und daß er kein Recht mehr habe, Mafalda unter die Augen zu treten. Und doch, wie schon früher unzähligemal, empfand er die Ironie und Lächerlichkeit seiner erotisch alterierten Unzulänglichkeit: Eros als Idee – eine überirdische Kraft, zur Wirklichkeit geworden, irgendein hübsches Gänschen! Nein, das Weib wichtig zu nehmen, ist ein Zeichen einer lächerlichen Säftestauung im Manne! Jede wirkliche innere Emotion ist seines Stolzes nicht würdig. –

Das Philosophieren junger Männer ist meist nichts anderes als eine Ausflucht und ein Umweg von irgendeiner Niederlage in der Liebe. Zum ersten Male im Leben umschattet sich das Lichtbild der eigenen Gottähnlichkeit, und je reiner und edler die Andacht zur Geliebten war, desto breiter wird das Gefühl zum Absturz in ein entgegengesetztes Ressentiment. Noch stand Vincente im Gleichgewicht zwischen beiden Bedrängnissen, nicht entschlossen zu einer befreienden Verfluchung. Grell winkten die Lichter aus den mondänen Nachtlokalen seinen überhitzten Sinnen, der Duft von parfümierten Frauenschultern, der leichte Schweiß der atmenden Brüste, das Lachen und Zwitschern der Stimmen.

Er blieb vor einer Taverne stehen, mit zusammengebissenen Lippen, fast war ihm das Weinen nahe. Durch die offene Tür konnte er die Paare sehen, die sich, eng aneinandergepreßt, im Rhythmus eines Modetanzes wiegten. War diese Frau dort im nilgrünen Kleid nicht Margherita, dort jene Gilda, diese dort die Unbekannte, in deren Zimmer er von seiner Villa in Rifredi sehen konnte? War das ein Blendwerk seiner Sinne oder Wirklichkeit? Margherita, die erste Frau, in deren Armen er geruht, Gilda, die seine Sinne damals zur Fieberglut entzündet hatte, und die ländliche Magd, deren halb entblößte Gestalt ihm in vielen unruhigen Träumen erschienen war? –

Er schloß die Augen und die drei Frauen wurden zu einer: Mafalda, deren Blicke ihn wie ein Blitz trafen. Ein Gelöstsein von aller inneren Spannung, ein schwebendes Glücksgefühl und eine Stille des Blutes kamen über ihn, etwas von innen heraus Leuchtendes, das seine Seele durchglühte. Wie im Traum stand er so da, lange seiner selbst vergessend.

Da legte sich eine Hand auf seinen Arm und er fuhr, zur Wirklichkeit zurückgerissen, zusammen. Monsignore d'Arnault stand neben ihm und deutete ihm durch eine Geste an, sich still zu verhalten. Er war weltmännisch gekleidet, in Smoking und Lackschuhen, eine Perücke verdeckte die Tonsur. «Kommen Sie», sagte er dem Jüngling, «ich wußte, daß ihr Weg Sie früher oder später hierher führen würde. Deshalb wartete ich täglich auf Sie. – Bitte, nennen Sie mich hier Chevalier, was übrigens keine Lüge ist.»

«Was soll das bedeuten? Mir zittert das Herz. Sind das dort wirklich Frau Margherita, Gilda und die Magd von Rifredi?»

«Sie sind es wirklich. Fassen Sie sich, Vincente! Alle drei Arten der Liebe, ich will sagen der Wollust, hat man hier vereinigt. Sie werden wohl erraten, weshalb. Man hat keine Kosten gescheut, denn es handelt sich um ein wertvolles Gut.»

«Dort sehe ich Ephrem», zuckte Lascari zusammen, «das sagt mir alles. Nein, Chevalier, ich will nicht eintreten. Ich sehe das Netz, mit dem man mich umgarnen will. Kommen Sie, kommen Sie, die Luft ist zum Ersticken», hielt sich Vincente an d'Arnault fest.

«Es gibt gewisse Dinge im Leben, wo das Wort versagt, welche durch eine Tat besiegt werden müssen. – Mut! Sobald Sie wollen, gibt es für Sie keine Gefahr mehr.» Sie traten ein und nahmen an einem Tischchen an der Wand Platz, von wo aus sie den ganzen Saal überblicken konnten. Ein Kellner brachte Getränke.

Margherita konnte sich am wenigsten beherrschen, sie nickte ihm freundlich einladend zu, aber Vincente tat, als ob er sie nicht erkannt hätte, und lauschte den Worten des Chevaliers an seiner Seite. «In der Alchimie nennt man das Stadium, in dem Sie sich jetzt befinden, den Pfauenschweif. Schon ist der wichtigste Schritt getan, die Solution und Fixation des göttlichen Lichtes im Menschen erfolgt, da regen sich noch einmal die baphometischen Kräfte und zaubern einen in vielen Farben schillernden Scheinerfolg vor, der den neugierigen Sinnen ein bereits geglücktes Ende vorspiegeln will. Der nur im Sinnlichen befangene Mensch kann dann seine Kräfte nicht mehr zügeln, er hascht nach dem gleißenden Schein – der wie eine Fata Morgana sich auflöst und einen grauen Niederschlag zurückläßt. An Stelle der lockenden Pracht grinst ihn der Totenkopf, Caput Mortuum, an.

So will man Sie auch jetzt durch Sinnlichkeit blenden, um Ihnen die Frucht Ihrer bisherigen Kämpfe zu entreißen. Die drei Frauen, die – bisher Ihr Blut in Wallung gebracht haben, werden – doch schon geschieht es ja.» Margherita hatte sich Vincente genähert, und wie von einer Faszination getroffen, erhob sich Lascari und bot ihr den Arm. Sie promenierten einigemal auf und ab und ließen sich dem Chevalier d'Arnoult gegenüber nieder.

Aus einer Gruppe löste sich Ephrem und nahm an d'Arnoults Tischchen Platz. «Ihre Mühe war vergeblich, Monsignore», redete er ihn an. «Sie sehen, daß Ihre Warnungen nichts genützt haben, sein Instinkt und Wille ziehen ihn unwillkürlich auf unsere Seite. Warum geben Sie den Kampf nicht auf, worauf hoffen Sie noch immer?»

D'Arnoult nahm das Einglas aus dem Auge und sah Ephrem scharf an.

«Ihrer Rede fehlt der Spott, Sie müssen Ihrer Sache doch nicht ganz sicher sein. Und warum stellen Sie sich töricht? Sie wissen doch ebenso gut wie ich, daß hier alles nur Erscheinung ist. Solange Sie nicht sein Innerstes berühren, haben Sie keine Macht über ihn.»

«Ebensowenig wie Sie», versetzte Ephrem. Dann mit einer

plötzlichen Wendung: «Es ist eigentlich lächerlich, daß wir beide, erwachsene Männer, uns von einem dummen Jungen, der gar nicht weiß, was er will, an der Nase herumführen lassen. Wenn wir beide uns vereinigen könnten, so wären wir schon längst an unserem Ziel.»

«Sie setzen Unmögliches voraus», warf d'Arnoult ein.

«Im Reiche des Möglichen den gegenseitigen Kompetenzbereich abzustecken, wäre so unsinnig nicht», sprach Ephrem.

«Sie kommen mit einem Vorschlag. Gut, ich will ihn unter den gleichen Bedingungen anhören, unverbindlich wie ein Märchen.»

«Nennen Sie es immerhin so. – Sie wissen vielleicht nicht, daß die abgesplitterten Teile aus der Tinktur des Adepten verloren sind und ihre tödliche Wirkung auf die Halbeingeweihten ausgeübt haben. Der Advokat Barduzzi, dessen schöne Frau Sie hier sehen, ist unlängst in Neapel einem Schlagfluß erlegen. Seine Frau Margherita weiß es noch nicht. Die wenigen Gramm des Lapis aus seinem Besitz sind an den Rabbi Mordechai übergegangen, der mit ihnen erfolgreich laboriert hat. Er hat die tingierende Kraft wirklich um ein Mehrfaches multipliziert und bedeutende Metallmengen transmutiert. Aber seine Umgebung wurde durch seinen plötzlichen Reichtum aufmerksam, und Einbrecher raubten ihm alles Gold. Mit dem Rest seiner Habe soll er in seine Heimat entflohen sein.»

«Und Leftini?» fragte d'Arnoult, obgleich er um den Griechen wußte.

«Ist so gut wie verschollen. Wir konnten nichts über ihn in Erfahrung bringen. Wissen Sie vielleicht etwas über ihn?» holte Ephrem vorsichtig aus.

Der Chevalier entwaffnete dessen Frage: «Nicht mehr und nicht weniger als Sie. Da Sie nicht mehr mit ihm rechnen, muß ich annehmen, daß er gewißermaßen auf Ihrer Seite steht oder doch eine wohlwollende Neutralität einnimmt, indem er sich souverän zwischen Rom und Avignon etabliert hat. Ist es nicht so?»

«Da wir nicht über die wenigen Gramm seiner Tinktur verfügen können, kommt er vorläufig für uns nicht in Betracht. – Doch, um auf unser eventuelles – wie soll ich nur sagen? – Konkordat zurückzukommen, schlage ich Ihnen in allem Ernst vor, den Lapis, der sich im Besitz Lascaris befindet, zwischen uns zur Hälfte zu teilen.»

D'Arnoult konnte sich eines Lächelns nicht erwehren. «Das ist mehr als ein Märchen und weniger als eine Fabel, denn ich sehe den Sinn und die Moral nicht ein. Das kann doch unmöglich Ihr Ernst sein, ein Grundgesetz der elementaren Physik ist gegen Ihren Plan: eine Kraft, in zwei gleiche Teile geteilt, die in entgegengesetztem Sinn wirken, hebt sich auf, wird wirkungslos. Sie meinen sicherlich etwas anderes.»

«Insofern, als es uns vor allem darauf ankommt, überhaupt in den Besitz der erwähnten Kraft zu gelangen.»

«Nie wird sich die Kirche dazu hergeben! Hier handelt es sich immer um das Ganze. Hier muß ich Ihnen ein starres Nein entgegensetzen. Was Sie vorschlagen, wäre ein Rückfall in die Zeit des wildesten Götzendienstes und magischer Abgötterei. Das hieße, den Antichrist als gleichberechtigten Faktor wie den Christus anzuerkennen.»

«Das heißt», warf der Schwarzhaarige ein, «die Kirche wird ihrer eigenen magischen Tradition untreu. Seit etwa über zweihundert Jahren gibt es keine wundertätigen Heiligen mehr. Dadurch, daß die Kirche den Zusammenhang mit okkulten Kräften seit Jahrzehnten planmäßig leugnet, ist sie eine rein äußerliche Institution ohne tiefere Verbindlichkeit geworden. Es scheint, daß sie sich ihres magischen Ursprungs schämt, und so löst sie sich allmählich auf. Die Angst vor der Aufklärung ist ihr so stark in Haupt und Glieder gefahren, daß sie, um vor den Rationalisten bestehen zu können und vor ihnen nicht lächerlich zu werden, all das leugnet, was sie in früheren Zeiten groß gemacht hat. Sie ist so aufgeklärt geworden, daß sie gar nicht bemerkt, daß wir am Beginn eines neuen magischen Zeitalters stehen.»

«Sie bemerken doch», lächelte d'Arnoult, «daß Sie sich in einem Widerspruch gefangen haben. Einmal leugnen Sie das Interesse der Kirche an magischen Dingen, dann wiederum muten Sie ihr okkultistische Absichten zu. Wie dem auch sei, ich kann auf Ihren Vorschlag der Teilung nicht eingehen.»

«Sie sind ein Starrkopf, d'Arnoult», versetzte Ephrem, «so kann es uns widerfahren, daß Lascari in seiner unsinnigen Leidenschaft den kostbaren Schatz irgendwie verschleudert und wir beide das Nachsehen haben. Dieser junge Mann ist imstande, auf einen Wink von Mafalda den Lapis ins Meer zu werfen.»

«Besser so, als daß nur ein Stäubchen davon in Ihre Hände kommt. Denn die Kirche bedarf nicht des Steines, der Papst ist der Grundstein, auf den Christus sie gebaut hat. Die Anhänger des

Baphomet müssen ihn aber haben, sofern sie nicht in leerer Symbolik bleiben wollen.»

Ephrem biß sich ärgerlich auf die Lippen und blickte zu Lascari hinüber, dessen Hand gerade liebkosend über den nackten Arm Margheritas fuhr, und sein Antlitz hellte sich auf. D'Arnoult hatte es bemerkt, ohne mit der Wimper zu zucken, und sagte zu Ephrem: «Ich glaube kaum, daß Vincente dieser plumpen Versuchung erliegen wird. Wenn es der Frau Barduzzi damals in Florenz nicht gelungen ist, etwas von ihm zu erpressen, wird es heute noch weniger der Fall sein. Er weiß bereits Liebe von Erotik zu unterscheiden und ich glaube, daß ihm die Situation jetzt mehr Spiel ist als der Dame.»

Margherita hatte den Samtvorhang der Loge halb zugezogen und d'Arnoult konnte nur noch sehen, wie die Hände des Jünglings den Körper der Frau immer stürmischer liebkosten. Die Musik begann immer feuriger und aufreizender zu spielen, und d'Arnoult fing an, um Lascari zu bangen. Eine eigentümlich schwüle Atmosphäre zitterte in wollüstigen Wellen durch den ganzen Saal, aus all den halbverschlossenen Nischen und Logen klangen orgiastisch ausbrechende Schreie und unzüchtiges Jauchzen. Vincente schien verloren zu sein; wenn nicht ein Wunder geschah, konnte er dem Baphomet nicht entgehen.

Schon lange hörte der Chevalier die Worte Ephrems nicht mehr, die ihm von dem Verfall und den Sünden der Kirche erzählten. Er warf sich vor, daß er die Standhaftigkeit Lascaris überschätzt habe; statt ihn eindringlich vor Margherita zu warnen, hatte er diese Zusammenkunft geradezu begünstigt. Und Ephrem brüstete sich mit seinem gewissen Sieg und erzählte von der geheimen Weltmacht des Baphomet: wie das Zeichen des Bockes das Kreuz allmählich verdrängen werde, wie der Kult der Templer, die Neubelebung der alten Bundeslade und das Brennen des siebenarmigen Leuchters das Licht der Alchimie wieder aufleuchten lassen würden; daß das messianische Zeitalter gekommen sei.

Da ertönte inmitten der jubelnden Musik ein plötzlicher Schrei. Lascari war aus der Loge herausgestürzt, und seine stieren Blicke suchten d'Arnoult. Sein Oberkörper war halb entblößt, aus einer kleinen Wunde am Hals rieselte ein roter Blutfaden. Rasch hatte er d'Arnoults Hand erfaßt und bat mit flehender Stimme: «Um Gottes Willen, helfen Sie mir, Monsignore! Kommen Sie schnell, ich vergehe! O Gott, was habe ich getan!»

Ohne ihn weiter zu fragen, führte ihn der Chevalier durch den Schwarm der ihn bestürzt umringenden Menge, nicht auf die Rufe Ephrems und Brettignys achtend. Mit der andern Hand faßte d'Arnoult seinen Browning, den er zur Sicherheit immer mit sich trug. Aber zu seiner Überraschung fand er keinen Widerstand, man ließ ihn unbehelligt abziehen.

Über den Dächern der engen Gasse flammten in sanfter Glut unzählige Sterne. Ein kühler Nachtwind strich durch das Haar der langsam Schreitenden. Beim Schein einer Straßenlampe sah d'Arnoult nach der noch immer ein wenig blutenden Wunde und bemerkte an ihrem Rand den Eindruck von kleinen, spitzen Zähnen. Lascari fuhr zuweilen wie vom Schüttelfrost gepackt zusammen, und seine Schritte zogen sich langsam über das holprige Pflaster. Mit klugem Takt vermied es der Chevalier, den beschämt Leidenden mit Fragen zu überfallen. Langsam waren sie bei St. Agricol angelangt, wo im Düster der Pfeiler noch eine verschlafene Droschke stand. Kutscher und Pferd mußten erst geweckt werden, d'Arnoult nannte seine Adresse, und lärmend rumpelte das Gefährt durch die hohl widerhallenden Gassen. Als der Wagen anlangte, war Vincente so schwach geworden, daß ihn d'Arnoult mit Hilfe des Kutschers über die Treppen in die Wohnung tragen mußte.

Der Chevalier entkleidete den halb Bewußtlosen und bemerkte an seinem Körper die schwere Elfenbeinkugel und das Kristallfläschchen. Der Kutscher wurde entlohnt, und d'Arnoult wusch die kleine Wunde antiseptisch aus. Der Blutverlust war trotz allem gering gewesen, der Schmerz konnte nicht besonders stark gewesen sein. Was hatte den kräftigen jungen Mann so niedergeworfen?

Vincente hatte sein Gesicht in das Kissen gegraben, ein schluchzendes Zucken durchfuhr seinen Körper. D'Arnoult setzte sich an das Bett des Kranken und faßte seine Hand. «Vincente, vergessen Sie, daß ich Sie gewarnt habe. Ich will nur Priester sein, erleichtern Sie Ihr Gewissen, vielleicht kann ich Ihnen helfen.»

«O Gott, es ist zu schändlich, ich kann nicht begreifen, daß ich so gemein handeln konnte», stöhnte Vincente.

«Zu welchen Plänen wollte Frau Margherita sie verleiten?»

«Gilda ist mit ihr im Bunde ebenso wie Carlotta, das Mädchen aus Rifredi. Erlassen Sie mir die Worte.»

«Sie müssen mir alles sagen, junger Freund! Haben Sie keine Scheu vor mir!»

Und Lascari gestand. «Es war mir, als ob mich ein elektrischer Strom durchflösse, als ich die Frau berührte. Ein wollüstiges Grauen trieb mich zu ihr, das mich ebenso verlockte, ihm zu widerstehen als zu unterliegen. Ehe ich begriff, was geschah, war ich in der Ekstase eines Rausches, wie ich ihn bisher noch niemals gekannt. Ich hatte den Eindruck, als ob gleichzeitig drei Vampire von meinem Ich Besitz ergriffen hätten: Carlotta von meiner Sinnlichkeit, Gilda von meinem schlagenden Blut und –»

«Genug, ich weiß alles, es war die alte Einweihung in den Kult des Baphomet, aus Elixier, Blut und dem Lapis. Ohne daß Sie es wußten, wurden Sie dem Baphomet als Opfer geweiht.»

«Oh!» stöhnte der Fiebernde auf, «ich fürchte, daß es so ist! Gilda brachte mir die wollüstige Bißwunde bei und Margherita nahm aus der Kapsel einige Stäubchen, die sie mit einem Tropfen des Elixiers in das Weinglas warf. Und dann tranken wir unter blasphemischen Worten davon. Ich war von einer Phrenesie ergriffen, die schon wirklicher Wahnsinn war. Der durch die drei Grundstoffe der Welt gewürzte Wein floß wie ein Lavastrom durch meine Adern. Und ich schwur ab mein Seelenheil und fluchte dem Heiland und seinen Dienern, und immer wilder wurde die Lust, das Herz drohte in grauenvoller Weise zu zerspringen. –

Und dann kam das Grauenvolle, Unbeschreibliche: aus dem Hintergrund der Loge, aus dem dunklen Samt hervor, wurde im Ungewissen eine Erscheinung sichtbar, ein flutendes Ungewisses, das allmählich Gestalt annahm. Aus den schimmernden fahlen Streifen formte sich etwas, das sich bald wie die Umrisse eines menschlichen Hauptes gestaltete. Die Frauen waren vor Grauen ebenso erstarrt wie ich. Gilda sank mit einem Stöhnen ohnmächtig zusammen, Carlotta bat mich mit fassungslosen Worten um Verzeihung, und Margherita brach in krampfhaftes Weinen aus. Ich wollte dem entsetzlichen Anblick entrinnen, aber wie von magnetischer Kraft getrieben, mußte ich die Augen auf das flimmernde Haupt richten. Nun hatten sich die Gesichtszüge vollends gebildet, ein bärtiges Antlitz leuchtete mir gegenüber, unsäglich traurig und ernst, mit rot phosphoreszierenden Augen. Auf der blassen Stirn war ein Pentagramm mit der Spitze nach unten mit schwarzen Strichen gezeichnet. Und je länger ich hinsah, desto deutlicher gewahrte ich, wie hinter der buschigen Stirn zwei Hörner wie die eines Steinbockes hervorwuchsen. Und nun wußte ich, daß es der

Baphomet war, der auf sein neues Opfer herabsah. Ich fand gerade noch genug Kraft, um davonzustürzen. O Gott, diesen gräßlichen Blicken werde ich niemals entrinnen!»

D'Arnoult hatte atemlos zugehört. Die Templer hatten mit einer Kraft gegen Lascari gearbeitet, vor deren Entsetzlichkeit ihn lähmendes Grauen befiel. Um ihre Pläne zu verwirklichen, hatten sie ihr Opfer dreifach durch Elixier, Blut und Stein dem Bocksgott geweiht und nach den stärksten Höllenzwängen ihm untertan gemacht. Nun war nach Mafalda auch Vincente dem Baphomet untertänig gemacht worden!

Aber noch war nicht alles verloren. Vincente besaß noch den Lapis und durch seine Kräfte mußte es möglich sein, den Zwang des Baphomet zu brechen.

Er sah auf den Kranken. Vincente schlief; d'Arnoult nahm die Elfenbeinkugel in die Hand und wog sie bedächtig. Behutsam öffnete er die Kapsel und roch an dem fettigen Staub. Er konnte der Versuchung nicht widerstehen, das Pulver mit der Spitze des Zeigefingers und des Daumens anzufassen und langsam niederrieseln zu lassen. Er kannte die Bedeutung dieses von Abertausenden vergeblich gesuchten Schatzes, nach dessen Gewinnung die größten Geister aller Zeiten gestrebt hatten. Dieser Lapis in seiner Hand war der letzte Rest aus einer Zeit, von deren Innerlichkeit und Größe wir uns gar keine Vorstellung mehr machen können. Von diesem gewichtigen Ding da in seiner Hand konnte eine Umgestaltung des ganzen Weltbildes erfolgen, die von Gott abgefallene Welt wieder zu Christus zurückgeführt werden!

Entschlossen schraubte er die Kapsel zu; Vincente lag in tiefem Schlaf. Bevor er erwachte, konnte er jenseits der Landesgrenze sein. Es ist kein Raub; denn alles Überirdische ist Eigentum der Kirche, es kehrt zum Ursprung zurück, dem es entstammt.

Schon hatte er die Türklinke in der Hand, da stockte sein Fuß: es ist Diebstahl, rief ihm das Gewissen zu. Auch der edelste Zweck kann das unredliche Mittel nicht heiligen. Es war ihm, als er in einen finsteren Abgrund blickte: bringt die bloße Berührung des Lapis Versuchung und Sünde? Ist denn der Stein nicht aus den göttlichen Kräften der Natur gezeugt und geboren, und doch wäre seine Wirkung so unheimlich dunkel? Muß nicht alles Geistige, wenn es irdische Gestalt annimmt, zur Sünde werden? Wer kann da lösen und binden? Erst jenseits der irdischen Alchimie beginnt die Geist-Alchimie als theurgische, überweltliche Kraft.

Langsam legte er die Elfenbeinkugel dem Schlafenden auf die Brust und machte sich auf, um Mafalda aufzusuchen.

Kein Tal der Erde bietet soviel Reize und Entzückungen wie Vaucluse. Die Fjelle des Nordlands, die stillen Täler der Schweiz und Tirols, die Klausen am Südabhang der Alpen, in welche mit üppigen Südlandsträumen die heiße Luft Italiens eindringt und sich an grünschimmernden Firnen bricht; Umbriens rebenumflochtene Talmulden, durch das Andenken an den heiligen Franz geweiht: nirgends sind Himmel, Erde und Wasser so völlig zur Einheit geworden wie hier.

Und nirgends strömt ein Fluß so berauscht von Licht und Luft durch den satten Teich der Wiesen und bunt schimmernden Gärten wie die Sorgue. Die klaren, frischen Fluten, von Petrarca in einer herrlichen Kanzone besungen, funkeln silbergrün, transparent leuchtend wie die Wasser sagenhafter Grotten.

Nach Vaucluse hatte sich Vincente nach seiner Genesung zurückgezogen. Nicht als unglücklich schmachtender Liebender oder in düsterer Schwermut sich adelig berauschend, sondern wie einer, der die Nähe seines sicheren Todes vor Augen sieht und den Rest seiner Tage zur Sammlung und inneren Reinigung benützt. Wie einer, der bald Abschied nehmen muß, ließ er die Natur auf sich wirken, die wohl elegisch stimmt, aber doch das Gefühl einer heroischen Größe ahnen läßt, die nach jeder tragischen Entspannung die Seele unendlich weitet und mit einem tiefen Glücksgefühl erfüllt.

Vincente wohnte in einem unscheinbaren Gasthof am Fluß. An den Mauern des Hauses brachen sich die flüchtigen Wellen der Sorgue, und der Widerschein des sich spiegelnden Wassers warf wechselnde Reflexe in sein Zimmer.

Stundenlang schweifte er über die schattigen Abhänge der waldigen Hügel im pfadlosen Gebiet, belauschte das Wild in seinen Lagern, hörte dem Gesang der Waldvögel zu oder lag mit offenen Augen im saftigen Grün und sah die Wolken hoch oben mit eilenden Schwingen vorüberziehen. Oder er fand sein Vergnügen daran, am Ufer der Sorgue im Halbtraum zu liegen, hoch oben, wo das Tal sich verengt und die schäumenden Wasser zwischen steilen Felswänden donnern, und blickte in die eilenden Fluten, in denen Forellen wie schlanke Blitze kreuzten. Erst jetzt verstand er die Sprache der Natur, wurde Freund von Bäumen und Blumen, an denen golden summende Immen sogen, und täglich erschlossen sich ihm neue Wunder. Und bei allem war es keine romantische Schwärmerei, die seine Gefühle steigerte, sondern ein kräftiges, gesundes Mitverstehen und Miterleben, das seine Adern mit starker Lebenskraft erfüllte.

So vergingen ihm im Gleiten der schönen Stunden unbemerkt die Tage, die fahlen Wangen hatten sich gebräunt, in den Augen spiegelte sich neuer, ruhiger Glanz. Das Ungesunde, Drängende seines Blutes hatte sich gemildert, und seine Seele war zu einem Teil des sonnigen Himmels, der würzigen Wälder und der durchsichtigen Wasser geworden.

Schon begann das Laub der Bäume sich matt zu entfärben und den feuchten Moosen Verwesungsgeruch zu entsteigen, als Vincente im goldenen Licht der niedersteigenden Sonne einmal heimwärts ging, eine pfeifende Weidengerte in der Hand. Der Weg senkte sich durch ein abgeschattetes Seitental, in den Kronen der dichtgedrängten Laubbäume war das Licht bereits erloschen. Die Dämmerung gab den glatten Stämmen der Buchen und Eichen ein drohendes Aussehen und ließ sie in die Unendlichkeit emporwachsen. Es war still wie in einem Dom, wenn die Glasfenster im letzten Widerschein der Sonne erstarben.

Lascari trat in eine Lichtung ein, die im diffusen Licht der matten Wolkensäume schwamm. Schon lag auf dem feuchten Lattich des Wegraines Tau im matten Überflug, schon zogen Fledermäuse ihren Zickzackzug durch die abgekühlte Luft.

Auf einmal schrak er zusammen, als ob er auf ein giftiges Reptil getreten wäre. Sein Herz schlug in Angst qualvoll, stockend. Er wollte seinen Augen nicht trauen und doch mußte er sich die Wirklichkeit des Geschehenen zugestehen. Er blieb stehen und faßte mit einer Hand einen nahen Ast. Er sah hin, wie verzaubert: er sah dort, keine dreißig Schritte von sich entfernt, seine eigene Gestalt, sich selbst. Nicht eine trügerische Übereinstimmung von Äußerlichem, sondern in Wirklichkeit sein Selbst, mit einem Grauen, wie man es nur in Alpträumen empfindet, und sein Instinkt sagte ihm, daß das Schreckbild kein Traum sein konnte. Sein Doppelgänger stand ruhig da, in ähnlicher Stellung wie Lascari. Dieser streckte die Hände in unwillkürlicher Abwehrbewegung von sich weit aus und wollte schreien, aber der Schrei blieb in seiner Kehle stecken. Der Doppelgänger wandte ihm langsam sein Gesicht zu, und Lascari sah ihm deutlich in die

Augen. Und Vincente erschrak wie noch nie im Leben: es waren dies die Augen des baphometischen Kopfes, die er damals in Gesellschaft von Margherita, Gilda und Carlotta gesehen hatte, Augen voll des tiefsten Schmerzes, unsäglich traurig und doch leuchtend in luziferischer Begeisterung. Und diese Augen bohrten sich in die Pupillen Lascaris, ihn lockend, faszinierend und doch voll geheimer Warnung, Blicke voll liebender Anziehung und süßen, unerklärlichen Schauerns. Lascari glaubte in die Tiefen seiner Seele zu schauen, in Tiefen, die er bisher noch niemals geahnt hatte. Verzehrendes Grauen – sowie der Abgrund, der uns verschlingt, uns anzieht, wie jede Gefahr mit magnetischer Kraft uns zum Tode begeistert – zwang ihn zu langsamen Schritten gegen sein sichtbar gewordenes Gegen-Ich. Und immer gieriger wurden die Augen des Doppelgängers, der die Arme langsam hob, einladend zu befehligender Umarmung.

Knapp einen Schritt vor dem Phantom blieb Vincente stehen. Das Wesen hatte sich nicht gerührt, nur in die Augen war ein unheimliches Phosphoreszieren gekommen. Und Vincente hielt entschlossen inne: wenn er soweit gegen die Gestalt vorangegangen war, mußte das Gegenüber den letzten, entscheidenden Schritt tun. Aber das Wesen blieb unbeweglich.

Lascaris kritischer Sinn war zugleich mit einer jähen Tollkühnheit erwacht, die gleichzeitig Befreiung um jeden Preis war. Er tastete mit ruhig gewordenen Händen den Körper des Doppelgängers ab, der kalt und hart wie ein Stein war. In plötzlicher Eingebung – man kann sich später keine Rechenschaft ablegen, wieso sie gekommen ist, obwohl man die untrügliche Gewißheit hat, daß es so kommen mußte – wußte er, daß es nur von ihm abhing, sie anzuerkennen oder abzulehnen. Denn was immer die Welt uns darbietet, ist nichts, solange wir das Angebotene nicht annehmen. Das da vor ihm, das war der frühere Lascari, der an den Dämon Verklammerte, der an Mafalda noch sehnsüchtig Verzweifelnde. Wenn er das Phantom nicht niederrang, so war er verloren und sein Reinigungsweg in die Einsamkeit umsonst. Umsonst auch die Hoffnung, die Geliebte wiederzugewinnen, umsonst auch sein Glaube an das göttliche Gesetz.

Blitzartig durchleuchtete es ihn. Mit einem Aufschwung, der sich seiner Tragweite bewußt war, faßte er alle seine inneren Kräfte zusammen und sagte: «Ich will, und du bist nicht!»

Und plötzlich war die Halluzination verschwunden, und seine

Hände tasteten in die leere Luft. Da erst packte ihn das Grauen vor der Wirklichkeit seiner selbst, die größer als alles Wunderbare ist, und auf die Überspannung seiner Nerven folgte ein Zusammenbruch der ihrer Leistung entsprach. Ohnmächtig sank er hin in das weiche Gras.

Als er am anderen Morgen erwachte, fand er sich in einer Hecke eingeschlafen, umgeben von blutroten Heckenrosen. Zwei weiße Tauben hatten ihr Nest zu seinen Häupten und blickten ihn zutraulich an. Zwischen den Rosen lugten die taufrischen Kelche schlanker Lilien hervor. Ein kühler, erquickender Duft stieg aus dem Tal empor, Lascaris Brust atmete in vollen Zügen die Labe des Himmels, und die Sonne leuchtete wie ein Wunder, als ob er es zum ersten Male erleben würde.

Neugeboren sprang er auf. Er war nun entschlossen, nach Avignon in den Kreis der Templer zu gehen, um den Kampf mit Baphomet Aug' in Auge auszufechten und die Geliebte ihm abzugewinnen.

SECHSTES KAPITEL

Der Professor war nach dem Abendbrot und hatte gerade seine lange Pfeife in Brand gesetzt, als Mafalda Rossi eintrat. Er war nicht wenig erstaunt, das Mädchen vor sich zu sehen, erriet aber aus den hilfeflehenden Augen der noch ganz Atemlosen den Sinn ihrer plötzlichen Ankunft.

Mafalda nahm den angebotenen Sitz an und ließ sich eine Schale stark duftenden Kaffees einschenken. Der Kater Caracalla kam zutraulich näher und sprang ihr mit einem Satz auf den Schoß, wo er sich schnurrend niederließ und mit den Augen zufrieden blinzelte. Mafalda fuhr streichelnd dem feisten Tier über das Fell und sagte zu dem Professor: «Merkwürdig, daß alle Tiere sofort Zutrauen zu mir haben. Wir hatten zu Hause einmal einen Hengst, der niemandem folgen wollte als mir. Und als einmal ein Ziegenbock wild wurde, den Hirten mit den Hörnern verletzte und alle, die sich ihm nahten, bedrohte, gelang es mir in einigen Augenblicken, das störrische Tier durch schmeichelnde Worte zu beruhigen. – Mit den Menschen scheine ich weniger Glück zu haben», fügte sie nach einer Pause hinzu.

«Sie sollten sich einmal selbst beobachten, weshalb es so ist. Da ist zum Beispiel der gute Lascari, den Sie so barsch von sich gewiesen haben.»

«Ich bitte Sie, Herr Professor, reden Sie nicht von ihm. Mir tut der junge Mann leid, aber ich konnte nicht anders. Und wenn ich nochmals in die gleiche Lage käme wie damals, würde ich nicht anders handeln. Ich will nichts mehr von ihm hören!»

«Fräulein Rossi, belügen Sie sich nicht! Sie haben ihm schon längst vergeben, und Ihr Herz liebt ihn stärker als jemals. Warum erfindet Ihr Gewissen immer neue Ausflüchte, um sich die Liebe nicht eingestehen zu müssen? Es ist doch nur Hochmut und Trotz, der Sie davon abhält, ihm liebend, verzeihend an die Brust zu sinken.»

Mafaldas Gesicht überflog rotes Feuer der Beschämung. Und in ihrer beherrschten Stimme vibrierte etwas, was sie nicht kannte und sie unsicher machte: «Ich will es weder leugnen noch zugestehen. Ich weiß nicht, ob ich ihn liebe oder hasse. Ich weiß nur, daß ich namenlos unglücklich bin und daß er die Ursache meines Elends ist. Und ich bin allein in meinem Gram. Meine Mutter ist gestorben, ich komme von ihrem Begräbnis. Ich habe den Gespielen meiner Jugend, der mich zu seiner Frau begehrte, abgewiesen. Gilda hat mich verraten. Der Trost der Kirche, die Zuflucht in einem stillen Kloster, ist mir durch meine frühern Erlebnisse verhaßt. Meine Erinnerung, mein Blut, mein ganzes Ich ist wie vergiftet. Ich möchte manchmal laut aufschreien vor Angst und vor Einsamkeit! Ein Ende, ein Ende! Ich ertrage es nicht länger!» brach es aus ihr verzweifelt hervor.

Bolza war aufgestanden und legte ihr sacht die Hand auf das Haar. «Armes Kind, armes Mädchen! Sie haben viel erduldet. Aber fühlen Sie nicht selbst, daß etwas in Ihnen ist, das Sie bisher von einem verzweifelten Schritt abgehalten hat? Ist es nicht ein leises Winken der Gnade und der Hoffnung, die Ihnen die Gewißheit geben, daß diese Prüfung vorübergehen wird?»

Das Zimmer war nun völlig finster geworden, man hörte nichts als das Ticken der Wanduhr. Ein stumpfer, dunkelvioletter Mattglanz lag auf allen Dingen der Stube, und die Augen des Mädchens glommen von innerer Glut. Sie sagte, fast ohne daß sich die Lippen bewegten, mit tonlosem Laut: «Sie haben es gefühlt. In den Stunden der ärgsten Verzweiflung, wenn ich die Hände gegen den zerspringenden Schädel preßte, war es mir oft, als ob irgendeine Wesenheit mir zur Seite stünde. Und plötzlich – ich weiß nicht, wieso es kam – überwallte mich ein Glücksgefühl wie damals, als ich mit Vincente das erstemal zusammengekommen war. Alles wurde mit einem Male durchsichtig, ich verstand und verzieh alles. Und alles war wie ein Traum und ich fühlte mich glücklich und frei, bis auf einmal wieder die alte Plage kam und mich zu Boden warf. Was soll ich tun, wie entrinne ich diesem Wechsel der Gefühle?»

«Kind, nun wird alles besser werden. Sie haben das Schlimmste überstanden. Vincente liebt Sie stärker als je. Sprechen Sie sich mit ihm aus! Alles waren ja nur Mißverständnisse. Sie werden mit ihm glücklich werden.»

«Zu spät!» sprach sie und senkte das Haupt. «Er liebt mich nicht mehr. Frau Margherita Barduzzi ist bei ihm in Avignon, und er ist ihr verfallen. Sie ist schön und klug. Mich hat er vergessen. Es ist aus.»

«Er wird zu Ihnen zurückfinden! Es ist nur eine vorübergehende Sinnlichkeit. Die Barduzzi ist im Dienste der Templer. Sobald er ihre Pläne durchschaut hat, wird er sie angewidert zurückstoßen und reuig zu Ihnen zurückkehren. Er ist ja so jung und unerfahren. Wenn er weiß, daß Sie in seiner Nähe sind –»

Sie fuhr auf, ihn unterbrechend: «Ich ihm nachfahren! Niemals! Über einen Monat lang war er mit mir in der gleichen Stadt, und er hat nicht meine Nähe gefühlt. Er hat mich vergessen. Es ist töricht, daran zu denken.»

«Sie müssen Einsicht und Mitleid mit ihm haben. Die Verwirrung seines Herzens hat ihm die Herrschaft über sich selbst geraubt. Dazu kommt noch, daß er in den Bannkreis der Templer geraten ist, die einen unheilvollen Einfluß auf ihn gewonnen haben, ohne daß er es weiß. Frau Margherita Barduzzi ist das Werkzeug Ephrems. Sie hat ihn auf dessen Geheiß durch einen Blutzauber an sich gefesselt, aber schon entrinnt er der Gefahr. Denn ihm zur Seite steht der wackere Monsignore d'Arnoult, der ihn vor dem Schlimmsten bewahrt hat.»

«Ich kann nicht verstehen, warum Vincente die unheilvolle Elfenbeinkugel nicht schon längst von sich geworfen hat», sprach Mafalda.

«Weil sie ihm das Unterpfand Ihrer Liebe ist. Durch den Lapis hat er Sie verscherzt, durch ihn allein hofft er Sie wiederzugewinnen. Sie, Mafalda Rossi, sind das Streitobjekt und der Mittelpunkt der Kämpfe zwischen dem Guten und dem Bösen. Sie zu verwirren und ratlos zu machen, ist den Templern geglückt. Je mehr Sie der Stimme ihres Herzens trotzen, desto sicherer ist der Triumph des Baphomet.»

«Hören Sie auf mit diesem schrecklichen Namen! Ich will nichts von ihm, nichts von der Kirche hören! Ich will nichts anderes als Mensch, als Liebende und Geliebte sein! Warum hat mich die Kirche Christi nicht aus dieser Qual befreit, warum erniedrigt sie mich dadurch, daß sie in mir nur den Gegenstand ihres Interesses sieht?»

«So halten Sie sich für ein unschuldiges Opfer, Mafalda? Haben Sie noch nicht darüber nachgedacht, daß Ihr eigener Trotz Sie immer mehr in die Verblendung hineingetrieben hat? Überlegen Sie doch in aller Ruhe, Kind! Ein junger Mann sieht Sie, liebt Sie, wirbt um Ihre Liebe. Auch Sie lieben ihn, gestehen Sie es nur ein! Seine erste Aufgabe ist es, Sie aus dem Kloster in die Welt zurückzuführen, doch das kleine Mädchen schmollt, weil es sich in romantischer Verstiegenheit beleidigt fühlt. Und warum denn? Was hätte der arme Vincente denn tun sollen? Etwa Sie entführen? In Ihrer Überempfindlichkeit bildeten Sie sich ein, daß er den Reichtum Ihnen vorgezogen hätte. Wer zu großer Liebe affektiert, läuft Gefahr, das natürliche Liebesgefühl zu verlieren», sagte der Professor und zerkrümelte die Kuchenrinde über dem Aquarium, in dem die Fische nach den Brocken plätschernd schnappten.

«Das habe ich mir schon hundertmal und mit härteren Worten gesagt, aber trotz aller besserer Einsicht mußte ich so handeln. In mir ist etwas Rebellisches, das sich nicht bändigen läßt, und trotz aller Qualen ist es herrlich, das zu zerstören, was man anbetet und liebt!» Ihre hocherhobenen Hände leuchteten wie ein Feuerzeichen flackernd auf.

«So wie Sie muß Luzifer gesprochen haben, als er gegen Gott revoltierte.» Und nach einer Pause setzte er mit anderer Stimme fort: «Merkwürdig, wie Ihr Baphometerlebnis parallel mit dem Schicksal Vincentes geht.»

«Ich und Baphomet? Ich will nichts mehr von ihm wissen! Was ich bin, soll mir allein angehören!» begehrte sie auf.

«Es ist der mythische Bock. Auch die alten Griechen wußten von ihm, dem Zeichen der Auflehnung, Empörung, aber auch der grenzenlosen Trauer. Und doch geschieht alles Große, das die Menschheit weiterführt, durch ihn. Das unseligste Zeichen ist

Begleiter des freiesten und heitersten Gottes, des Dionysos. Zu Ehren des Göttlichen muß das Ungöttliche, Unfreie geopfert werden, der Bock, der Tragos: das ist der Sinn des kultischen Vorspiels. Dann aber beginnt in der irdischen Sphäre das eigentliche Spiel, die Tragoidia. Opfern Sie den mythischen Bock, versöhnen Sie den heiteren Dionysos, und alles, was folgt, wird nur ein Spiel, ein Gleichnis sein.»

«Vergessen Sie nicht, Herr Professor, daß Sie zu einem ungebildeten Mädchen sprechen. Ich verstehe nichts von den gelehrten Anspielungen. Aber ich weiß nun, daß auch Sie mir nicht helfen können. Nun weiß ich, was ich tun muß», sprach sie und stand auf.

«Was wollen Sie tun?» fragte er.

«Ich gehe nach Avignon. Ich wich ihm bisher aus, jetzt will ich ihn suchen. Er soll mir Rede stehen! Ich bin zu allem entschlossen. – Leben Sie wohl!»

Bolza wollte sie nicht zurückhalten, verabschiedete sich von ihr und geleitete sie bis ans Haustor. Sie verschwand in der Richtung gegen den Bahnhof.

Der Professor setzte sich auf den Balkon und sog die kühle Abendluft in vollen Zügen ein, die in weichen Brisen heranwehte. «Ein prächtiges Weib!» sann er ihr nach, «eine Mänade in ihrer Trunkenheit, ganz dionysisch. Eines der rasenden Weiber, die den Orpheus zerfleischten. Sie wäre imstande, eine Welt in Brand zu setzen und lächelnd zuzuschauen. Ein Bauernmädchen! Hat sich eine antike Bacchantin in unsere Zeit verirrt?» So sann er summend vor sich hin, und sein Ohr lauschte den Klängen der Nacht, die der Wind ihm abgerissen zutrug: dem fernen Rollen eines Wagens, dem Ruf der Zeitungsverkäufer, dem Klingeln der Elektrischen, dem Heulen eines Hundes, den man irgendwo im Zimmer eingesperrt hatte. Und alles stand in einem Zusammenhang miteinander, eines ergänzte das andere, ergab Beziehung und Verständnis. Und nur der sich Verschließende, der gegen den Zusammenhang Revoltierende weiß nichts davon. Wie elend war doch das Mädchen! Es reute ihn, daß er nicht liebevoller zu ihr gesprochen hatte.

Mitten aus seinen Gewissensbissen schreckte ihn das Schrillen der elektrischen Hausglocke. Wer wollte ihn noch so spät am Abend besuchen?

Er nahm den Haustorschlüssel, stieg die Treppe hinunter und

öffnete. Ein Telegraphenbote überreichte ihm eine Depesche, die er schnell erbrach. Und er las: «Leftini nach Florenz zurückgekehrt.» Der Aufgabeort Avignon sagte ihm, daß diese Nachricht als Warnung von d'Arnoult komme.

Was war mit dem Griechen indessen geschehen? Seine verdächtige Neutralität ließ diese Gestalt noch ungewisser erscheinen. Es hieß, daß er sich zuerst zu dem Rabbi Mordechai nach Neapel und dann mit ihm in seine Heimat, nach Cypern, begeben habe, um dort gemeinsam mit dem Kabbalisten das Lebenselixier herzustellen. War dieser Versuch geglückt? Weshalb trieb es Leftini nach Florenz zurück? Drohte eine neue Gefahr?

Diese Gedanken beunruhigten sein Gemüt und machten ihn zur Arbeit an seinem Studiertisch unfähig. Die laue Nacht lockte ihn hinaus, sich in der kühlenden Brise zu erfrischen. So nahm er Hut und Spazierstock und ging auf die Straße. Den ganzen Tag über hatte er über seinen Büchern gesessen; obwohl er keine Müdigkeit verspürte, tat ihm die körperliche Bewegung wohl. Er pfiff ein Lied vor sich hin, den Hut in der Hand, und turnte über das aufgerissene Pflaster am Lungarno. Planlos strich er über den Fluß, und ohne Absicht war er zum Kloster Santa Teresa gekommen. Und er erinnerte sich der wilden Geschehnisse, die sich hier abgespielt hatten. Der neue Spiritual, mit dem er befreundet war, hatte es mit großem Geschick verstanden, alle Spuren der unrühmlichen Vergangenheit auszurotten und dem Kloster seinen Frieden zurückzugeben.

Pater Anselmo, ein junger Priester mit schülerhaftem Gesicht und treuherzigen Augen, begrüßte mit strahlender Herzlichkeit den Eintretenden. «Da lesen Sie das Telegramm!» überreichte ihm Bolza die Depesche. «Ja», sagte Pater Anselmo, «ich habe Leftini gestern gesehen. Er ist in Begleitung eines Juden, wahrscheinlich des Rabbiners Mordechai, von dem Sie mir erzählt haben.»

«Das ist höchst interessant. Bitte, erzählen Sie!»

«Wie Sie wissen, wurde nach dem Tode Taddos ein neuer Totengräber angestellt, ein harmloser Alter, der schwerhörig und halb blind ist. Vorige Woche beschwerte er sich, daß er in seinem Zimmer nicht schlafen könne. Jedesmal erhebe sich gegen Mitternacht ein rätselhaftes Getöse in seinem Zimmer, die Küchengeräte flögen in der Luft herum, das Bett hüpfe, am Boden trapple es wie von hundert Hufen, kurz, das Zimmer sei verhext. Deshalb ging ich vorgestern in der Nacht zu ihm, um den Spuk zu exorzisieren.

Als ich in die Stube eintrat, flog mir eine Rübe an den Kopf, die Töpfe auf dem Herd tanzten von selbst und vollführten einen Höllenspetakel. Ich ließ mich nicht sonderlich verblüffen und begann die Beschwörung der Elementargeister, worauf mit einem Schlag der ganze Schabernack aufhörte. Da öffnete sich die Tür und – raten Sie, wer? – Leftini trat mit dem Rabbiner ein. Es hatte sich herumgesprochen, daß es im Zimmer des Totengräbers spuke, und um diese Phänomene zu studieren, sei er mit seinem Freund hergekommen. Leftini machte auf mich einen sehr günstigen Eindruck, ich kann nicht glauben, daß er ein Bösewicht ist.»

«Ich will mich jedes Urteils enthalten. – Wissen Sie, wo er wohnt?» fragte der Professor, erstaunt über das Urteil des Pater Anselmo.

«Ja, er gab mir seine Adresse und stellte mir seinen Besuch in Aussicht.»

«Das reizt mich. Könnte man es wagen, ihn noch jetzt aufzusuchen? Würden Sie die Liebenswürdigkeit haben, mit mir zu gehen?»

«Aber selbstverständlich. In der Nacht treffen wir ihn sicher an.»

Sie fuhren über den Arno zur Piazza d'Azeglio, wo aus modernen Zinskasernen schnarrende Töne von Grammophonen quollen. Alle Fenster waren weit offen. Lärmende Trupps halbwüchsiger Jungen spielten auf dem zertrampelten Rasen Fußball. Pater Anselmo kannte sich in diesem Viertel nicht aus und fragte bei einem Melonenverkäufer nach der Via Giordani. Der Mann gab die Richtung an, während er an der unregelmäßig zischenden Karbidlampe herumhantierte.

Man traf den Gesuchten zu Hause an. Leftinis Gesichtsausdruck hatte sich merkwürdig verändert. Der geduckte, lauernde Zug seiner Züge war geschwunden, das Haupthaar gebleicht und der gepflegte Bart schimmerte stahlblau im grünen Licht einer Kipplampe. Bolza erschrak beinahe, als er in die erstorbenen Augen des Griechen sah, in denen unsäglicher Schmerz trauerte. Der Rabbiner legte die Gebetsriemen ab und sah den jungen, unsicher gewordenen Priester mißtrauisch an. «Es ist nicht meine Art», begann der Professor das Gespräch, «Erstaunen über Ihre Rückkehr nach Florenz zu heucheln. Sehen Sie, ein Telegramm aus Avignon hat mich von Ihrer Anwesenheit unterrichtet.» Er reichte ihm die Depesche hin. In Leftinis Gesicht zuckte kein

Muskel. Rabbi Mordechai nahm das Papier, betrachtete es prüfend und legte es ohne ein Wort zurück.

«Ja, ich war in meiner Heimat.» Und barsch wandte Leftini sich an den Priester: «Dürfte ich wissen, was mir die Ehre Ihres Besuchs verschafft?»

«Vor ihm habe ich keine Geheimnisse. Ich glaube, es ist das beste, wenn wir ohne Hintergedanken miteinander reden. Haben Sie mir nichts zu sagen?» fragte Bolza.

«Ich glaube, Sie sind mit einer Frage zu mir gekommen», war Leftinis Antwort. «Aber zuvor sagen Sie mir: Lebt Vincente Lascari?»

«Er lebt im Besitz des Lapis.»

«Ich muß zu ihm. Wo ist er? Noch in Rifredi?»

«Nein, in Avignon», sagte Pater Anselmo.

«Leftini, Sie müssen Seltsames erlebt haben!» sprach Bolza.

«Ich will ein Ende machen!» sagte der Grieche und griff nach seiner Stirn, als ob er einen Gedanken aus seinem Hirn losreißen wollte. «Nicht wahr, jetzt ist es über ein Jahr her, seitdem ich im Bockshaupt die Elfenbeinkugel fand. Und doch kommt es mir lang wie die Ewigkeit vor. Könnte ich alles vergessen! Aber wie soll ich es Ihnen nur erzählen, womit beginnen?»

«Hat der Besitz des Lapis Sie so sehr verändert? Leftini, ich erkenne Sie nicht wieder!»

Das Haupt des Griechen sank herab, gleichwie von einer schweren Last gebeugt. Er suchte einen Ausweg aus der Beklemmnis und lenkte das Gespräch auf den Rabbiner:

«Was Rabbi Mordechai in Neapel bei den Versuchen mit Barduzzis Lapis erlebt hat, ist Ihnen wohl bekannt. Ich habe übrigens den Kranken im Spital besucht; sein Zustand ist unheilbar. Man wird ihn in das Asyl für Irre überführen. Er hat mich nicht erkannt. Der Arzt meinte, daß er den Winter nicht mehr erleben werde. Man wundert sich, daß ihn seine Frau kein einzigesmal besucht hat. Ist sie hier in Florenz?»

«Nein, in Avignon», sagte der Professor.

«Ah, ich verstehe», warf der Rabbi ein. «Und dabei kann ich noch von Glück reden, daß mir, der ich ihm gewissermaßen behilflich war, kein Mißgeschick widerfahren ist. Daß mich der Pöbel beinahe gesteinigt hätte, das rechne ich nicht.»

Eine Pause entstand. Leftini schloß die Fenster, um die Schreie der johlenden Gassenjungen abzudämpfen, und begann: «Alle

Regeln wurden beobachtet, selbst Arnaldus von Villanova oder Philaletha hätten nicht genauer verfahren können. Zur Vorsicht zog ich auch die Traktate des heiligen Thomas von Aquino zu Rate. Die planetarischen Konstellationen wurden streng beobachtet. Das Rituale konnte nicht exakter sein. Ja, es halfen planetarische Intelligenzen am Werk mit – und das ist der Erfolg!» Der Grieche griff in die Tasche seines weiten Samtrockes und stellte ein kleines Kristallfläschchen auf den Tisch, aus dem es grünlich schimmerte wie ein fettiges Licht.

«Was ist das?» fuhr Pater Anselmo zusammen.

«Die Tinctura Physicorum, das Aurum potabile, das Lebenselixier», sprach Leftini.

«Es ist Ihnen geglückt?» rief Bolza aus.

«Nehmen Sie die Flasche in die Hand, doch öffnen Sie sie nicht!» warnte ihn der Rabbi. «Es ist der höchste Schatz, den die Erde trägt, und dennoch wertlos.»

«Ich verstehe Sie nicht, wie meinen Sie das?» fragte Bolza. «Wirklich das Elixier vitae?»

«Ja, es ist es. – Doch hören Sie. Alles, was die alten Adepten darüber berichten, ist gleichzeitig richtig und falsch. So kann ich auch sagen, daß es das Elixier vitae ist, obwohl es das Todeselixier ist. Es verleiht ebenso das Leben wie den Tod.»

«Sie reden in Rätseln!» warf der Priester ein.

«Junger Mann –» doch Leftini unterbrach sich und wandte sich an Bolza. «Erinnern Sie sich an das Schwert des toten Marchese? Gott war es geweiht, und doch ein Werkzeug der Hölle. Mich hat ein ähnliches Schwert getroffen, wenngleich ich noch lebe. Das ist ärger. Ja, nun weiß ich, daß hinter aller Magie erst die eigentliche Magie beginnt, das Reich der kosmischen Kräfte, die auf Erden noch überhaupt nicht in Wirkung getreten sind.»

Und er fuhr fort: «Als wir das Aurum potabile hergestellt hatten in siebenmal sieben Tagen, trank ich nach inbrünstiger Vorbereitung einige Tropfen. Und ihre Wirkung war ganz ungeheuer. Ich fühlte mich in jedem Nerv wie neugeboren. Mein Blut kreiste heiter, als wäre ich ein Jüngling von zwanzig Jahren. Aber gleichzeitig tauchte der bohrende Gedanke auf, daß ich dadurch irgendein Verbrechen begangen habe, das ich nimmermehr würde sühnen können. Statt des erwarteten Glücksgefühls, welch eine Qual! Ja, ich bin freventlich in die Geheimnisse der Natur eingedrungen, und mein Herz war nicht rein. Die Gewissensbisse raubten mir den Schlaf, und das neugewonnene Kraftgefühl machte einem Zustand der Erschöpfung Platz, der sich nicht beschreiben läßt. Endlich glaubte ich eine Erlösung gefunden zu haben: nicht für mich, sondern zur Heilung des Nächsten sollte ich das Elixier verwenden! So zog ich denn mit Rabbi Mordechai quer durch die Insel. Schon am ersten Tag fand ich in einer ärmlichen Hütte einen kranken Hirten, der an einer bösartigen Malaria litt und vom Schüttelfrost gebeutelt wurde. Ich gab ihm drei Tropfen des Elixiers in Wein gemischt – der Kranke trank und schrie auf, von einem neuen Schmerz gepeinigt. Und es war doch dasselbe Elixier, das meine körperlichen Kräfte erneuert hatte! Der Kranke tobte und heulte, daß ein böser Geist in ihn gefahren sei. Das ganze Dorf lief herbei, der Pope kam und exorzisierte den Kranken. Da trat Schaum auf seine Lippen, es riß ihn im Bett herum, daß ihn drei starke Männer kaum halten konnten, und unter fürchterlichen Krämpfen und Verzerrungen gab er seinen Geist auf.

Man nahm eine drohende Haltung gegen uns ein, und manche schrien, wir hätten den armen Dimitrios vergiftet; nur mit Mühe gelang es uns, den Angriffen der erregten Volksmenge zu entkommen. – Es war ein Mord, obwohl ich das Beste wollte. Wie konnte ich mir das erklären?

Das zweitemal war es in Famagusta. Wir wohnten in einem kleinen Xenodochion beim Kastell. Die Wirtin hatte ein Töchterlein, ein krankes Kind von etwa zehn Jahren. Das Mädchen war eine geschickte Teppichknüpferin und litt an der Auszehrung. Die Mutter jammerte um den nun ausfallenden Verdienst, der Vater, ein verkommener Hafenarbeiter, schlug oft den armen Wurm. Da bereitete ich mich durch Gebet und Fasten vor, dem armen Wesen zu helfen. Nie habe ich Gott so inbrünstig angerufen, er möge mir die Gnade verleihen, daß ich das arme Kind von seinen Schmerzen befreie, und dem Elixier seine heilende Kraft wiedergeben. In den neun Tagen war mein Herz vor Mitleid weich geworden, wenn ich beim Bett der Kranken saß, ihr Zuspruch spendete und die Hand auf ihre fiebernde Stirn legte.

Und als die Novene vorüber war und wir gemeinsam gebetet hatten, flößte ich ihr die Tropfen ein. Da vollzog sich in ihr auf einmal eine Verwandlung: ein plötzlicher Schreck sprang aus ihren Augen auf mich – nie werde ich diesen Blick vergessen – und abwehrend streckte sie ihre mageren Hände gegen mich aus, als ob ich der Böse wäre. Und von mir abgewandt, starb sie.

Es war mir, als ob mein eigenes Fleisch und Blut gestorben wäre. Nun wußte ich, daß ich gemordet hatte, ging hinaus und heulte meinen Schmerz in die Einsamkeit. – Und nun das drittemal. Wir verließen mit dem nächsten Schiff die Insel und fuhren nach dem Piräus. Rabbi Mordechai besuchte seine Verwandten. Seine Schwester hatte erst vor kurzem ein syphilitisches Kind geboren, dessen Vater sie vergewaltigt hatte. Das Kind hatte offene Geschwüre, war verwachsen und wurde von der Mutter gehaßt. Sie bat uns um ein Mittel, es ohne Aufsehen zu beseitigen. Es war wirklich ein kleines Scheusal, das, erwachsen, sich und dem Menschen zur Plage werden mußte. Es kostete uns nicht geringe Überwindung, aber nach zwei Wochen willigten wir ein. Rabbi Mordechai gab dem immer schreienden Kind drei Tropfen des Elixiers – doch auf einmal, als wäre ein Wunder geschehen, verklärten sich die Züge des Kindes, die Haut straffte sich, die Glieder wurden gerade. In drei Tagen hatten sich die Geschwüre geschlossen, und der Knabe strahlte vor Gesundheit und Lebensfreude. Im Mutterherzen wurde die Liebe wach, und sie empfand kein größeres Glück, als das Engelkind, wie sie es nun nannte, zu stillen. Als wir den Piräus verließen, hatte das Gerücht die erfolgreiche Wunderkur überall verbreitet, und viele Mütter brachten uns ihre kranken Kinder, denen aber das Elixier einzuflößen wir uns wohlweislich hüteten. –

Wieso entsteht Gutes, wenn wir Böses wollen, und umgekehrt?» Die vier Männer saßen schweigend da. Der Lärm draußen war verstummt, man hörte nur dann und wann einen langgezogenen Laut, wenn eine Mutter ihr spielendes Kind nach Hause rief. Pater Anselmo unterbrach die Stille und sagte: «Es hängt nicht ab von unserem Willen und Laufen, sondern einzig und allein von der Gnade Gottes. Die Erkenntnis des Guten und Bösen steht uns nicht zu, sondern nur die Bitte. Sie haben sich zuviel angemaßt, wenn sie ein untrügliches Mittel besitzen wollten. Denn das Elixier gehört nicht mehr der Physik an, und mit ihm zu operieren, frommt nur dem Heiligen, der den Willen Gottes in der leidenden Kreatur erkennt.»

«Die Adepten sagen, daß nur der, der das Elixier von der Materia Prima an selbst hergestellt hat, damit operieren kann», erwähnte der Professor, «denn die astralen Schwingungen des Herstellers sind ihr wesentlichster Bestandteil. In Ihrem Elixier, das wirklich ein Aurum potabile ist, lebt noch die Aura des

Adepten Laskaris, das Blut seiner kaiserlichen Ahnen. Würde Vincente Lascari das Elixier herstellen, so hätte es unfehlbare Kraft. Die Transmutation mit einem unrechtmäßig erworbenen Lapis muß glücken, aber das Elixier ist unendlich feiner astral organisiert. Die künstliche Herstellung des Goldes kann im Laufe der Jahrhunderte auf rein physikalischem Weg eine Technik werden, die Gewinnung aber des Lebenselixiers wird auch für die kommenden Jahrhunderte ein unrätselbares Geheimnis bleiben, weil es das Geheimnis des Lebens ist. In ihm ist der Übergang von unserer Welt in das Astralreich vollzogen. Wer es benützen will, muß ein Meister hier und dort sein. Aber erzählen Sie mir, Herr Leftini, wie Sie es hergestellt haben. Vielleicht ist das, was Sie für ein Elixier halten, etwas ganz anderes.»

Und Leftini sprach: «Der Ausgangspunkt war natürlich der Lapis des Adepten Laskaris. Wie Sie wissen, habe ich mir etwa fünfzig Gramm durch Erpressung angeeignet. Und aus dem Fläschchen stahl ich einige Tropfen. Da ich nun die Materia Prima kannte, habe ich mein Elixier durch Multiplikation und mehrmalige Solution erhalten. Aber schon damals hat mich Gott gestraft.» Er hob die linke Hand empor und spreizte die Finger. Der Ringfinger fehlte, der kurze Stumpf war mit einem schwarzen Fingerhut bedeckt. Leftinis Hand zitterte im trüben Licht der schwachen Lampe. Schwer ließ er die Hand auf den Tisch fallen. «Sie werden jetzt verstehen, warum ich unbedingt Lascari wiedersehen muß.»

«Sie schieden als Gegner von ihm. Und bekennen Sie sich schuldig, daß Sie ihn betrogen haben? Glauben Sie, daß er noch ein Interesse daran haben kann, mit Ihnen zusammenzukommen?» fragte Bolza.

«Ich will zu Vincente Lascari gehen, ihm das Geraubte zurückstellen und ihn um Verzeihung bitten. Mein ganzes Leben war eine Flucht vor der Entscheidung, ich wollte immer gleichzeitig rechts und links ausweichen und meinen Vorteil durch eine Hinterlist erschleichen. Was soll ich tun, um standhaft zu sein?»

«Denken Sie an meinen Vorgänger, den unselig verstorbenen Abbate Doni!» sagte Pater Anselmo. «Auch ihn trieb seine doppelsüchtige Leidenschaft weiter, als er vor sich verantworten konnte. Der Dolchstoß, der ihn tötete, hat Sie nur gestreift und Sie nur einen Finger gekostet.»

«Ich habe zweifach gemordet! Die Augen des Mädchens von

Famagusta! Die Angst, die unsäglich schreckliche Angst vor mir, als sie mich erkannte als Bringer des Bösen! Seit dieser Zeit bin ich verzagt geworden, und mein Wille ist gelähmt. Ich fürchte die Rache des Baphomet, und doch zieht es mich zu dem dunklen Fürsten der Nacht. Wie kann ich ihm entrinnen? Denn ich habe von seinem Elixier getrunken, er ist in meinem Blut, und wenn er mir auch scheinbar Freiheit gönnt, so ist es nur, um mich um so sicherer und höhnischer zu verderben.»

«Sie vergessen, daß der Archimandrit den Lapis im Bockshaupt, das Lebenswasser aber im Kreuzesbalken verwahrt hatte. Ist es nicht das Zeichen dafür, daß im Kreuz das wahre Leben und Heil ruht? Und zeigt nicht das Tetragrammaton I.N.R.I. deutlich an, wodurch das neue Leben errungen werden muß: Igne natura renovatur integra? Wer nicht durch das Feuer gewandelt ist, kann nicht vergeistigt werden: das Fixe muß durch seine Einwirkung volatil werden, wie die Alchimisten sagen. Selbst Christus mußte in das Feuer der Vorhölle, bevor er transfiguriert wurde.»

«Doch hüten Sie sich vor den baphometischen Feuern! Die Flamme ist Luzifers Element», warnte Pater Anselmo. – Sie trennten sich von den beiden und gingen schweigend heim.

Monsignore d'Arnoult hatte seine Wohnung im Hause einer devoten älteren Dame, Mademoiselle de Noves, die ihm den oberen Trakt ihres geräumigen Hauses eingeräumt hatte. Die Flucht der vier hochgebauten Zimmer war seit Jahren unbewohnt. Alte Möbel aus der Zeit, als das Geschlecht de Noves noch wohlhabend war, standen ungeordnet umher, schwere Eichentruhen mit schmiedeeisernen Schlössern, kunstvoll geschnitzte Kirchenstühle mit hartgewordenen Wachstropfen, ein Baldachin aus verschossenem Brokat, der von Spinnweben ganz überkrustet war, ein Hausaltar aus Nußbaumholz mit zwei aufrechtstehenden Erzengeln. Gebräunte Bilder in wurmzerfressenen Goldrahmen, meist Gemälde oberitalienischer Meister des siebzehnten Jahrhunderts, hingen breit an den grauen Wänden zwischen Jagdtrophäen und alten Waffen. In einem offenen Bibliotheksschrank standen und lagen Bücher und Mappen ungeordnet durcheinander, von einer fingerdicken Staubschicht bedeckt. Die Räume hatten einen durchdringenden Geruch von trockenem Moder und hauchten einen leisen Geruch von Weihrauch, Kerzenduft und vergilbendem Papier aus. Seit Jahren war nicht gelüftet worden.

Bevor der römische Monsignore einzog, mußte gründlich gesäubert werden, doch der Geruch war nicht auszutreiben. Daher ordnete er Räucherungen an und besprengte alle Räume mit starken Essenzen. «Es hilft nichts, gnädiges Fräulein, die Schatten der Vergangenheit zu vertreiben. Jahrhunderte haben an ihnen gewirkt, sie sind stärker als wir. So will ich mich ganz ihnen ergeben und mich von ihnen bestimmen lassen», sagte er eines Abends, als er beim Kaffee in ihrem Zimmer saß. Ihre harten, aber durch die Güte der warmblickenden Augen doch weiblichen Züge lächelten. «Das ist der Bann und Zauberkreis, in den sie uns ziehen. Wir können ihnen nicht entrinnen, und ich beginne sie zu lieben. Ein erlauchtes Geschlecht bringen sie mir näher, eine Zeit, da noch Größe in den Herzen der Menschen flammte.» –

«Vorbei», sagte sie mit resigniertem Ton. «Alles wird zum Museum und zur seltsamen Rarität. Wozu diese Geräte, die doch niemand mehr benützen kann? In meiner Jugend wollte ich das ganze Gerümpel verkaufen und das Haus modern einrichten lassen. Doch was kümmert es mich jetzt?» sprach sie und griff zu der Decke, in die sie ein Monogramm stickte. «Das ist der Lauf der Welt.»

Der Priester sprach nach einer verlegenen Pause: «Man sagt mir, daß Ihr Geschlecht zu den ältesten Familien des Landes gehöre. Jene Laura de Noves, die Petrarca angebetet hat, wäre die Ahnfrau Ihres Geschlechts gewesen.»

«Es gibt Familien meines Namens in Carcassone, Nimes und Cavaillon. Alle rühmen sich, von jener Laura abzustammen. Was kümmert's mich? Es scheint da ein geheimes Gesetz zu walten: was jener im Übermaß gewährt wurde, ist uns Noves versagt geblieben. Unsere Ehen sind unglücklich, die Frauen werden nur des berühmten Namens wegen geheiratet oder verkümmern als alte Jungfern. Es ist wie ein Fluch!» klang hart ihre Anklage. «Sie dürfen nicht soviel allein sein, Mademoiselle; ohne Umgang vergrämt das Herz. Sie sollten sich eine Gesellschafterin halten!» riet er ihr an.

«Eine Gesellschafterin? Die ganze Stadt kennt die Trostlosigkeit, die bei einer alternden Noves herrscht. Die Mädchen hierzulande sind sehr abergläubisch, sie fürchten, daß sie in meiner Nähe ebenso einsam werden wie ich.»

«Ich kenne ein Mädchen, das nichts von diesem Gerücht weiß, eine Italienerin, die zwar schwärmerisch veranlagt ist, aber den-

noch eine gewisse Lebendigkeit in Ihr Dasein bringen kann. Ich bürge für ihre sittliche Reinheit», sprach diplomatisch der Priester.
«Sie heißt?»
«Mafalda Rossi. Darf ich sie Ihnen morgen vorstellen?» «Eine Italienerin? Gut. Aber nur unter der Bedingung, daß Sie ihr zuvor mitteilen, was für ein Schicksal ihr in meiner Nähe droht», sprach Fräulein de Noves. «Ich gehe jede Wette ein, daß sie ablehnen wird.»
«Ich kenne Mafalda. Ihr Herz hat viel Bitternis erlebt und sucht einen stillen Winkel, um zu bereuen und neuen Lebensmut zu fassen.»
«Schön. Ich erwarte also, daß Sie mir das Mädchen bringen.»
D'Arnoult verabschiedete sich von der Dame und ging in sein Zimmer zurück, wo er sich daran machte, die Bücherkiste, die heute mit der Post angekommen war, auszupacken. Er hatte einen Antiquar in Paris beauftragt, ihm sämtliche Bücher, die von dem Leben der letzten Alchimisten berichteten, zu schicken. Denn nicht das Studium ihrer Werke, sondern ihrer Lebenshaltung kündet an, worauf es diesen Meistern vor allem ankam. Im Buch ist jedes Wort nur symbolhaft gemeint, eines verschleiert das andere, und fast scheint es, daß manches Adeptenbuch geschrieben wurde, um Neugierige auf eine falsche Fährte zu führen und Unberufene fern zu halten. Soviel hatte d'Arnoult schon ergründet, daß die Alchimie nicht lehrbar und lernbar sei, daß das Wesentliche im Subjekt und nicht im materiellen Objekt verborgen liege und daher nur für den Betreffenden und sonst niemand gelte. Selbst wenn ein Adept den ganzen Prozeß von der Materia Prima an bis zum Lapis in eindeutigen, wissenschaftlichen Worten beschrieben hätte, und ein anderer wollte nach diesem Rezept vorgehen, so würde er zu keinem Ergebnis kommen, wenn er nicht das Objekt zuvor mit seinen eigenen spezifischen Seelenkräften in Einklang gebracht hätte. Und diese Harmonie zwischen Äußerem und Innerem, die in ihren Möglichkeiten unendlich groß wie die Anzahl der Individuen ist, wollte d'Arnoult auf Grund der verschiedenen Lebensführungen der Adepten ergründen. Aber auch dieses Mittel war unzureichend, denn was für den einen ein Hemmnis war, war für den anderen die einzige Möglichkeit zu schaffen. Der heftige Jähzorn des Paracelsus und die Sanftmut des Laskaris – und dennoch waren beide im Besitz des Arkanums!
Die Lebensbeschreibungen also führten ihn nicht weiter, da die

inneren Erlebnisse ebenso verschwiegen wurden wie die äußeren Vorgänge des Prozesses.

Schon war es gegen Abend, als Monsignore d'Arnoult die Bücher ergebnislos beiseite stellte. Er öffnete die Fenster, um die kühle Brise, die von den Alpen herwehte, hereinzulassen, und lehnte sich an die Brüstung, den Blick gegen das dunkle Abendgold gewandt. Er konnte von seinen alchimistischen Träumen nicht los, doch je tiefer er Sinnbild mit Sinnbild vertauschte, desto unfaßbarer wurde das ganze Problem. Wie, wenn die ganze Alchimie nichts anderes als ein satanischer Prozeß wäre? Ein Versuch des Baphomet, die Welt durch ein brutales Machtmittel zu beherrschen? Und die Heiligkeit des Adepten wäre nichts anderes als tätige Reue für ein furchtbares Verbrechen gewesen? Und ist nicht der alchimistische Akt ein sexueller, die Vereinigung der männlichen und weiblichen Welt? Aber auf der astralen Ebene; denn der Adept muß körperlich keusch sein. So ist denn die Alchimie nichts anderes als die ins Seelische gesteigerte Unzucht des Baphomet? Verrät er sich nicht als Vater an der entscheidenden Stelle durch das «bärtige Haupt», wie das Rabenhaupt auch genannt wird? – So hatte er die königliche Kunst noch nicht gesehen, und ihn fröstelte vor dieser Erkenntnis. Oder war auch dieses Täuschung?

Er hörte Schritte und wandte sich um. Vincente Lascari stand vor ihm und entbot ihm den Abendgruß. Sein Gesicht war bleich und verriet noch die Schwächung von der überstandenen Krankheit. Sein Mund hatte einen entschlossenen Zug bekommen, und seine Augen leuchteten.

«Wie, hat Ihnen der Arzt gestattet aufzustehen?» war die seltsame Begrüßung d'Arnoults. «Gestern noch neununddreißig Grad Fieber und heute außer Bett? Wie geht das zu? – Vincente, verstehe ich recht?»

Lascari warf einen verlegenen Blick auf die Bücher, die auf dem Schreibtisch lagen, und studierte die Titel. Wie nebensächlich sagte er: «Das Wetter ist wundervoll! Und da soll ich allein in dem unfreundlichen Zimmer liegen? Durch die offenen Fenster drang ein betäubender Geruch von Reseda herein, und ich hörte die Finken schlagen und irgendwo im Nachbarhause hörte ich eine Mädchenstimme singen – da hielt es mich nicht länger.»

«Vincente, antworten Sie mir klarer! Haben Sie es getan? Auf natürlichem Wege können Sie nicht so rasch gesund geworden sein. Also?»

«Auf natürlichem Wege! Als ob es andere Wege gäbe! – Doch verzeihen Sie, Monsignore, ich verliere den Anstand. Natürlich habe ich es getan.» Seine Finger spielten mit einem Buchdeckel, während er erzählte: «Der Traum, in den ich nach dem Fortgehen des Arztes verfiel, war schrecklich. Immer wieder kehrten die drei Frauen wieder, und immer wieder verfiel ich ihrem scheußlichen Verbrechen. Wie ein zentnerschwerer Alpdruck lag es auf meiner Brust, bald war es Frau Margherita, bald Gilda, bald die Magd. Sie sprachen nichts, aber ich wußte, daß sie Abgesandte des Baphomet waren. Ich wollte schreien, doch mein Körper war jeder Willensäußerung unfähig. Was ich litt! So groß können nicht die Qualen der Verdammten in der Hölle sein! Und ich hatte kein Mittel, dem Nachtmahr zu entrinnen! Beten konnte ich nicht, in meinen Schläfen dröhnte es wie von Eisenhämmern. Und alles war schwarz ringsherum, nur die starren, höhnisch verzerrten Gesichter der drei Frauen glühten mich wie matter Phosphorschein an. Meine durchlöcherten Gedanken sahen sich nach Rettung um. Die Mutter! Aber ich fühlte, daß sie von den drei Frauen zurückgehalten wurde und nicht zu mir kommen konnte. Ich sah im Dunkel, wie sie ihre weißen Hände ohnmächtig rang, aber ihr Antlitz blieb im Dunkeln. Meine Seele schluchzte wie ein Kind in Verlassenheit und Verzweiflung. Wer, wer konnte mir helfen? Die letzten Lebenskräfte, die mir geblieben waren, preßte ich mit aller Gewalt in mein Herz zusammen, um mit einem verzweifelten Ruck den Bann zu zerbrechen. Und da sah ich Mafalda Rossi vor mir, das Antlitz im Sonnengold verklärt wie damals, als ich sie auf der Fahrt nach Florenz zum erstenmal erblickt hatte. Ich redete freundlich zu ihr, aber sie schien mich nicht zu hören und ins leere Blaue vor sich zu starren. Ihre Gesichtszüge waren regungslos wie die einer marmornen Statue. Und wie ich auf sie einredete, da kam mir auf einmal zu Bewußtsein, daß ich ihr eine große Schuld abzubitten habe, und unsägliches Mitleid mit ihr und mit mir faßte mich an. Plötzlich hatte ich eine wahnsinnige Angst um sie, ich wollte sie umarmen, doch der regungslose Glanz ihrer Augen, aus denen unbeschreibliche Ruhe leuchtete, war so hoheitsvoll, daß ich mich ihr zu nähern nicht wagte. Da wandte sie langsam ihren Kopf wie automatisch zu mir, ich sah in ihren Augen eine Träne, ihre Lippen bebten, aber kein Laut löste sich von ihnen. Es war mir, als ob mir ein kalter Strahl durch die Brust führe, und ich schrie auf.» Lascari machte eine Pause.

«Bitte, erzählen Sie weiter. Ich werde Ihnen dann die Bilder des Traumes deuten», sprach d'Arnoult, ernst erstaunt über das seltsame Bild aus Symbol und Wirklichkeit.

«Das folgende hat keinen Zusammenhang mit dem früheren, ich wenigstens sehe keinen. Ich war für einige Augenblicke zum Bewußtsein erwacht, die Krankenschwester hatte mir einige Tropfen einer Medizin eingeflößt, und ich sank in meine frühere Erstarrung zurück. Es schwirrte um mich in leisen, unbestimmbaren Tönen, es wurde vor meinen Augen immer dunkler, und ich hatte das Gefühl, als ob ich durch einen Raum schwebte, der immer enger und enger wurde. Wieder stellte sich das undefinierbare Angstgefühl ein und die Verlassenheit des Herzens. Da griff ich unwillkürlich nach meinem Herzen, und meine Finger umklammerten die Elfenbeinkugel, Da hörte das Schwirren auf und neben mir stand ein hoher Mann in altertümlicher Kleidung, zu dem ich ein unerklärliches Zutrauen hatte. Er wies nach rückwärts, und da sah ich meinen Körper regungslos im Krankenbett liegen, und ich stand neben ihm. Nun wußte ich, daß sich meine Astralseele vom Leib getrennt hatte, und ich folgte meinem Führer, der mich heranwinkte.»

«Bitte, beschreiben Sie ihn mir! Wie sah er aus?» fragte d'Arnoult.

«Ein blasses Gesicht mit einem graumelierten Bart, das Alter eines etwa fünfzigjährigen Mannes. Die Gestalt mäßig hoch, auf dem Kopf einen Hut, wie ihn die Popen der griechischen Kirche tragen. Auf der Brust an einer Kette ein goldenes Kreuz mit doppeltem Querbalken. Um die Hüfte eine breite, dunkle Schärpe, die Kleidung unbestimmbar.»

«Wissen Sie, wer es war?» unterbrach ihn d'Arnoult.

«Nein.»

«Bitte, erzählen Sie weiter!» bat jener.

Vincente fuhr fort: «Auf einmal stand ich mit meinem Begleiter in einer fremden Landschaft. Italien war es ganz gewiß nicht. Wir standen an einem heißen Sommertag unter einer Platane und löschten unseren Durst aus einem schwach rieselnden Quell. Dann brachen wir auf und stiegen hinter dem Dorfe langsam empor. Ich blickte mich um und sah ein breites Tal, das von Ölbäumen silbrig schimmerte und rechts und links von hohen, kahlen Gebirgszügen begrenzt war. Etwa drei bis vier Kilometer entfernt lagen die niedrigen Häuser einer armseligen Stadt. Alles war in ein staubiges

Sonnenlicht getaucht, das die Augen schmerzte. Wir gingen weiter, ohne daß der ernste Mann an meiner Seite ein Wort an mich richtete. Eine Herde von Ziegen kam uns entgegen, der Leitbock sah uns zornig an, aber wir gingen durch ihn hindurch, als ob er Luft wäre. Da wurde allmählich am Abhang des Berges ein Burgtor sichtbar, das von der Platane her wie ein Loch im Berge ausgesehen hatte. Wir schritten hindurch, und eine Stadt von Ruinen, von riesenhaften, zerklüfteten Bastionen, Bergfrieden, Kirchen und Zitadellen tauchte auf.

«Eine Wanderung der Astralseele», flocht d'Arnoult ein. «Waren die Bilder deutlich oder verschwommen?»

«Klar und deutlich, wie wenn ich mit leiblichen Augen sehe.»

«Bitte, erzählen Sie mit größter Ausführlichkeit weiter! Mir ist noch alles unklar. Vor allem, haben Sie niemals reden gehört?» fragte der Monsignore.

«Also», fuhr Lascari fort, «hinter dem Burgtor links stieg eine mächtige Basilika im byzantischen Stil empor, aus braunrotem Gestein, mit verfallenem Dach. Ich wollte hingehen, aber mein Begleiter faßte mich fest bei der Hand und zog mich nach vorn. Der Weg war von Geröll verschüttet, ich hatte das Gefühl, daß man hier nur mühsam vorwärts kommen könne, und gleichwohl schwebten wir gleichmäßig über die Unebenheiten dahin. Von rechts kam ein besser gehaltener Weg, auf dem uns drei Kinder entgegenkamen, die eine Ziege trieben. Als das Tier uns erblickte, bockte es mit allen Zeichen der Furcht und wandte sich nach rückwärts, die drei Kinder am Strick mit sich fortreißend. Diese lärmten und schrien und hielten den Strick verzweifelt umklammert, als sie durch dick und dünn geschleift wurden.»

«Das Tier hat euch beide gesehen, Tiere sind astralsichtig. Oftmals wurde berichtet, daß Hunde, oder Pferde scheu wurden, wenn ein Gespenst in ihre Nähe kam. Die grauen Hunde Ossians heulten auf, wenn sie die in Nebel gekleidete Geistgestalt ihres erschlagenen Herrn erblicken», sprach d'Arnoult. «Doch können Sie sich an keines der Worte erinnern, das die Kinder ausgestoßen haben?»

«Ja. Warten Sie einmal.» Lascari dachte nach. «Ja, ich hab' es! Das Wort Embros kam einigemal vor. Ich hatte das Gefühl, daß es soviel wie: Marsch, weiter! bedeuten müsse.»

D'Arnoult lächelte: «Das heißt es auch. Es ist Neugriechisch. Jetzt hellt sich das Rätsel auf. Bitte erzählen Sie weiter!»

«Nach der Begegnung mit den Kindern stieg der Weg in scharfer Wendung nach links, und wir standen vor einer geschlossenen Pforte. Ehe ich mich noch hatte umblicken können, um den Rundblick zu meinen Füßen zu umfassen, stand ich schon in dem Hofe. Vor mir eine gut erhaltene Kirche aus dem gleichen rotbraunen Gestein wie alles ringsum, rechts ein langes, niedrig gebautes Haus, aus dem eine alte Frau in seltsamer Nonnenkleidung kam. Sie rief die Hühner, die gackernd herbeiliefen, und warf ihnen mit voller Hand Futter vor. Ein starker Duft von Pfefferminze und Thymian quoll rechts von dem Garten herab. Mein Begleiter schöpfte Atem aus tiefer Brust, daß es wie ein Seufzer klang, und stieg die Treppe empor, die in die Kirche führte. Wir traten durch das offene Tor und er bekreuzigte sich dreimal unter langsamen Verbeugungen. Die Wände leuchteten von starren Fresken; ernste Heilige mit eisgrauen Bärten, verzückte Anachoreten und Seraphim mit feurigen Flügeln. Und in der Apsis thronte ein Christus mit erhobenen Schwurfingern zwischen einem Alpha und Omega. Vor dem Ikonostase brannten einige gelbe Wachskerzen, die einen süßlichen Geruch verbreiteten. Regungslos stand ich dort lang. Dann führte mich mein Begleiter mit langsamen Schritten in den dunklen Hintergrund, wo er vor einer hochgewölbten Nische stehen blieb. Zuerst sah ich gar nichts, dann löste sich aus dem dunklen Hintergrund die hohe Gestalt eines Mannes. Er war mit einem ausgeblaßten Ornat angetan, die Füße staken in Samtpantoffeln. Auf dem Kopfe hatte er eine phrygische Mütze, etwa wie ein Doge. In seinen Zügen strahlten Majestät und harter Wille, die groß geöffneten Augen schienen in die Unendlichkeit zu blicken. Eine Hand hielt ein Buch, die andere etwas, was zu undeutlich war. Es sah wie eine Flasche oder wie ein ovales Kästchen aus. Rings um die Gestalt ging eine Schrift in fremdartigen Buchstaben, die dem Griechischen ähnlich waren. –

Da trat mein Begleiter einen Schritt nach vorn, ich sah ihn erstaunt an, als ich die Ähnlichkeit seiner Gesichtszüge mit denen des Grabmals bemerkte. Er zeigte mit dem Finger auf die Schrift rechts und sprach das einzige Wort, das ich von ihm gehört habe: ‹Michael!› Auf einmal wußte ich alles, ein ungeheures Glücksgefühl durchbrauste mich, ich wollte an seine Brust stürzen – da erwachte ich plötzlich und fand mich auf meinem Lager mit klaren Sinnen und freudigem Blut. Das Fieber war von mir gewichen. Die Sonne strahlte durch das offene Fenster auf meine Hände.»

Monsignore d'Arnoult hatte während der letzten Worte eine kleine Stehlampe aufgedreht, ein Buch aus dem Bücherstoß hervorgesucht und blätterte eifrig darin. Endlich hatte er die gesuchte Stelle gefunden, klappte das Buch zu und sagte: «Es ist so, wie ich vermutet habe. Sie waren in Mistrà.»

«Wie? Dieses Wort habe ich noch nie gehört», sprach Vincente.

«Mistrà, das alte Misithras liegt am Abhang des Taygetos unweit von Sparta. Es war die stärkste Burg der Byzantiner und später der Franken im Peloponnes. – Ihr Führer war der Adept Laskaris, der Sie an das Grabmal Ihres Ahnherrn, des letzten Kaisers aus dem Hause Laskaris, brachte. Michael Laskaris starb im Jahre 1445 und liegt in der Kirche der Pantanassa zu Mistrà begraben.»

«Was bedeutet das alles?» kam es tonlos von den Lippen des Jünglings, dessen Hände sich krampfhaft an die Stuhllehne klammerten. «Die Väter, die Väter –»

Da öffnete sich die Tür, Fräulein de Noves trat ein und hielt ein Mädchen an der Hand. «Die Kleine hat die Stelle angenommen», sagte sie. «Ich danke Ihnen, Monsignore.»

Vincente war aufgesprungen und streckte die Arme abwehrend gegen sie aus. «Mafalda! – Ich –» Seine Stimme versagte.

D'Arnoult machte dem Fräulein de Noves ein Zeichen mit dem Finger und beide wollten sich geräuschlos entfernen. Doch Mafalda ergriff in namenloser Angst die Hand ihrer Herrin, rief: «Retten Sie mich, retten Sie mich!» und zerrte sie mit sich davon.

Ein trüber Regentag. Der Wind peitschte die Tropfen, die schräg pfeilend auf die Glasfenster prasselten. Die Straßen waren ausgestorben.

An solch einem müden Nachmittag, wo die Nerven wie chloroformiert die Stunden von sich abrinnen lassen, ohne daß ein Tropfen der Erinnerung an ihnen haften bleibt, ist das Herz träge und vermag keine Spannung zu ertragen. Der Totenwurm tickt im alten Holz, die Möbel knarren, und etwas Gespenstiges ist in den Zimmern. Im wohnlichsten Raum des Hauses in der Rue Dorée knisterten die Scheite im Kamin. Der trübrote Schein fiel auf die beiden Frauen, deren Finger mechanisch häkelten. Wenn das Feuer aufflackerte, schossen riesige Schatten in den Hintergrund, der sich in einem ungewissen Düster verlor. Abseits von den Frauen saß Lascari und las mit wohl geschulter Stimme den Frauen vor. Mafalda hörte nur das Vibrieren der Stimme, das Atemholen der Worte, ohne auf ihren Sinn zu achten. Gestern hatte der Jüngling sie angesprochen, als sie aus der Kirche ging. Und noch vorgestern hatte sie vor ihm ein urgeheimes Grausen gepackt, als sie ihn plötzlich im Hause des Fräuleins de Noves erblickt hatte. Kein Wort wurde gestern zwischen beiden von der Vergangenheit gesprochen, kein Wort von dem, was beide gegeneinander auf dem Herzen hatten. Und doch war es, als ob jedes Wort ein Stück von der Seele des anderen öffnen und befreien würde.

Sie war enttäuscht und doch begeistert darüber, daß es so verlaufen war. Statt einer hochdramatischen Szene voller Anklage und schuldbewußter Pathetik war es zu einigen besänftigenden Worten gekommen, deren schwingender Nachhall in ihr unsäglich noch immer vibrierte. War nicht die gleiche Schwingung der Laute in der Stimme des Jünglings, die jetzt wohltuend in den Worten des griechischen Weisen überquoll? Die Glut des Kaminfeuers bestrahlte ihn breit und schlug mit dem Feuer aus seinem Inneren zu einer einzigen Flamme zusammen. Manchmal fuhr seine Hand über die Stirn, als ob er sich abkühlen wollte.

Mafalda hörte den Sinn der Worte, obwohl sie deren Bedeutung nicht verstand. Sie war an schwierige Gedankengänge nicht gewöhnt, doch sie erfaßte das, was über ihnen gleichsam wie der Duft über einer Blume schwebte. Aber gerade darauf kommt es an und so drang die Platonische Welt in alle Poren ihres Wesens. So fremdartig ihr auch die Sinngestaltung war, so vertraut war ihr doch alles, was instinktiv ihrer Seelenbereitschaft entgegenkam.

Die Stimme des Jünglings schwoll an; immer durchglühter quoll es aus seinem Herzen hervor, und er berauschte sich daran, der Geliebten die schönen Worte zu sagen, als ob sie von ihm eigens gedichtet worden wären.

«Ist dies das Wahre? Ist Begehren das Wort? Begier der große Anlaß zur Liebe, der Begehrende Freund dessen, den er begehrt, sobald er ihn, solange er ihn begehrt? Und war, was wir vordem von der Liebe sagten, leer wie Rauschen von Wasser, wenn es fällt, ein Lärm wie von zu langen Gedichten?»

«Es scheint so», sprach er.

«Aber freilich wird, wer begehrt, vorher entbehrt haben müssen und danach verlangen, woran es ihm gebricht.»

«Freilich.»

«Der sich unvollkommen weiß, wird das lieb haben, wovon er fühlt: gewinn' ich es, so vollendet es mich!»

«Ich glaub es wohl.»
«Aber unvollkommen kann keiner sein und keiner sich fühlen, dem nicht ein Stück seines inneren Körpers geraubt worden wäre.»
«So ist es.»
«Auf ein Urverwandtes also zielen Liebe, Begier und Leidenschaft, Lysis und Menexenos. – Das Urverwandte zwingt zur Liebe, es ist da kein Entweichen. Haben wir das Gesetz nicht ganz enthüllt?»

Vincente konnte nicht weiterlesen. Er wollte den Blick des Mädchens suchen, aber Scheu und Scham hielten ihn davon ab. War dieser Zwiegesang nicht der Ausdruck all dessen, was zwischen ihr und ihm unsagbar geblieben war? Das Wort, welches alle Geheimnisse aufschloß und alle Schatten bannte? Ein Urverwandtes! Wie Musik quoll es in ihm auf, Licht brach aus allen Abgründen seines Gefühls, er hätte vor Freude aufschreien mögen und an den Hals der Geliebten fliegen. Fräulein de Noves wandte den Kopf ab, um den unvermeidlichen Blicken der beiden auszuweichen. Die Luft war so geladen von innerer Spannung, daß sie wie von elektrischen Funken knisterte. Doch es war nur das leise Klirren der Fensterscheiben und das erlösende Puffen eines Eichenklotzes. Mafalda legte neuen Brennstoff auf die Glut, und bald zischte weißer Dampf aus den Schnittflächen der feuchten Hölzer. Vincente blickte zum Fenster. Das Unwetter hatte nachgelassen. Er nahm das Buch wieder auf und schickte sich an weiterzulesen. Da kam ihm plötzlich zu Bewußtsein, daß die gelesene Stelle den ganzen Sinn der Alchimie in sich enthalte: ist nicht das Urverwandte, von dem Plato spricht, der Urstoff, die Materia Prima der Seele, aus der sich in immer reinerer Wandlung, in mannigfachen Bindungen und Lösungen das Vollkommene entwickelt, in der männlich und weiblich verschwunden sind: Anfang und Ende alles irdischen Seins? Sind da nicht Oberes und Unteres miteinander verschmolzen und zu etwas Neuem geworden? Sonne, Gold, Liebe, Ewigkeit – Gott! Alles nur Stufen und Sinnbilder des gleichen Urverwandten im ergriffenen Herzen!

Mit einem Ruck riß es ihn wieder in die Gegenwart zurück. Und jetzt wagte er einen Blick in die Augen der Geliebten. Schon ahnte sie, schon war sie gefaßt, weiter zu begreifen, und ihr Auge bat ihn um Hilfe und Beistand. Nun waren sie wieder verbunden, fester als damals, als sie sich das erstemal gesehen hatten.

Da hörte man, wie draußen die Haustür aufgesperrt wurde und wie mehrere Schritte die Treppe emporstiegen. Fräulein de Noves war aufgestanden und näherte sich der Tür. Monsignore d'Arnoult trat mit zwei Männern ein, von deren Kleidern es tropfte. «Leftini!» kam ein halb unterdrückter Schrei aus dem Mund Vincentes, der aufgesprungen war und dem Griechen fragend in die Augen sah.

«Verzeihen Sie die Störung», wandte sich d'Arnoult an Fräulein de Noves. «Diese Herren sind meine Freunde und ich bitte Sie um die Erlaubnis, daß ich sie bei mir für einige Tage beherbergen darf.»

«Herr Lascari kennt diese Herren?» fragte Fräulein de Noves.

«Ja», antwortete d'Arnoult an Stelle Vincentes. «Herr Leftini kommt aus dem Orient und möchte Herrn Lascari in einer dringenden Angelegenheit sprechen. Er ist eigens deshalb nach Avignon gefahren. Übrigens kommt unser Freund Bolza in kürzester Zeit nach. Und ich glaube, von Rabbi Mordechai habe ich Ihnen auch schon erzählt. Er lebte längere Zeit in Neapel mit dem Advokaten Barduzzi.»

Für Vincente war der plötzliche Überfall peinlich. Mahnte ihn wieder die Vergangenheit, gerade jetzt, wo er wähnte, mit ihr gebrochen zu haben? Was wollten diese Männer von ihm? Drängte sich wieder der Baphomet zwischen ihn und die Geliebte? Unwillig sah er den Priester an. Dieser sagte: «Sie dürfen mir nicht zürnen, lieber Freund, daß ich Sie gestört habe. Aber es ist wirklich ein Fall von ganz außerordentlicher Wichtigkeit. Bitte, kommen Sie auf mein Zimmer.»

«Sie sehen, es ist fast Gewalt», wandte sich Vincente an die Hausfrau. Er reichte Mafalda seine Hand zum Abschied und spürte warmen Gegendruck. Kein Groll lag in ihren Mienen: sie diente und verstand, wie weit ihr Bereich ging. Sie nahm es hin und wußte, daß er ihr nicht mehr verlorengehen könne.

Die Männer legten ihre nassen Mäntel ab und folgten dem Priester in sein Zimmer. Er stellte einige Sessel an den Tisch, Vincente reichte Gebäck, Wein und Zigaretten herum und fachte mit dem Blasebalg die erloschene Glut des Kamins an, bis die blaue Flamme die Holzstämme wieder leckte. Ein beißender Geruch von nassem Holz lag wie eine dünne Wolke über den sitzenden Männern.

Leftini begann: «Professor Bolza kommt morgen früh in Avignon an. Ich hatte mit ihm eine längere Aussprache, und er wird Ihnen darüber ausführlich berichten. Ich will Ihnen nur in aller Kürze mitteilen, daß ich Ihnen Ihr Eigentum zurückgeben will. Deshalb bin ich mit Rabbi Mordechai gekommen.

«Mein Eigentum?» fragte Lascari.

«Hier.» Leftini stellte das Fläschchen mit dem grünlichen Elixier auf den Tisch und sprach: «Nehmen Sie, nehmen Sie, Lascari! Es ist das Elixier des Todes: Dem es Leben spenden soll, bringt es den Tod. Ich habe Sie durch Barduzzi damals in Rifredi betrogen. Verzeihen Sie mir!»

«Mir hat es die Gesundheit wiedergegeben und hat mir die Geliebte wieder geneigt gemacht. Es ist der kostbarste Schatz auf Erden, kostbarer noch als der Lapis. Und Sie geben mir das Fläschchen zurück, Leftini: Ich nehme es nicht an!» staunte Vincente.

«Nehmen Sie! Ich habe damit zwei unschuldige Menschen getötet. Es kann mir nichts nützen. Ein Fluch liegt auf ihm.»

«Ein Segen!» rief Vincente aus. «Wie aber konnte sich ein und dasselbe Etwas in zwei verschiedenen Wirkungen spalten?»

«Paracelsus sagt», fügte d'Arnoult erklärend hinzu, «daß die Heilkraft eines Mittels nicht von diesem, sondern vom Firmament abhängig ist. Die seelischen Kräfte des Menschen müssen in Übereinstimmung mit dem Willen der Welt gebracht werden. Das gleiche Mittel kann zu verschiedenen Zeiten und bei verschiedenen Personen entgegengesetzt wirken. Wir müssen also in unsrem Fall auch auf den Weltwillen zurückgehen, dessen Sinn wir nur gleichnishaft in seinen Wirkungen erkennen können. So kommen wir wieder auf den Archimandriten und seine Symbole, Bockshaupt und Kreuz, zurück.»

«Ich habe beide nicht gesehen», mischte sich Rabbi Mordechai ins Gespräch, «aber ich vermute, daß die Lösung des Problems nicht bei ihnen ist. Denn das Satanische und das Himmlische sind noch nicht das Letzte. Es muß noch etwas geben, was über beide hinaus ihre äußerste Ursache ist. Wir müssen durch alle zehn Sephiroth zur letzten Ursache, zum Ain-Soph, vordringen. Werden wir es aber vermögen, das Unbildhafte zu erfassen?»

«Nie, aber das Urverwandte, das alle Gegensätze in sich vereinigt, können wir erleben, wo Baphomet sich mit dem Kreuz versöhnt, wo Mann und Frau sich gefunden haben und wo alle Materie zu Licht und Leben wird. Freunde, vielleicht ist das der

Sinn der Alchimie, daß wir die Urverwandtschaft mit allem Lebenden erfühlen sollen, daß wir uns in jegliches Ding verwandeln, immer höher steigen sollen, bis wir ganz im göttlichen Licht verwirklicht sind.» Monsignore d'Arnoult sprach es mit Bedeutung.

«Doch, was woll ich nun tun? Was hilft mir die reinste Erkenntnis, wenn der Fluch des Baphomet auf mir ruht?» fragte Leftini. «Der Tiergott hält mich fest in seinen Krallen, das Kreuz hat mir die Erlösung versagt. Baphomet ruft mich zu sich, es zieht mich zu ihm mit bannender Kraft: ich muß mich morgen den Templern zur Verfügung stellen.»

Lascari und der Monsignore blickten ihn voll Mitleid und Entsetzen an. War der Wahnsinn in dem Griechen ausgebrochen? Warum wollte er das Elixier zurückgeben, wenn er auf Seite der Templer stand?

«Ich war in Athlit», fuhr Leftini fort, «der Hochburg der Templer. Der Tiergott ist nicht mehr dort, er ist nach Europa gezogen. Ich habe die Gewißheit, daß ich ihn hier in Avignon finden werde. Ich muß zu ihm, obwohl ich weiß, daß er mich vernichten wird. Mein Leben geht zu Ende, mir ist das Elixier nicht mehr nütze.»

«Der Baphomet hier in Avignon, hier bei den Templern?» fuhr Vincente auf. «Ich will ihn aufsuchen, ihn vernichten! Leftini, führen Sie mich zu ihm! Ich will das Untier ausrotten, ich allein kann es, denn ich allein besitze den Lapis, der ihn vernichten kann. – Jetzt weiß ich, warum mir der Archimandrit seine Arkana hinterlassen hat!»

«Herr, überheben Sie sich nicht!» warnte der alte Jude. «Der Baphomet ist älter als die Welt und wir leben, solange die Welt bestehen wird. Das Tier kann nicht ausgerottet werden. Alle Gewalten der Vorzeit sind in ihm!»

«Wenn nicht ausgerottet, so doch gebändigt. Die Evangelisten haben als Attribut gebändigte Tiere. Markus hat den Löwen zu seinen Füßen, Johannes den Adler, das sind die edelsten Tiere. Dich das Untier, den Baphomet, die Sodomsünde und den Zerstörungswillen, wer könnte diese bezwingen? Der müßte so stark in der Liebe sein, daß er sogar das Opfer von Golgatha überböte. Ein Mensch könnte es nimmer! Lassen Sie ab, Vincente, von diesem überheblichen Plan! Denken Sie an die magischen Geräte des Salomonischen Tempels im Besitz der Templer! Das sind Kräfte, deren Bedeutung wir gar nicht kennen. Einem Einzelnen steht es nicht zu, sich in Kämpfe einzulassen, deren Tragweite er nicht absehen kann. Ich komme daher wieder auf meinen früheren Vorschlag zurück. Übergeben Sie die beiden Arkana der Kirche, die sie zu geeigneter Zeit gebrauchen wird, um die Macht des Bösen auf Erden durch göttlichen Beistand zu brechen», sprach d'Arnoult.

«Nein», erwiderte Lascari. «Fühlen Sie denn nicht auch mit mir, daß die höchste Liebe allein imstande ist, den niedersten Dämon zu besiegen? Und ist nicht das Tier in mir zum Seraph gewandelt? Was ist denn anderes der Cherub als ein Gott gewordenes Tier? Wenn ich auch nicht würdig bin, die Schuhriemen des großen Dante zu lösen, so fühle ich, daß ich andeutungsweise Ähnliches erlebt habe.»

«Wie deuten Sie sein unsterbliches Werk?» fragte aufhorchend d'Arnoult, der, überrascht über die Reife des Jünglings, diesen durchdringend ansah. Wie konnte dieser Mann in so jungen Jahren solche Weisheit erleben?

«Die drei Tiere zu Beginn, Pardel, Löwe und Wölfin, sind die Sinnbilder sinnlicher Macht, also baphometisch. Der Sinn seiner Wanderung ist der, daß sich der Dichter ihrem Einfluß auf seiner Wanderung durch die drei Reiche immer mehr entzieht und immer mehr ins Göttliche wandelt. Und in der höchsten Wonne ist seine Tierheit durch die führende Beatrice und die heilige Jungfrau besiegt, wo rückstrahlend seine Vergangenheit sich auflöst und er sein Wesen im Seraphsrad der Liebe im ewigen Gleichschwung kreisen sieht. Hier sind Zeugung und Tod im Angesichte Gottes verschwunden, die Transmutierung des Dunklen zum Licht ist durch die Liebe geglückt. Seitdem ich dieses weiß, achte ich die Arkana des Archimandriten für gering. Sie sind Hilfsmittel zur Erkenntnis, nichts weiter.» Vincentes Antlitz leuchtete wie sein Bekenntnis.

«Herr Lascari», wandte Rabbi Mordechai ein, «Sie lassen sich durch die Poesie verführen, daß Sie die Wirklichkeit übersehen. Ich beneide Sie um den Rausch der Jugend und um die dichterische Gabe, alles aus dem eigenen Erlebnis zu deuten. Aber die Welt ist größer als ein Einzelner und Ihr Kampf gegen den Tiergott ist aussichtslos.»

«Was raten Sie mir also an?» fragte ihn Vincente, der sich durch die kalte Altklugheit des Juden unangenehm berührt fühlte.

«Vernichten Sie beides, den Lapis und das Elixier, ehe noch weiteres Unheil durch sie über die Menschen kommt.»

«Daran habe ich auch schon gedacht, aber das wäre nur ein feiger Ausweg. Ich bin dafür verantwortlich, wenn durch den Baphomet Europa bedroht wird. Sehen Sie denn nicht, daß der Zersetzungsprozeß der abendländischen Menschheit von Jahr zu Jahr immer mehr fortschreitet? Die Sinne sind entfesselt wie nie, die Phantasie überstürzt sich in Ungeheuerlichkeiten. Bald genügt die natürliche Sinneslust den abgestumpften Nerven nicht mehr, und die Gefahr der Sodomie rückt in furchtbare Nähe. Und Sodoms Wiedererwachen wäre Europas Ende.»

«Sie lassen sich durch eine Erlöserrolle blenden, Vincente», warnte ihn d'Arnoult. «Erkennen Sie nicht, wie Sie einer Mode und Pose erliegen? Heutzutage wimmelt es von Welterlösern, in jedem Kaffeehaus kann man einige treffen. Und dabei kann ja die Welt gar nicht erlöst werden, die Kirche kennt nur eine ‹redemptio›, ein Zurückkaufen des Bösen durch Christus. Vielleicht ist Ihr heiliger Eifer, den Baphomet zu vernichten, im Grunde genommen baphometisch. Der Tiergott Baphomet reizt Sie zum Kampf mit ihm, weil er Ihre Unzulänglichkeit kennt und sicher ist, daß Sie an ihm zerschellen werden.»

«Verehrter Monsignore, Sie haben recht, tausendmal recht. Immer ist ja der Denkende im Recht und der Handelnde im Unrecht. Aber ich will die Tat tun, zu der mich mein Ahnherr auserkoren hat. Sie selbst haben meine Astralwanderung nach Mistrà gedeutet. Michael Laskaris, an dessen Grabmal ich war, war der letzte Kaiser und der erste Adept meines Geschlechts. Ich fühle das Blut der Helden in mir! Und Alchimie und Magie sind nichts anderes als Heldentum in einer höheren Ebene. Es handelt sich nicht mehr darum, ein Reich zu gründen und es ruhmreich den Erben zu übergeben, nicht um Mut in der Schlacht erbitterter Leiber, sondern darum, den Kampf ins Geistige zu tragen und die Dämonen zu besiegen. Der Marchese hat es mit unzureichenden Mitteln versucht – er ist gefallen. Ruhm seinem Angedenken! Aber ich habe die Waffen in der Hand, die einzigen, die den Urdämon bezwingen können, und ich sollte zaudern?» Er sprang auf und seine Hand ballte sich, als ob sie einen Schwertgriff umklammert hielte.

«Trauen Sie nur dem trügerischen Schwert, das den Marchese getötet hat!» warnte ihn nochmals d'Arnoult. «Oder fragen Sie, wenn Sie mir nicht Glauben schenken, Herrn Leftini, der Ihnen am besten darüber Bescheid geben kann.»

«Fliehen Sie von hier, vernichten Sie alles, was mit Alchimie zusammenhängt. Die Alchimie ist ein Irrlicht, eine baphometische Versuchung. Die Wissenschaft hat sie vernichtet. Wollen Sie wieder ihr unheilvolles Dunkel ans Tageslicht zerren, die Menschheit verwirren, ihren Goldtaumel aufpeitschen?» fragte der Grieche.

In Lascari raste Wut. Er wollte sich mit geballten Händen auf ihn stürzen, doch d'Arnoult faßte ihn an der Schulter. «Beruhigen Sie sich und überlegen Sie klar, wie weit Herr Leftini recht hat.» Und leise fügte er hinzu: «Vergessen Sie nicht, daß Sie durch Ihr Blut dem Baphomet angehören. Die drei Frauen!» –

«Ich bin genesen», sprach Lascari laut. «Ein Helfer ist an meiner Seite, ich habe in die Augen eines Kaisers geschaut. Sie werden mich von meinem Plan nicht abbringen! Es ist spät in der Nacht. Leben Sie wohl! Ich werde Sie morgen noch einmal besuchen.»

Vincente verließ in heiliger Erregung das Zimmer und stürmte in die Nacht. Der Regen hatte sich verzogen und die Sterne leuchteten verzückt. Er blickte empor und sah noch in der Kammer Mafaldas Licht. Und sein Herz pochte vor Glück.

SIEBENTES KAPITEL

Es ging gegen den Herbst. Noch glühten die Gärten der Stadt in sommerlicher Pracht, noch lastete die Sonne schwer wie flüssiges Gold auf den Quadern der Papstburg, die unheimlich in die regungslose Luft starrten, trotzig, wie von einem Zyklopengeist ersonnen; aber in den Nachmittagsstunden, wenn die Glocke von Saint Agricol zum Rosenkranz rief, brach sich die dörrende Glut in den Ostwinden, die mit rasenden Schwingen von den Alpen ins Tal stürzten und den glühenden Staub der Straßen vor sich hinfegten. Aber die rasche Abkühlung bringt keine Entspannung, die Nerven spüren wohl den Wechsel des Luftdrucks, der die Seele aus ihrem Gleichgewicht bringt, ohne aber ihre Unruhe zu besänftigen. So sind die ersten Herbsttage voll einer eigentümlichen unbefriedigten Reizung, die bald in Schwermut verzagt und bald in ungestümer Tatenlust sich nochmals überstürzt, gleichsam als wollte sie noch in letzter Stunde zusammenraffen, was sie im

Sommer versäumt hat. Die Pflanzenwelt überquillt noch einmal in glutvollen Blumen. Astern brechen berauscht aus dem saftlos gewordenen Grün der Blätter in unwahrscheinlichen Farben aus und betäuben den Blick mit ihren unzähligen gefiederten Sternen. Es gibt Gärten, die jetzt einem flammenden Teppich gleichen. Der Provencale liebt die Blumen seit urdenklichen Zeiten, und im Lande der Minne darf die Rose nicht fehlen. Die unermeßlichen Rosenfelder, die Frankreichs Ruhm bilden, liegen weiter südlich, aber auch die Gärten Avignons, allerdings minder ausgedehnt, bringen die edelsten Sorten hervor, Rosen, deren Blätter zart wie ein Hauch sind, jungfräulich weiß wie ein liebender Gedanke, hellgelb überhaucht oder dunkelrot wie tragische Liebe und Tod.

Schon hängen an den Spalieren schwer wie Gold die gebräunten Trauben, deren süßer Saft sich zur Reife wandelt. Längs des Flusses steigen die Gärten in gepflegten Terrassen empor und baden in der lichtdurchfluteten Luft. Der Fluß ist von den ersten herbstlichen Regengüssen im Gebirge angeschwollen und schäumt in überhastenden Wogen gegen die Pfeiler der Brücken.

Die Felder sind abgeerntet, und nur der Mais zeigt noch seine klobigen Keulen. Jäger ziehen durch das braungebrannte Gefild und knallen nach allem, was da kreucht und fleucht. Die Ferien sind zu Ende, die Schüler kommen in ihre Schulen zurück, und im Laufe einer Woche belebt sich die im Sommer ausgestorbene Stadt mit neuem Getriebe. Man wundert sich nicht, wenn jetzt auch neue Gesichter auftauchen, denn die Theatersaison beginnt.

So fiel es auch nicht sonderlich auf, daß seit einiger Zeit mehrere Ausländer nach Avignon gekommen waren, die sonderbarerweise alle in der Nähe der Papstburg in einem alten Häuserblock ihr Quartier genommen hatten.

Ephrem hatte im Laufe des Sommers die führenden Mitglieder des Ordens zu einem Konvent nach Avignon eingeladen. Es handelte sich um einen schwierigen Fall, über den das ganze Kapitel zu Gericht sitzen sollte. Ephrem hüllte sich gegen jedermann in Schweigen und ging nur mit Brettigny in die unterirdischen Räume. Er hatte vor einigen Jahren den ganzen Häuserblock angekauft. Viele Fuhren von Ziegeln waren abgeladen worden, die in den düsteren Hof verschwanden. Er und Brettigny, beide in beschmutzten Maurerkitteln, führten die Ziegel eigenhändig in die Kellerräume, welche diese riesigen Massen verschluckten. Denn unterhalb des Hauses erstreckten sich die ungeheuren Kellergewölbe der Papstburg, über deren Ausdehnung ganz abenteuerliche Gerüchte im Volksmund umhergingen.

Ephrem stand im Hof und lud eine Fuhre ungebrannten Kalk hastig ab. Mehrere Male blickte er ängstlich zum Himmel empor, wo tiefhängende Regenwolken vorüberjagten. Bald mußten die ersten Tropfen fallen, und er arbeitete mit Feuereifer, daß der Schweiß in Bächen sein Gesicht überströmte. Wie er gerade wieder einen Schubkarren voll geladen hatte, stürzte Brettigny durch das Hinterhaus auf ihn zu und flüsterte ihm zu: «Leftini ist in Avignon. Ich habe ihn gesehen! Laß das, kleide dich um und komm mit mir!»

«Unmöglich! Hast du dich nicht getäuscht?»

«Er ist es, ich habe mit ihm gesprochen. Mit ihm ist der Rabbi Mordechai aus Neapel. Was hat er vor?» fragte er in ungewisser Angst.

Brettigny schloß die schwarze Eisentür, die zu den Kellergewölben führte, schob den Kalkwagen unter ein Vordach und folgte seinem Freund in die Wohnung. «Erzähle!» sprach er zu ihm, zog sich die zerrissenen Kleider aus, wusch sich und legte den Straßenanzug an. Währenddessen berichtete Brettigny: «Er kam gestern hier an, und sein erster Gang war natürlich zu d'Arnoult in die Rue Dorée. Der Mensch kommt mir ganz verändert vor. Ich ging ihm auf der Straße nach. Sein Gang hat etwas Schleppendes, in seinen Augen ist ein erloschener Glanz, der Furcht einflößt. Er sprach so leise zu seinem Begleiter, daß ich kein Wort verstehen konnte. Vor der Papstburg blieb er stehen und zeigte mit der rechten Hand auf einzelne Fenster. Da wurde er meiner ansichtig, begrüßte mich, tat so, als ob nichts zwischen uns vorgefallen wäre, nannte nur seine Adresse und bat mich, ihn aufzusuchen. Was hältst du davon?»

Ephrem, der gerade seinen schwarzen Bart kämmte, zuckte mit der Achsel. «Man wird ja sehen. Ordnungsgemäß gehört er noch zu uns, wenngleich er sich an unseren Gesetzen vergangen hat.»

«Ich rate zur Vorsicht. Der Mann spielt ein doppeltes Spiel. Ich traue ihm keinesfalls. Er hat bisher einen gegen den anderen verraten.»

«Ebenso wie damals der Spiritual, der Abbate Doni. Man wird ihn ebenso unschädlich machen wie jenen.»

«Sein erster Gang war zum Monsignore, das sagt alles.» Ephrem hatte seine Toilette beendigt, tränkte mit russischem Kölnerwasser sein Taschentuch, steckte den Browning ein und machte sich auf den Weg.

Im angegebenen Gasthof war man vor dem Diner. Einzelne Gäste, Kleinbürger aus den nächstgelegenen Provinzen, kamen sich an der blumengeschmückten Tafel sehr vornehm vor und saßen steif in Erwartung der Suppe. Ephrem wollte den Griechen nicht beim Speisen überfallen und ließ sich im Nebenzimmer servieren. «Ist es Zufall oder wußte Leftini, daß wir den Konvent für die nächste Zeit einberufen haben?» fragte Brettigny.

«In diesem Griechen steckt mehr, als ich erraten kann. Schon damals seine Rolle in der Villa des Marchese, sein Anteil an der Auffindung des Lapis, sein fortwährendes Schwanken, seine Anlehnung an d'Arnoult. Und doch ist er zu uns gekommen. Der Baphomet läßt keinen mehr los, der zu den Seinigen gehört», sagte Ephrem.

«Es wäre nur zu wünschen. Wir müssen die Schwarte auswetzen, die unser Schwert stumpf macht. Wer konnte auch voraussehen, daß Lascari, den wir durch das stärkste Mittel an uns gezogen haben, uns dennoch entgehen würde!»

«Ich. Denn bevor wir nicht Mafalda auf unserer Seite haben, ist alles umsonst.»

«Wahrscheinlich hat ihn das Elixier gerettet.»

«Woher hat er aber die geistige Erleuchtung, daß es ihm nutzen konnte?»

«Man hätte ihn schon längst beseitigen sollen», warf Brettigny ein.

«Nein, er muß von selbst zum Baphomet kommen», war Ephrems Überzeugung. «Denn nur so ist es ein Sieg.»

Die beiden speisten schweigend in nervöser Unruhe. Als sie gerade beim Nachtisch waren, trat Gilda von ungefähr ein und setzte sich zu ihnen. Man hatte sie seit einiger Zeit nicht gesehen, und Ephrem fragte sie aus, warum sie sich ferngehalten hätte. Um das Gespräch abzulenken, begann sie: «Denkt euch, ich habe heute Mafalda getroffen. Sie ist gar nicht zu erkennen, so sehr hat sie sich verändert. Sie ist als Gesellschafterin bei Fräulein de Noves, bei welcher der Monsignore wohnt. Dort ist sie mit Lascari zusammengekommen, und beide haben sich ausgesöhnt. Fast unaufhörlich sprach sie von ihm, wie edelmütig, ruhig und sanft er geworden sei. Sie hatte ihr fahriges und anmaßendes Wesen abgelegt, und eine Güte lag auf ihren Zügen, wie ich es zuvor niemals bemerkt hatte. Hat sie vielleicht von Lascaris Elixier genossen?»

Ephrem sagte: «Nein, aber er. Wenn zwei Seelen in inniger Verbindung miteinander sind, so wirkt auch auf die zweite das ein, was die erste erlebt. Beide stehen in einem magischen Rapport miteinander, so wie ein elektrischer Strom den anderen induziert. Als nun Lascari zu einer Klärung im Innern gekommen war, mußte sich par correspondance der Sturm in ihrer Seele legen. Übrigens war bei ihr alles nur Einbildung, leichte Hysterie. Wir haben scheinbar dadurch wieder einen schweren Verlust erlitten, aber wir bekommen beide wieder auf unsere Seite.»

«Schwer möglich», warf Brettigny ein. «Etwa durch den Griechen?»

«Vielleicht. Aber ich habe stärkere Mittel. Vincente Lascari wird vor dem Baphomet erscheinen. Ich habe ihn zum Konvent eingeladen», sprach Ephrem.

«Du bist verrückt!» fuhr Brettigny auf. «Das ist Verrat!»

Ephrem wollte heftig erwidern, da zeigte sich die Gestalt des Griechen im Türrahmen. Er unterdrückte das Wort, das er seinem Freund zurufen wollte, und ging auf Leftini zu, der ihm mit kurzem Gruß zunickte. Auf seine Einladung nahm der Gast an seinem Tisch Platz und sagte: «Ich warte hier, bis Rabbi Mordechai kommt, der zu einem Glaubensgenossen essen gegangen ist. – Womit kann ich also den Herren dienen?»

«Leftini», sagte Ephrem, «Sie brauchen vor uns keine Maske zu tragen. Wir sind im Unfrieden voneinander geschieden, aber ich glaube, daß wir keine Ursache zum Streit mehr haben. Unser gemeinsamer Feind ist Lascari, der noch immer die beiden Arkana des Archimandriten in seinem Besitz hat. Ich nehme an, daß Sie Ihren Anteil an der Tinktur schon längst verbraucht haben und nach der Erwerbung der Elfenbeinkapsel Lascaris streben.»

«Sie täuschen sich», erwiderte Leftini nachlässig.

«So ist es Ihnen geglückt, die Tinktur zu vermehren?» fragte Brettigny.

«Ich habe mich von der Alchimie losgesagt.»

Eine Pause entstand. Ephrem wußte nicht, wie er das Gespräch aufnehmen sollte. Gilda schälte eine Orange und warf einen neugierigen Blick auf Leftinis verstümmelte Hand.

«Ist es wahr, daß Sie jetzt aus dem Orient zurückkommen?» fragte Brettigny.

«Vicomte, warum fragen Sie? Sie wissen doch durch Ihre Spione, wo ich war. Wir wollen keine Masken tragen. Ich weiß, ich bin verflucht», kam die Klage von Leftinis Lippen. «Ich hasse Sie, Ephrem, ich habe Sie immer gehaßt, aber das Tier läßt mich nicht los. Ich will es zerstören und muß es doch anbeten! Das ist das Ende meiner Verbrechen. Den Marchese habe ich getötet, einen Teil des Lapis durch Betrug mir angeeignet, das Elixier hergestellt und zwei Unschuldige damit getötet. Ich will mich an dem Baphomet rächen und kann es doch nicht. Ich weiß, daß er stärker als alles ist. Ihm dienen kann ich nicht, drum soll er mich vernichten! Deshalb bin ich zum Konvent gekommen, um mich ihm entgegenzustellen.» Ephrem hörte nicht den Ausbruch seiner Verzweiflung und fragte lauernd: «So ist das von Ihnen hergestellte Elixier noch in Ihrem Besitz?»

«Ja.»

«Wären Sie geneigt, es uns zu überlassen? Fordern Sie einen Preis!»

Leftini überlegte.

«Ich will dem Baphomet allein, ohne Zeugen gegenüberstehen.»

«Gut. Wann?»

«Am Vorabend des Konvents. Ohne Zeugen.»

«Es wird geschehen. Sie bringen das Fläschchen mit.»

«Ja.» Die Tür öffnete sich, und Rabbi Mordechai holte den Griechen ab.

«Was hat er vor?» fragte Brettigny, der dem Abgehenden mißtrauisch nachschaute. «Allein und ohne Zeugen?»

«Der Baphomet wird ihn vernichten, und das Fläschchen ist unser», sagte Ephrem.

«Der Mann flößt mir Mitleid ein. In seiner Nähe preßt sich das Herz zusammen. Es ist, als ob alle Qualen, unter denen Mafalda und Lascari litten, auf ihn übergegangen wären, aber noch etwas anderes, viel Schrecklicheres», bemerkte Gilda.

Manchmal im Leben tritt ein Augenblick ein, wo man plötzlich erschrickt, wenn man in einem gegenwärtigen Zustand ein Erleben aus der Vergangenheit erkennt. Dann scheint die Zeit problematisch geworden zu sein, und man erkennt, daß sie an sich gar nichts ist und erst durch uns zur Wirklichkeit wird. Was dann die Sinne zutragen, wird belanglos, denn man schöpft dann aus einer Erkenntnis der Zeitlosigkeit oder vielmehr aus einem Zustand, in dem sich Gegenwart und Vergangenheit decken. In einem solchen Zustand befanden sich die nunmehr reuelos Liebenden. Das Grundgefühl ihres ersten Zusammenklingens, damals im Zug nach Florenz, brach wieder hervor, rein und in ungetrübtem Glanz, aber nunmehr durch doppelt erlittenes Leid über sich selbst hinaus in einen Glücksstand gesteigert, dessen verzeihende Mitwisserschaft eine geheime Zusammengehörigkeit um beide schlang.

So war denn der Erregungszustand von beiden gewichen, als Lascaris Seele den Ruhm seiner großen Ahnen und den Sinn der beiden Arkana erkannt hatte. Nun war auch seine Liebe von aller Dinglichkeit befreit, und das Urgemeinsame der Liebe hatte ihm die Stärke wiedergegeben.

An diesen weichen Frühherbsttagen, die das Herz überquellen lassen wie eine Schale des frisch gekelterten Mostes, färbt sich der Sinn der Liebenden wie das leuchtende Goldbraun der Blätter. Ein sieghafter Trotz geht durch die heroisch prangende Landschaft, und der Geist will sich nicht dem Verfall der Natur unterordnen. Denn die Liebe ist die Besiegung der Welt von innen her. Doch ohne Pathos geschah es, daß Vincente den Arm um die Geliebte schlang so wie die Rebe den Ulmbaum umrankt, und Mafaldas Auge hing hingebungsvoll am Antlitz des so teuer Errungenen. Eine leise Scham und Bitte um Vergebung machte sie dankbar für jede Liebkosung, unter der ihr magdlicher Sinn wie eine dunkle Rose glühte.

Sie gingen längs der Sorgue, deren klare, frische Fluten an ihnen vorüberschossen. In ihrem weißen Sommerkleid verfing sich der Wind und warf ihr die ersten gilbenden Blätter ins Haar. Prall strahlte die Sonne auf den entblößten Nacken und die freien Arme. Vincente hatte ihre linke Hand gefaßt, blieb an einer Wendung des Weges stehen, wo der Fluß schäumend an eine Felswand prallte, und sprach: «Ich muß deine Hand festhalten, Mafalda, sonst könnte ich glauben, daß alles nur ein Traum sei. Aber das Unbegreiflichste war für mich dein Blick, als ich dich damals in St. Agricol traf. Seit Monaten hatte ich dich vergeblich gesucht und ich konnte mich deiner Züge nur soweit erinnern, wie man sich an ein Bild aus der Kindheit erinnert. Denn was man zu lange in sich bildhaft erweckt, verliert seinen Zusammenhang mit der Wirklichkeit und mischt sich mit den Gedankengeweben des eigenen Ichs. Und auf einmal standest du vor mir, so wie ich dich liebend erträumt habe, und ich wußte durch einen einzigen Blick, daß nunmehr nichts mehr zwischen uns beiden ist. Ich habe nichts dazu getan. Wie ist es gekommen?»

«Ich weiß es nicht. Doch damals – es war beim Cäcilienaltar – hatte ich mein Herz im Gebet erleichtert. Ich hatte das Gefühl, daß ein Wunder für mich bereit sei. Und war es nicht ein Wunder, daß alles Vergangene aus meinem Herzen geschwunden war und daß ich dich wieder lieben durfte? Lieben zu müssen, ist Schicksal, aber lieben zu dürfen, ist unendlich mehr, ist Gnade, ist ein Geschenk Gottes.»

Sie stand auf einem Stein, der in den Fluß wie eine Halbinsel vorsprang, und ließ die zerstiebenden Tropfen von unten her auf ihr heißes Gesicht sprühen. Und dann kniete sie nieder und wusch das Gesicht im kühlenden Wasser. Sie tat es langsam, wie einen sakralen Akt, als ob sie gleichsam äußerlich bekräftigen wollte, was innerlich schon früher stattgefunden hatte. Vincente erfreute sich an dem anmutigen Bild und war von der Natürlichkeit ihrer Handlung bezaubert. War es nicht gleichsam eine neuerliche Taufe durch das von Petrarca der Liebe geweihte Gewässer? Und auch er beugte sich über den Fluß, ließ sich die Stirne netzen und flüsterte dabei: «Im Feuer der Blitze haben wir uns das erstemal gesehen. Nun soll das Wasser uns taufend reinigen. Der Wind sei unser Gespiel und die Erde unsere Heimat!»

«Was murmelst du, Liebster?» fragte sie.

«Ich habe die vier Elemente beschworen, daß sie uns fürderhin dienen. Steh auf!» Er sprang zu ihr hin und hob sie sanft zu sich empor. Zum ersten Male hielt er ihren Leib umschlungen. Ein leises Zittern überflog instinktiv ihre Haut, aber ihr Auge blickte ruhig.

«Im Angesicht der Natur, der vier gebändigten Elemente als Zeugen, beschwöre ich dich, Mafalda: willst du vergessen, was war, dem Baphomet für immer entsagen und die meine sein? Denn ich liebe dich, Mädchen, mehr als meine Seele!»

«Vincente!» Statt vieler Worte umschlang sie ihn innig und drückte ihre Lippen auf die seinen.

«Du, du! Mein Weib!» jauchzte er auf.

Monsignore d'Arnoults Arbeitseifer schien unerschöpflich. Seitdem sein Freund, der Professor Bolza, angekommen war, war sein Bestreben, alle alten Berichte über den Baphomet der Templer zu erforschen, um Klarheit darüber zu erlangen. Er selbst neigte der Ansicht zu, daß dieser Tiergott nur als ein magisches Symbol aufzufassen sei, während Bolza die Meinung äußerte, daß man in ihm eine Realität, ein Wesen aus der Vorzeit, fürchten müsse.

«Aber, lieber Freund», warf d'Arnoult einmal ein, «Sie übersehen, daß Sie sich im Widerspruch mit Eliphas Lévi befinden, den sie doch sonst als höchste Autorität anerkennen.» Und er holte einen Band vom Bücherschrank, blätterte und las: «Wir haben gesagt, daß zwei Dinge nötig sind, um magische Macht zu erwerben: den Willen von aller Knechtschaft zu befreien und ihn zu beherrschen. Der Herrscherwille wird in unseren Symbolen durch das Weib dargestellt, das der Schlange den Kopf zermalmt, und durch den glänzenden Engel, der den Drachen bändigt und ihn unter seinem Fuß und seiner Lanze hält. Das große magisch wirkende Mittel, der zweifache Lichtstrom, das Lebens- und Astralfeuer der Erde wird in den alten Lehren vom Ursprung der Götter durch eine Schlange mit Stier-, Widder- oder Hundskopf dargestellt. Es ist die doppelte Schlange am Merkurstabe, es ist die Schlange Mosis, die sich um das Tau herumwindet, was den schöpferischen lingha bedeuten soll. Es ist auch der Ziegenbock vom Hexensabbath und das Baphomet-Symbol der Tempelritter; es ist die Hyle der Gnostiker; es sind der Doppelschweif der Schlange, die Beine des solaren Hahnes, des Abraxas. Aber in Wirklichkeit ist es die blinde Kraft, die die Seelen erobern müssen, um sich aus den Banden der Erde zu befreien; denn wenn ihr Wille sie nicht von dieser verhängnisvollen Macht freimacht, so werden sie von dieser Kraft in die Strömung gezogen werden, die sie erzeugte, und werden zum Zentral- und ewigen Feuer zurückkehren.»

«Ganz richtig», versetzte Bolza, «aber gestatten Sie, daß ich ein paar Zeilen weiterlese.» Er nahm das Buch aus dessen Händen und las: «Alle magischen Wirkungen bestehen darin, sich von den Windungen der alten Schlange frei zu machen; dann den Fuß auf ihren Kopf zu setzen und sie nach dem eigenen Willen zu lenken.» – Ist hier nicht deutlich auf die tierische Beschaffenheit des Astralfeuers angespielt? Und muß nicht diese Naturkraft irgendwie einen typischen Ausdruck gefunden haben? Ich behaupte nun, daß sie sich in allen Reichen der Natur vorfindet als blinder, zeugender und zerstörender Trieb; daß diese dämonische Kraft aus der organischen Welt sich einen Leib als Träger gebildet hat, einen

Gott in Tiergestalt. Denken Sie daran, daß die Bibel diese Sodomsgötter kennt, alle diese Issuri, Quol und Udumu, Wesen, von denen sie als Realität spricht.»

«Halt, Sie täuschen sich! Dort werden sie Engel genannt», sprach d'Arnoult.

«Das ist eine Frage der Exegese», sagte der Professor.

«Und wenn auch wirklich diese Tierwesen existiert haben, so können sie jetzt nicht mehr bestehen, denn durch Christus wurden sie besiegt. Erinnern Sie sich an den Ruf: ‹Der große Pan ist tot!› Pan, der Bocksgott, der griechische Baphomet!»

«Doch heißt es nicht auch in der Schrift, daß vor dem Weltuntergang die Dämonen der Hölle wieder auf Erden erscheinen werden! Spricht nicht die Apokalypse im dreizehnten Kapitel davon, daß das Tier wiederkommen wird? Warten Sie, ich kann die Stelle auswendig, ich habe sie erst gestern wieder einmal gelesen. ‹Und ich sah ein ander Tier aufsteigen von der Erde und hatte zwei Hörner gleichwie das Lamm und redete wie der Drache. – Und es tut große Zeichen, daß es auch macht Feuer vom Himmel fallen vor den Menschen.› – Ist das nicht das Bockshaupt des Baphomet, nicht das astralische Feuer, von dem Eliphas Lévi spricht?» –

«Ich verstehe nicht, worauf Sie anspielen.»

Der Professor stand auf und wußte nicht, wie er sein Thema am besten anpacken sollte. Er schritt im Zimmer einige Male auf und ab. «Monsignore, haben Sie niemals über die Bedeutung des Lammes im neuen Testament nachgedacht und über die Tiersymbolik der Katakomben? Das Lamm Gottes? Meiner Meinung nach drückt es das Gleich aus wie der Baphomet, nur ist bei letzterem die astrale Kraft negativ, bei dem Lamm positiv und verklärt. Wie nun eine negative Elektrizität für sich allein nicht bestehen kann, so kann auch das Gott-Tier, das Lamm, nicht ohne den Tier-Gott-Baphomet bestehen. Ich glaube, daß die erste Kirche dieses gewußt hat, und ich deute die Tierbilder der Katakomben so, daß den ersten Christen der Zusammenhang zwischen beiden Kräften noch bewußt war. Und übrigens: die deutlichste Erhärtung meiner Ansicht finden Sie in der Peterskirche, die als Mittelpunkt der Welt das ganze Wesen der Erde ausdrückt: über dem Portal rechts, wenn man eintritt, sind Sodomszenen abgebildet, die Sünde des Baphomet. Vom Hochaltar aus gerechnet also links. Das ist der Sündenfall, die Urschuld der Menschheit. Tritt man ein, so sieht man die Säule aus dem Salomonischen Tempel: die Sodomsünde wird durch Jehovah des alten Bundes niedergehalten. Einige Schritte weiter steht die Pietà des Michelangelo: das Weib, das der Schlange den Kopf zertritt. Auf einigen Quadratmetern ist der ganze Sinn der Welt festgebunden.»

D'Arnoult war bei diesen Worten sehr ernst geworden und sagte nach einer Pause: «Bitte, argumentieren Sie weiter!»

«Das Tier galt in früheren Zeiten nicht als verächtlich und galt nur graduell, aber nicht wesentlich von dem Menschen verschieden. Daher die Vergöttlichung des Tiers, weil in ihm die astrale Kraft stärker entwickelt ist als im Menschen. Das Unbewußte, Geheimnisvolle im Tier, das ist eben das Göttliche! Die unendlich tiefen Ägypter haben ihre Götter mit Tierhäuptern abgebildet.»

«Nun, die Folgerungen, die Sie daraus ziehen?» fragte d'Arnoult.

«Der Mensch muß wieder zurück in das Tier, um sich wieder in den Besitz der verloren gegangenen Astralkraft zu setzen. Er muß sich wieder in seine tierische Urform auflösen. Das ist die Solution der Alchimie. Dann aber kommt der wichtigere Teil, nämlich die Zusammenziehung der gewonnen Astralkraft, die Koagulation. An die Grenze der beiden setzt die Alchimie das Rabenhaupt, auch Bockshaupt genannt, das bärtige Gesicht, das besiegt werden muß, wenn man zum geläuterten Astralfeuer, zum Gold der Alchimisten vordringen will. Oder mit anderen Worten, die Fleischesliebe der Sinne, die zerstörend und negativ wirkt, muß zum Gottesfeuer der Minne umgewandelt werden, aus Eros muß Agape werden.

Was ich mit Worten nur ungefähr andeuten kann, hat sich im Leben unseres Freundes Lascari vollzogen. Er und Mafalda wurden in den zerstörenden Strudel sinnlicher Liebe gezogen, aber hier kamen sie in den Besitz der baphometischen Kraft, durch die sie befähigt wurden, den Baphomet zu besiegen.»

«Ihr System hat mehr als eine Lücke. Denn was ist das Entscheidende, wodurch er besiegt werden kann? Weshalb sind ihm so viele unrettbar verfallen? Und wodurch ist erkennbar, was der Prozeß der Solution und was der der Koagulation ist?» fragte der Priester.

«Eine Frage nach der anderen. Nach dem Beispiel Christi kann jeder Mensch die Höllenschlange niederringen, denn Christus hat uns seine Hilfe und Anwesenheit zugesagt. ‹Ich bin bei euch bis ans Ende der Welt.› Wenn nun die meisten der Sünde erliegen, so sind sie selbst daran schuld, weil sie die negative Macht des Astralfeuers bejaht haben. Sie haben den umgekehrten Weg eingeschlagen, das Göttliche solviert und das Teuflische koaguliert. So gelangen sie auch zu Gold, aber es ist Höllengold. Meiner Überzeugung nach sind die ungeheuren Goldschätze des Templerordens im dreizehnten Jahrhundert baphometischen Ursprungs. Das Kriterium, nach dem sich erkennen läßt, was Auflösung und was Zusammenziehung ist, (die Worte sind also umkehrbar) liegt nicht bei dem einzelnen, der sich durch Gefühle täuschen lassen kann, sondern bei der Kirche, der von Christus die Binde- und Lösegewalt verliehen ist.»

D'Arnoult lächelte: «Es ist sonderbar, daß ich, der Priester, mich von einem Laien belehren lassen soll. Lieber Freund, was Sie mir darlegten, war mir längst bekannt. Ich schwieg nur, um zu erfahren, wieweit Ihre Kenntnis reicht, und ich bin erstaunt, daß Sie einen so großen Teil der christlichen Geheimlehre aus sich selbst herausgefunden haben. Aber ein wichtiger Teil, ja der wichtigste, ist Ihnen unbekannt – darüber zu sprechen, ist mir verboten. Es sind Geheimnisse, die über unsere Dimensionen hinausgehen. Denn Solution und Koagulation sind Erscheinungen im Raum und in der Zeit, also nur Sinnbilder und nichts Endgültiges. Was Sie darlegten, gilt nur für die physische und seelische Alchimie, nicht aber für die geistige. Ich kann Ihnen nur einige Andeutungen machen und sagen, daß die Lehre von den sieben Sakramenten, von der Menschwerdung Christi und von der Dreieinigkeit in diese Geistalchimie gehören. Und wozu auch solche Untersuchungen? Glauben Sie, daß dadurch nur ein einziger Mensch gut oder besser wird? Denn der Kirche ist es in erster Linie nicht um ein Wissen, sondern um ein Handeln zu tun. Oder glauben Sie, daß Christus durch seine Predigten die ganze Welt für sich gewonnen hätte, wenn er nicht nach ihnen gehandelt hätte: Weil also diese alchimistischen Spekulationen sehr leicht vom christlichen Glauben ablenken können, verbietet sie die Kirche. Und wie leicht kann das alchimistische Denken den Sinn eines ungeschulten Menschen verwirren, wenn er zum Beispiel in einem Buche den Satz findet: ‹Wenn Christus in den Spiegel sieht, blickt ihm der Teufel entgegen.› Das stimmt in einem gewissen Sinn, doch wohin soll das führen? Desgleichen mußte die Kirche die Lehre von der vergöttlichten Tierheit Christi verwerfen, denn was hätte der Pöbel aus der Lehre von der besiegten negativen Astralkraft gemacht? Und was aus der Lehre, daß die heilige Eucharistie eine Sublimierung der Sodomie ist? Und daß die Sünde eigentlich Gottesdienst ist?»

Bolza glaubte d'Arnoult bei einem Widerspruch ertappt zu haben: «Also erkennen Sie jetzt an, daß der Baphomet eine Realität ist, wenn Sie das Böse als Realität anerkennen?»

«Sie irren. Das Böse ist nur im Raum und Zeit da, nicht aber als metaphysische Realität. Wenn also der Baphomet irgendwo in Erscheinung tritt, so ist er nur etwas Nichtwirkliches wie alles im Raum und in der Zeit. Einen Teufel als metaphysische Realität gibt es nicht, sondern er ist nur ein Egregorium unserer Vorstellungen.»

«Egregorium? Sie meinen eine Objektivierung des Bewußtseins?»

«Ganz richtig. Weil wir uns unvollkommen fühlen, projizieren wir das Böse in uns nach außen, was mit solcher Gewalt geschehen kann, daß es ein sichtbares Gedankenbild wird. So erscheint der Teufel nur dem, der ihn fürchtet oder ihn an sich zieht. Ich bin fest davon überzeugt, daß der heilige Antonius in der Wüste wirklich von Teufeln geplagt und gezwickt worden ist. So ist es auch möglich, daß die Templer bei ihrem feierlichen Rituale, wo sie die Anwesenheit des Baphomet erwarten, wirklich ein Egregorium von der imaginierten Gestalt vor sich sehen, das also eine mystische, aber keine physikalische Realität ist.»

«Der Grieche Leftini ist anderer Meinung. Er hält den Baphomet für einen wirklichen Tierdämon aus der Urzeit, ein Tierwesen, das von einem Dämon beseelt ist und das die Sprache der Menschen sprechen kann. Er ist eigens deshalb, um den wirklichen Baphomet zu sehen, in die Hochburg der Templer, nach Athlit in Palästina gereist.»

Die Züge d'Arnoults spannten sich: «Und was hat er gesehen?»

«Nichts. Es wurde ihm gesagt, daß der Baphomet von dort entwichen sei und daß er sich nach Europa begeben habe. Ich vermute nun, daß er sich hier in Avignon niedergelassen habe, in der Nähe der entweihten Bundeslade und des siebenarmigen Leuchters.»

«Aber, Professor, die Jehova geweihte Bundeslade und der Tiergott! Welch eine Phantasterei! Das sind doch zwei Gegensätze, die sich ausschließen!»

«Nicht ganz. Die Bundeslade war gewissermaßen ein Akkumulator der Astralkraft, die von einer auserlesenen Priesterkaste geregelt und verwaltet wurde. Seitdem nun das Priestertum unter den Juden erloschen ist, ist auch die Kraft der Lade chaotisch geworden, also baphometisch. Daher drängt es den Baphomet zu der verwandten Kraft. So erkläre ich mir auch, weshalb die Templer so eifrig bemüht sind, in den Besitz des Lapis zu gelangen: durch ihn, der ja nichts anderes als koagulierte Astralkraft ist, wollen sie die geschwächte Bundeslade neu laden und dem Tiergott größere Kraft zuführen; daneben auch durch Multiplikation den Lapis vermehren und Gold für sich gewinnen. Aber der Lapis und das daraus gewonnene Elixier enthalten mehr Geheimnisse, als wir ahnen. Denn Leftini besitzt das Elixier, aber es spendet Tod statt Leben.» Und er erzählte ihm, was ihm der Grieche mitgeteilt hatte.

«Das beweist, daß die Astralkraft, die in ihm lebt, ethisch wirkt, also göttlichen Ursprungs ist. Im Besitz der Templer wird sie eine Schändung Gottes und deshalb hat die Kirche ein so starkes Bestreben zu vereiteln, daß sie in den Besitz der Baphometanhänger gerät.»

«Wenn ich an die Ereignisse des letzten Jahres zurückdenke», sagte der Professor, «so erkenne ich die verderbliche Kraft der negativen Astralenergie, die vom Baphomet ausgeht. Ich wiederhole: der Marchese ist bei einer Evokation gestorben, der unglückliche Abbate Doni wurde von Taddo ermordet, und die beiden Liebenden wurden in eine Verblendung hineingehetzt, die eine Versöhnung fast unmöglich erscheinen ließ.»

«An ihnen ist die Macht des Baphomet zuschanden geworden, denn das Herz ist stärker als alle Arkana der Adepten», sprach der Priester und lächelte milde. «Der Teufel kann nichts als verwirren, aber die Entwirrung liegt bei Gott. Weshalb der Marchese und Abbate Doni den Rückweg nicht gefunden haben, darüber steht uns kein Urteil zu. Ich meinerseits zweifle nicht daran, daß Vincente Lascari unter einem besonderen Schutz des Adepten Laskaris steht. Vincente erzählte mir nämlich einen Traum, wie sein Astralleib in der Nacht an die Grabstätte seines Ahnherrn nach Griechenland gewandert sei, und zwar gerade, nachdem er einige Tropfen des Elixiers zu sich genommen hatte. Wenn ich diesen Astraltraum erklären kann, so deute ich ihn so, daß Vincentes Seele alle Kraft der Vergangenheit, die heldische Größe seiner kaiserlichen Ahnen unbewußt in sich erlebt hat, und beim Erwachen war er von einem Kraftgefühl durchglüht, das sich vor dem Baphomet nicht mehr fürchtet. Dadurch hat seine Seele ihre Einheit wiedergefunden, was Mafalda instinktiv gefühlt hat, die nun zu ihm Vertrauen faßte, da sein Herz durch die Gedanken an Baphomet nicht mehr abgelenkt war.»

«Ich bewundere Ihren klaren Blick und Ihre Seelenkunde, Monsignore, und bedaure nur, daß wir hinsichtlich der Realität des Tiergottes verschiedener Meinung sind.»

«Ich kann mich auch täuschen», versetzte dieser. «Übrigens, wir beide werden uns selbst überzeugen können, ob Sie recht haben oder ich.»

«Wie meinen Sie das?» staunte Bolza.

«In einigen Wochen findet in den unterirdischen Gewölben der Papstburg ein Konvent der Templer statt. Wir beide werden anwesend sein.»

«Wie, ich und Sie, beim Kult des Tiergottes?» Bolza konnte es nicht fassen.

«Ja. Erinnern Sie sich, daß ich durch den verstorbenen Abbate Doni in den Besitz der Templerprotokolle kam. Mit Zustimmung meiner Vorgesetzten bot ich sie Ephrem an, gegen die Erlaubnis mit einem Zeugen am Konvent teilzunehmen. Er hat eingewilligt und als meinen Zeugen bitte ich Sie, lieber Professor, mich zu begleiten.»

Dieser war erregt aufgesprungen: «Das ist ja Vermessenheit, das heißt ja, die Langmut Gottes herausfordern! Nein, Monsignore, ich verweigere meine Zustimmung!»

«Nur ruhig, mein Freund!» besänftigte ihn der Priester, ich dachte, für Sie als Gelehrten müßte es von größtem Interesse sein, ein Phänomen, über das es nur unzuverlässige Berichte gibt, an Ort und Stelle zu studieren. Dort werden Sie sich überzeugen können, ob der Baphomet ein Egregorium der Sinne oder, wie Sie annehmen, eine Realität ist.»

«Nein, unter keinen Umständen nehme ich an! Ich fürchte nicht einen Hinterhalt oder eine körperliche Schädigung. Aber denken Sie an die unheilvollen Strahlen, die dort in uns eindringen und unsere Sinne entflammen können. Es wäre Frevel, in den offenen Rachen des Löwen zu rennen.»

«So werde ich Lascari als Beistand bitten.»

Der Professor schien sich seine schroffe Ablehnung noch einmal zu überlegen und sagte: «Ich möchte zuvor mit Vincente darüber sprechen. Bitte, gönnen Sie mir einen Tag Bedenkzeit.»

«Gut.» Es war indessen von den niedrig ziehenden Wolken dunkel geworden und der Wind wirbelte den Staub der Straße durch das Fenster. Man mußte schon die Tischlampe entzünden, und das Gespräch verlor sich in Alltäglichkeiten. Eine ungewisse Stimmung herrschte zwischen den beiden Männern, zwar keine Verstimmung, aber doch ein Gefühl, daß sie einander noch etwas, das Wichtigste zu sagen hätten. Es gibt solche Erschöpfungszustände der Seele, wo sich gleichsam ein Schleier auf alles legt, was früher noch hell und durchsichtig gewesen ist, und wo eine Melancholie das Herz ergreift, die trauriger macht als die tiefste Erschütterung des Schmerzes, weil dieses Leid aus der Nacht kommt, wo man sich selbst nicht mehr kennt und die Furcht vor dem Wissen größer ist als der Wagemut zu einer Entdeckung. In solchen Zuständen eilt das Wort den Gedanken voran und alles, was man ausspricht, um den Bann zu brechen, gewinnt eine größere Bedeutung, als es ihm eigentlich zukommt.

So fuhr auch Bolza zusammen, als Monsignore d'Arnoult das Geheimnis seiner Seele unfreiwillig in stoßenden Worten enthüllte: «Ja, mich verlockt es, den Baphomet in mir zu erleben, seine Kommunion zu empfangen! Das Tier muß zu Gott und Gott zum Tier werden, damit der Mensch, der zwischen beiden steht, einen vom anderen erlösen kann. Denn deshalb ist Gott, der reine Gott, Mensch geworden, um in Beziehung mit dem unvernünftigen Tier zu treten, gleichsam um Abbitte zu leisten, daß er diese Wesen überhaupt geschaffen hat. Oder mit anderen Worten: je mehr sich der Mensch von seinen tierischen Bedingungen loslöst, desto größer wird seine Verlassenheit, er findet sich in der Welt nicht mehr zurecht, für die er geschaffen wurde. Je heiliger er ist, desto mehr zwingt es ihn in die Gemeinsamkeit der Tiere zurück, wo er die Ordnung des Natürlichen sieht, die er für die Gemeinschaft der übernatürlichen Seelen ersehnt. So verstehe ich die Tierliebe des Heiligen Franz von Assisi, die eine bedauernde Sehnsucht ist. Und das ist auch der Sinn des Lammes, welches zugleich reinste Gottheit, Menschheit und Tierheit ist. Und hier sind wir wieder bei der Alchimie, die das Gleiche aussagt, aber nicht nur den Zustand, sondern auch den Weg der Vereinigung und Höherentwicklung darstellt. Das Gold der Alchimie ist jener Zustand, der Weg dazu ist das Opfer, daß das Höhere zum

Niederen herabsteigt, sich auflöst mitsamt dem Niederen und sich wiederum emporhebe, gereinigt und geläutert. Der Kreuzestod Christi ist also ein alchimistischer Prozeß, die Solution, deren Ergebnis eine neue Bindung, wörtlich übersetzt religio, ist. Und jedes Opfer ist um so größer, je bewußter es geschieht und je größer die daraus gewonnene Bindung ist. Deshalb will ich den Baphomet in mich aufnehmen, weil –»

«Hochwürden!» unterbrach ihn aufgeregt Bolza. «Das dürfen Sie nicht! Die Kirche verbietet es, das untergräbt ihre Pfeiler. Das ist unchristlich und heidnisch. Die Kirche wird Sie exkommunizieren, wenn sie erfährt, wie Sie sich gegen ihre Gebote vergehen!»

D'Arnoult lächelte nachsichtig: «Merkwürdig wie oft Laien päpstlicher als der Papst sind! Bedenken Sie, daß Christus gekommen ist, nicht um das alte Gesetz aufzuheben, sondern um es zu erfüllen. Und dann wissen Sie nicht, daß sich die göttliche Kraft gerade an solchen Orten besonders offenbare, wo der Sitz einer heidnischen Gottheit war? An der Stelle der Grabeskirche in Jerusalem stand früher ein Adonistempel, Golgatha, die Schädelstätte, war ein Ort unreiner Geister und der vatikanische Hügel war, wie der Name sagt, eine Orakelstätte. Die ersten Christen haben ihre Kirchen immer in alten Heiligtümern erbaut, aus dem natürlichen Gefühl heraus, daß die Christuskraft die alten Götter besiegen muß. Auch die Wunderstätten der neuesten Zeit sind uralte baphometische Kultstätten. Der Dichter J. K. Huvsmans hat es von Lourdes und anderen Orten nachgewiesen.» Er ging zum Bücherregal, holte einen Band hervor, blätterte und las: «Nach einer Überlieferung, die durch die Geschichte von Sodom inspiriert zu sein scheint, erhob sich Lourdes ehemals am Ufer eines Sees, der sich links bis nach Biskaya erstreckte, und Gott ertränkte die Stadt, um sie wegen ihrer sodomitischen Sünden zu bestrafen, unter den Fluten dieses Sees. – Aus allen diesen seltsamen Berichten scheint sich zu ergeben, daß diese Stadt, die von der heiligen Jungfrau auserkoren wurde, eine der ältesten Lasterhöhlen des Dämons war.»

Der Professor starrte nachdenklich vor sich hin und blickte scheu auf den Priester, dessen Soutane im Dämmerlicht des Abends im schwachen Phosphorschein wie eine Ahnung leuchtete. Man hörte in der Stille das Ticken des Holzwurms, der in dem uralten Eichentisch nagte, und von draußen drang das schwache Läuten einer verspäteten Glocke wie verlorenes Bienensummen an das Ohr. Oder war es das dumpfe Rauschen des Bluts, das in Bolzas Leib also dröhnte?

«Nun ist es aber spät geworden», sprach der Priester. «Bleiben Sie bei mir und nehmen Sie die Abendmahlzeit bei Fräulein de Noves ein. Wir wollen mit Lascari und seiner Braut das Gespräch weiterführen.»

Bolza sah auf die Uhr. Es kam ihm gelegen, wieder einmal mit Lascari zusammenzukommen. So gingen sie über den Korridor in den Speisesaal, wo Mafalda eben aufdeckte und noch ein Gedeck für den Professor auflegte. Lascari und das alte Fräulein waren nicht zu Hause, obwohl es Zeit zum Souper war. «Vincente hat von seinem Bruder ein Telegramm aus Feltre erhalten, in dem dieser ihm ankündigt, daß er mit dem Abendzug kommen werde. Sie sind ihm auf den Bahnhof entgegen gegangen», sagte Mafalda, die mit dem Silberbesteck hantierte. Sie hatte ein weißes Spitzenhäubchen auf und eine weiße Schürze umgebunden und sah in ihrer stellvertretenden Hausfrauenwürde allerliebst aus. Ihre Wangen glühten vor Geschäftigkeit, die Augen leuchteten im Feuer des Glücks, die Stimme klang rein und hell. Unbeschwert von aller Last der Vergangenheit, lachte sie fröhlich in die Welt und nahm alles mit Selbstverständlichkeit hin, als ob es gar nicht anders hätte kommen können. Und doch konnte sie nicht vollständig die Scham über ihre Vergangenheit angesichts der beiden Zeugen verbergen und ihr italienisches Naturell übertrieb unwillkürlich die zur Schau gestellte Sicherheit mit einem leisen bittenden Unterton, man möge vom Früheren nicht sprechen. Die Zeit verging mit gefälligen Nichtigkeiten, als der Wagen mit dem Gast ankam. Valente Lascari hatte sich einen Vollbart wachsen lassen, seine Körperfülle hatte zugenommen und sein ganzes Benehmen zeigte die Umständlichkeit des Provinzlers.

Man setzte sich zu Tisch, und Mafalda spielte mit Grazie die Hausfrau. Valente erzählte auf Befragen seines Bruders die Neuigkeiten aus Feltre. Er hatte geheiratet und sein Junge gedieh prächtig. Das Holzgeschäft stockte, da die Baulust gesunken war. Aber es wurde in Feltre eine Papierfabrik gegründet, an der sich Valente mitbeteiligte, und die großen Gewinn versprach. Vincente bemühte sich vergebens, von seinem Bruder den Grund seiner plötzlichen Reise nach Avignon zu erfahren, und ahnte, daß der sonst so gesprächige Bruder etwas Besonderes auf dem Herzen haben müsse. Der Holzhändler verhehlte nicht seine Bewunderung vor Mafalda und strahlte vor Eitelkeit, als er mit seiner zukünftigen Schwägerin auf Vincentes Geheiß das brüderliche Duwort tauschte. Aber das Gespräch kam doch nicht richtig in Gang, und Valente, der von der Reise ermüdet zu sein schien, bat die Hausfrau um die Erlaubnis, sich zurückziehen zu dürfen. Das Fräulein hatte ihm im oberen Stockwerk ein Zimmer herrichten lassen, das neben der Stube Vincentes lag, der erst kürzlich in das Palais übersiedelt war.

Es war dies ein Speisesaal mit uralten Möbeln, die vom Alter braun gebeizt waren. Die Seidentapeten hingen in losen Fetzen von den Wänden und der Stuck der Wände war herabgefallen. Nur die Ecke, wo das moderne Messingbett stand, war gereinigt, fast haargenau war die Grenze zu erkennen, wo sich der Wohnraum von der Rumpelkammer schied. Valente fühlte sich zwar ein wenig unbehaglich, aber das Bewußtsein, in dem Palast zu schlafen, in dem die Geliebte des Petrarca einstens wohnte, gab ihm eine geheimnisvolle Sensation. Die Abenteuerlust packte ihn, er ging über die gesäuberte Stelle des Fußbodens hinaus und leuchtete mit seiner elektrischen Taschenlampe den gebräunten Ahnenbildern ins Gesicht. Dabei hatte er das Gefühl, als ob er etwas Unschickliches täte. Er wollte nicht früher schlafen gehen, als bis er sich mit Vincente ausgesprochen hätte. Er ging mit langen Schritten in dem unheimlichen Gemach auf und ab und ärgerte sich darüber, daß jener noch nicht kommen wollte. Schon war es elf Uhr, und verdrossen wollte er trotz seiner Neugier die Aussprache auf den morgigen Tag verschieben, als er Tritte hörte. Er öffnete die Tür und bat seinen Bruder, einzutreten.

«Aber jetzt zu nachtschlafender Zeit!» wollte dieser ablehnen.

«Ich habe mit dir ein ernstes Wort zu reden», sprach Valente mit einem Tonfall, der keinen Widerspruch duldet.

«Also gut. Was ist?» Vincente schob seinen Sessel an den Petroleumofen, dessen Wärme wirkungslos in dem großen Raum verstrahlte. Was wollte er denn? Reute es ihn, daß er ihm die Erbschaft zu Rifredi überlassen hatte?

«Also höre! Du mußt morgen mit mir Avignon verlassen. Es ist gleichgültig, wohin du dich begibst, nur hier darfst du nicht mehr bleiben!»

«Ah!» fuhr Vincente überrascht zusammen. «Und warum? Ich darf doch fragen, was dich zu diesem Befehl ermutigt hat?» Er wollte sich noch eine Zigarette anzünden, fand aber kein Streichholz. So machte er sich aus dem Telegramm einen Fidibus, entzündete ihn an der blauen Petroleumflamme und steckte die Zigarette in Brand. Sein Bruder faßte diese Handlung als einen feindlichen Akt auf und warf ihm einen bösen Blick zu. «Also rede, ich warte», sagte der Jüngere und stieß einen Rauchring hervor, dem er lange nachsah, bis er sich im Dunkel verlor. «Du weißt Vincente, daß ich immer ein nüchterner Mensch war und für Träumereien und Gefühle niemals viel übrig hatte. Ebenso weißt du, daß ich niemals krank war und daß ich mir durch Bücher nicht den Kopf verwirren lasse. Ich lese überhaupt nur den volkswirtschaftlichen Teil des Corierre und die Fachzeitschriften. Und meine Frau, die dich übrigens bestens grüßen läßt und einlädt, einmal zu uns zu kommen, meine Frau ist in einer modernen Pension in Turin erzogen und frei von abergläubischen Vorstellungen. Woher wäre es also gekommen?»

«Du machst mich wirklich neugierig, Valente.»

«Vor etwa einem Monat war es das erstemal. Ich schlafe sonst wie ein Stück Holz und träumte sonst nie. Aber damals erschienen mir im Traum zwei Männer, so anschaulich, wie sonst nur im Leben. Der eine war in der Kleidung der Gegenwart, aber mit alten Schnallenschuhen, der andere in solcher Tracht wie der da –» und er zeigte auf ein Ahnenbild aus dem sechzehnten Jahrhundert – «in schwarzem Samt, aber auf dem Kopf hatte er eine rote Mütze, fast wie die Kopfbedeckung eines Dogen.»

Vincente war bei dieser Bemerkung zusammengefahren und hatte die Zigarette fortgelegt. «Erzähle weiter!» stieß er hervor und rückte näher an den Ofen heran. Ihn begann zu frösteln.

«Diese beiden Männer redeten auf mich ein», fuhr Valente fort, «aber ich verstand nicht, was sie mir sagen wollten. Dann war ich plötzlich in der Nähe von Florenz, und wir gingen auf deine Villa in Rifredi zu. Du weißt, daß ich das Haus nur ein einzigesmal betreten habe und nur ein Zimmer kenne. Weder Barduzzi noch Bolza haben mir erzählt, wie es drinnen aussieht. Wir traten also ein, an dem alten Luigi vorüber, der uns gar nicht bemerkte, und stiegen die Treppe zum Bodenraum empor. Dort gingen wir in ein dunkles Zimmer, das spärlich durch eine Luke erhellt war. Ich sah da merkwürdige Geräte, vor denen ich ein unerklärliches Grauen empfand. Doch meine beiden Begleiter zeigten auf die Wand über der Tür. Und ich sah ein Kreuz mit doppeltem Querbalken und darunter einen Bockskopf, dessen grüne Augen mich unheimlich anstarrten. Der Bock wurde immer größer und legte sich auf meine Brust wie ein Stein, der wie ein Alpdruck auf mir lastete. Ich schrie auf und fand mich in Schweiß gebadet in meinem Bett.»

«Erzähle weiter! Ich werde dir alles erklären», sagte Vincente, dessen Antlitz leichenfahl geworden war. War der Fluch noch nicht gebrochen, griff er auch auf den Bruder über?

Und Valente setzte fort. «Nach einer ruhig verbrachten Woche erschien mir wieder die in Samt gekleidete Gestalt mit der roten Mütze und führte mich in ein fremdes, heißes Land. Die Gegend war braun von verbranntem Gras, und nur im fernen Talgrund wuchsen ganze Wälder von Ölbäumen. Wir schritten durch eine Ruinenstadt empor und traten in eine Kirche ein. Mein Führer trat vor eine gemalte Grabstelle, auf der genau dieselbe Gestalt abgebildet war, die neben mir stand und mit dem Finger die Inschrift berührte, die rund um die Figur ging. Dann redete er eindringlich auf mich ein, aber ich verstand nichts davon, nur das Wort Michael ist mir in der Erinnerung geblieben. – Dann plötzlich war er verschwunden und ich erwachte.»

«War das der letzte Traum?»

«Nein. Nach einer Woche kam die Gestalt mit der roten Mütze wieder zu mir, und plötzlich war ich bei dir in deinem Zimmer. Du lagst in deinem Bett und warst sehr bleich. Der Mann an meiner Seite schlug die Bettdecke zurück und ich sah auf deiner Brust eine Elfenbeinkapsel an einer Stahlkette, die um deinen Hals ging. Dann nahm er vom Nachttischchen ein geschliffenes Fläschchen mit einer grünlichen Flüssigkeit. Er öffnete die Phiole und ließ mich daran riechen. Da drang ein so starker Geruch in meine Nase, daß ich die Besinnung verlor. Den ganzen folgenden Tag hatte ich Kopfweh davon.»

«Doch weshalb willst du, daß ich Avignon verlassen soll?»

«Das hängt mit dem letzten Traum zusammen. Wieder kam der Begleiter der früheren Träume zu mir – doch bitte, erlaß es mir davon zu reden. Es ist zu schrecklich, es würde dich zu sehr aufregen. Ich weiß zwar nicht, was alle diese Träume zu bedeuten haben, aber ich fühle, daß dir und deiner Braut die größten Gefahren drohen, wenn du noch länger hier bleibst. Komm mit ihr zu mir nach Feltre oder gehe, wohin du willst, nur hier darfst du nicht bleiben!»

«So deute mir doch wenigstens an, worin die Gefahr besteht, die mich bedroht!» bat Vincente in seiner Angst um die Geliebte.

«Ich darf es nicht sagen, aber wieder war es das Bockshaupt, das mir erschien.» –

«Ich danke dir, Valente, du hast mir wirklich einen großen Dienst erwiesen und mich vor einer großen Gefahr gewarnt.»

«Wie deutest du die vier Träume? Was verkünden sie dir? Du bist bleich geworden, Vincente, soll ich dir eine Erfrischung bringen?»

«Ich danke dir, nein, es geht schon vorüber. Also höre! Der eine Mann war der gestorbene Marchese, der andere unser Ahnherr Michael Laskaris, der letzte Kaiser dieses Geschlechts. Im ersten Traumbild hast du das Laboratorium in Rifredi gesehen, in dem Bockshaupt war in der Elfenbeinkapsel der Lapis, in dem Kreuz mit dem doppelten Querbalken war das Lebenselixier verborgen. Beide Arkana sind jetzt in meinem Besitz. – In der zweiten Vision führte dich unser Ahnherr zu seinem eigenen Grabmal nach Mistrà in Griechenland, wie er auch mich einmal an diese Stätte geführt hat.

Und wenn du im letzten Traumbild wieder das Bockshaupt sahst, so bedeutet es wohl eine Gefahr für mich und Mafalda, aber eine Gefahr, die schon gebannt ist. Die Bocksgestalt ist der Baphomet, der düstere Gott der Templer, die hier in Avignon zu einem Konvent zusammengekommen sind. Wenn ich jetzt fliehe, so hat der Baphomet auch weiterhin Gewalt über uns. Ich will ihm aber entgegentreten und ihn besiegen!»

Valente gehörte zu den Naturen, deren äußeres Weltbild feststeht, und die jene Möglichkeit, daß es noch etwas außerhalb ihrer Erfahrungen gäbe, solange mit Hochmut ablehnen, bis sie durch ein inneres Erlebnis eines besseren belehrt werden. Er sprach: «Wenn ich auch meine Träume nicht erklären kann, so gebe ich doch zu, daß sie das Seelenleben enthüllen. Du seist in einer Gefahr und dein unterdrücktes Angstgefühl teilte sich mir mit, meinte unser Hausarzt, dem ich meine Träume erzählte. Das ist der Kern der Sache, wenn ich alles Abergläubische davon abziehe.»

«Lieber Bruder, was du im Traum gesehen hast, ist absolute Realität, ist wirklich. Hier sind die beiden Arkana.» Er öffnete seine Weste und zeigte ihm die Beinkugel, und aus seiner Tasche holte er das grüne Fläschchen hervor. «Mit dieser Kugel kann ich jedes Metall in Gold verwandeln, mit dieser Flüssigkeit jede Krankheit heilen und den Tod hinausschieben.»

«Das sind ja Märchen, Vincente, für wen hältst du mich?» Aber dennoch stand seine Seele auf dem Sprung, das Unmögliche als wahr anzunehmen. «Und was willst du mit diesen Dingen machen?»

«Das weiß ich noch nicht genau. Jedenfalls sollen Sie dazu dienen, den Baphomet unschädlich zu machen.»

«Und dir graut nicht davor? Du trägst diese teuflischen Sachen mit dir herum? Und Mafalda weiß davon? Und sie wird trotzdem deine Frau?»

«Sie weiß alles. Die Arkana des Adepten haben uns unselige Verwirrung und Leid gebracht, uns in Verbrechen verstrickt, aus denen wir uns wie durch göttliche Gnade gelöst haben. Deshalb habe ich die Aufgabe, das Amt, das mir durch die Erbschaft des Adepten übertragen wurde, bis zu Ende auszuführen und nicht eher zu ruhen, als bis ich den Verderber der Menschheit ausgerottet habe.»

«Ich ahne, was dich erregt, und fürchte für sie und dich. Deutet nicht mein viertes Traumbild darauf hin?»

«Erzähle!»

«Ich erzähle es dir als Warnung, bevor es noch zu spät ist. Also höre: mein Begleiter führte mich in ein großes unterirdisches Gewölbe, in dem schwarze Kerzen brannten. Auf einem Tisch lag ein Mädchen mit gefesselten Händen und Füßen. Einige Männer schritten mit kleinen Kesseln um den Tisch und besprengten die Gebundene, die jedesmal schmerzlich aufzuckte. Der Chor der Männer rief dabei jedesmal: ‹Yallah.› Nachdem die Runde dreimal beendigt war, erschien im Hintergrund das schreckliche Bockshaupt mit menschlich-wollüstigen Zügen und funkelnden Augen. Auf einmal schnellte der Bock aus dem Hintergrund hervor und stürzte sich auf das Mädchen. – Erlaß mir den weiteren Bericht. Es war schändlich. Sie aber schrie von Lust und Freude auf. Du hast mein plötzliches Entsetzen bemerkt, als ich beim Lachen deiner Braut zusammengefahren bin; ganz genau so klang das Lachen des Mädchens im Traum!»

Vincentes Stirn beschattete sich. «Ich werde darüber mit Monsignore d'Arnoult sprechen. Ich danke dir nochmals für deine Mitteilung. Aber es ist schon spät in der Nacht.» Vincente drückte seinem Bruder die Hand und ging in sein Zimmer.

Am frühen Morgen traf es sich, daß Mafalda und Vincente ins Speisezimmer traten, bevor noch die anderen Bewohner des Hauses wach waren. Sie flog ihrem Geliebten um den Hals und bedeckte sein Angesicht mit unsinnigen Küssen. In ihr flackerte eine Erregtheit, die sich nicht verbergen ließ.

«Was hast du, Mafalda? Du zitterst ja.»

«Wie glücklich ich bin, daß du gekommen bist! Jetzt habe ich keine Furcht mehr, in deinem Schutz fühle ich mich geborgen.» Und sie legte ihren Kopf an seine Schulter, wie sich ein geängstigtes Kind an seine Mutter schmiegt. «Oh, so ist es gut!» hauchte sie, während er ihre Haare liebkoste.

«So sprich doch, Liebste, was hat dich geängstigt?»

«Es ist nichts, es ist vorüber, seitdem du bei mir bist. Ich hatte einen schrecklichen Traum. Bitte frage nicht! Wäre es nicht möglich, daß wir Avignon verlassen! Ich fürchte, daß uns hier durch die Templer noch ein Unheil widerfahren könnte. Nur fort von hier!»

«Auch du drängst auf Abreise?» Und Vincente erzählte ihr die vier Traumgesichte seines Bruders. «Wir sollten zuvor unsere Freunde um Rat fragen. Vielleicht sind diese schrecklichen Bilder von Baphomet geschickt, der seine Niederlage fürchtet und uns entfernen will», sprach er.

«Ich bitte dich bei allem, was dir heilig ist, sprich diesen Namen vor mir nicht aus!»

«Du bist besser daran als ich», sagte er, als er sich aus ihrer Umarmung löste, «denn dein Blut ist nicht von dem Schatten der Vergangenheit beschwert. Meine Ahnen waren Kaiser und Adepten, die in meiner Seele noch weiterleben und mich zu Außerordentlichem versuchen. Aber wo sie meinem Glück hinderlich sind, stoße ich sie von mir! Ich sage mich los von ihnen und will einen anderen Namen annehmen. Jedenfalls dürfen unsere Kinder nichts davon erfahren, wer ihre Vorfahren waren.»

«Du solltest nicht soviel darüber grübeln. Und was sagt denn ein Name? Denn das, was ich an dir liebe, kann ich ja doch nicht mit Worten benennen.»

Er drückte ihr einen langen Kuß auf die Stirn. –

Da läutete die Milchfrau, und Mafalda gab in der Küche Anordnungen für das Frühstück. Bald kam auch Monsignore d'Arnould von der Morgenmesse, die er um sechs Uhr zelebrierte, und Vincente legte ihm die Fragen vor, die sein Herz bedrückten.

D'Arnoult sprach nach kurzem Überlegen: «Daß aber die Templer ein Interesse daran haben, einen Kampf mit Ihnen zu vermeiden, erscheint mir zweifelhaft. Im Gegenteil, ihr Bestreben geht dahin, sich in den Besitz des Lapis und des Elixiers zu setzen, um dadurch ihrem Kult neue Lebenskraft zuzuführen.»

Vincente konnte es nicht fassen. «So halten Sie den Traum für einen prophetischen? Mafalda soll wirklich von dem sodomitischen Bock zerrissen werden?»

«Schreien Sie nicht, Vincente! Mafalda könnte aufmerksam werden. – Wie können Sie mich nur so völlig mißverstehen? Dieser Traum ist ein rückschauender und zeigt die Gefahr, in der Mafalda schwebte, als ein in die Zukunft projiziertes Bild. Der Traum verwechselt die Zeiten. Doch daß das Traumbild überhaupt erscheinen konnte, zeigt an, daß die baphometische Kraft in ihr noch nicht erloschen ist. Übrigens kann sie in ihr niemals erlöschen, sonst müßte sie aufhören, Weib zu sein. Für die Frau ist das Liebeserlebnis eine Einheit, und es hängt ganz von dem Mann ab, ob sie ihr Erlebnis als baphometisch oder seraphisch empfindet», sagte der Priester.

Da kam die Hausherrin mit den Gästen, und das Gespräch verstummte. Mafalda servierte die Schokolade und war ungehalten darüber, daß Vincente ganz in Gedanken versunken war. Sie hätte doch ein Lob für ihre Kochkünste erwartet! Und jetzt stierte er vor sich hin, als ob sie nicht anwesend wäre, und auf ihre Fragen gab er nachlässige Antworten. Sie ahnte, daß wieder die theologischen Gespräche der beiden Männer eine Verstimmung über den Geliebten geworfen hatten, und unwillkürlich warf sie ihnen unfreundliche Blicke zu. Die Liebe machte sie auf alles eifersüchtig, was in dem Bereich seines Interesses lag. Vergebens bemühte sich das Fräulein, die Gesellschaft in eine vergnügliche Stimmung zu bringen, man merkte die Gezwungenheit der anderen, die den guten Ton nicht verletzen wollten.

Vincente schlug vor, einen Spaziergang in den Park zu machen, denn er wollte auf dem Heimweg in der Stadtbibliothek etwas erfragen. Mafalda lehnte die Einladung ab, da sie wußte, daß sie den Männern nur ungelegen sein konnte. «Vincente, hast du mich auch wirklich lieb?» fragte sie ihn, als er sie küßte.

«Närrin, wie kannst du nur so fragen? Verzeih mir, daß ich dich allein lasse. Es handelt sich um eine außerordentlich wichtige Frage. Ist sie gelöst, verlassen wir diese Stadt.»

Man ging langsam durch die Straßen, ein jeder von seinen eigenen Gedanken bedrückt. In der Altstadt drängte sich das Fuhrwerk zusammen und gab nur einen schmalen Durchgang frei. Die Sonne blickte trüber durch einen schmalen Wolkenschleier und hatte ihre Kraft verloren. Von einer nahen Pappelallee zogen lange Fäden des Altweibersommers und blieben an den Telegraphendrähten hängen. Vor den Häusern der Vorstadt lärmten Kinder, welche einen Drachen steigen lassen wollten, der schlecht gebaut war und immer nach dem Aufstieg mit der Spitze in den Boden fuhr. Man ließ sich auf der ersten Bank des Parkes nieder und sah dem Spiele der Knaben zu, die endlich durch Verlängerung des Drachenschwanzes das Gleichgewicht hergestellt hatten; und nun stieg das Spielzeug im mäßigen Wind schnurgerade wie ein Fesselballon in die Höhe. Vincente bot Zigaretten an und hatte Mühe, sie im Freien anzuzünden.

Nach einigen schweigsamen Minuten sprach endlich Monsignore d'Arnoult: «Sie nehmen also an, daß der Archimandrit Laskaris nicht selbst den Lapis hergestellt, sondern als uralte Erbschaft von dem sagenhaften Michael erhalten habe. Und auf dem Erbe des Archimandriten ruhe ein Fluch, den Michael irgendwie verschuldet habe. Ich habe die Geschichte des Hauses Laskaris gründlich durchforscht und konnte keinen Anhaltspunkt finden. Michael kam auf seinen Reisen einigemale nach Cypern und Palästina; die Dokumente schildern ihn mehr als Gelehrten, denn als Helden. Sollte er nicht auch nach Athlit gekommen sein?»

«Warum ist er uns im Traum erschienen, was will er mit seinem Grabmal in Mistrà?» fragte Vincente ungeduldig.

«Sie sollten an sein Grab nach Griechenland reisen, vielleicht liegt dort der Schlüssel zum Geheimnis», riet Bolza an. –

Da kam plötzlich dem jungen Lascari ein Gedanke, den er für eine höhere Eingebung hielt. «Hat nicht der Lapis die Kraft, die Toten zu beschwören und zur Rede zu zwingen? Ich will den Schatten des Michael aus dem Totenreich herbeirufen, daß er mir das Geheimnis sage!»

«Vincente!» faßte ihn d'Arnoult am Arm, «was wollen Sie tun? Denken Sie daran, welches Ende der Marchese gefunden hat!»

«Sie wissen nicht, welche Kräfte Sie durch die Evokation herbeirufen!» warnte ihn nun der Professor. «Wie, wenn das von Ihnen geschaffene magische Medium den Baphomet herbeilockt, um sich vor Ihnen zu manifestieren! Denken Sie an Mafalda! Haben Sie nicht schon längst jede Magie abgeschworen, und jetzt wollen Sie sich in ihr furchtbarstes Gebiet wagen?»

«Sie haben recht», sprach Vincente mit leiser Stimme, «ich darf die Mächte der Vorzeit nicht anrufen. Was ich nicht durch eigene Würdigkeit erlange, ist nutzlos. – O Gott, in welchem Zwiespalt bin ich gefangen! Kaum bin ich der einen Bedrängnis entflohen, so droht schon eine andere! Bitte, teilen Sie meiner Braut nichts davon mit! Ich will sie in ihrer glücklichen Unwissenheit erhalten. Sie hält mich schon jetzt für befreit von jedem Zwang des Baphomet, und jetzt droht mir eine neue Gefahr.»

Da sah man Valente den Kiesweg heraufkommen und seinen dünnen Spazierstock schwingen. «Ich habe verschlafen. Mafalda sagte mir, wohin du gegangen bist.»

«Nun?» fragte Vincente.

«Nun? Ich dachte, du packst deinen Koffer und fährst mit mir nach Feltre. Deine Braut ist mit diesem Plan sehr einverstanden.»

«Ja, ja, lieber Bruder, ich gebe dir mein Wort, daß ich zu dir komme. Nach einem Monat. Ich habe hier noch etwas Wichtiges vor.»

«Ach was, deine unsinnige Teufelsbündelei! In der Nacht, in dem hohen Saal des alten Palastes, hat das einen Eindruck auf mich machen können, aber in der freien Luft, im Sonnenschein lache ich darüber. – Übrigens, ich trat heute früh in dein Zimmer, aber du warst nicht dort. Der Diener räumte auf, und aus dem Nachttisch kollerten diese Sachen da. Ich habe sie dir mitgebracht.» Und er überreichte ihm das Elixier und den Lapis.

Bolza und d'Arnoult sahen einander mit sprechenden Augen an. Vincente nahm beides zu sich wie ein Schicksal, dem man nicht entrinnen kann. Seine Finger umkrampften die Kugel, als ob er sie zerdrücken wollte.

«Ich weiß, daß du ganz abergläubisch an diesen Dingen hängst, und mich faßte die Neugier, was denn daran Wahres sei. Ich trank also einige Tropfen. Das Zeug ist völlig geschmacklos, und alles ist nur pure Einbildung.»

«Du – du hast davon getrunken?» stammelte Vincente.

«Ja. Meine Verruchtheit ging noch weiter. Ich stopfte mir gerade meine Pfeife und streute ein wenig von dem Staub aus der Beinkugel auf den Tabak. Es hat mir nichts genützt und nicht geschadet. Wie kann man nur an solchen unsinnigen Dingen hängen?»

D'Arnoult erfaßte zuerst das Groteske der Erzählung: das Kleinod der Alchimisten in der Tabakspfeife! Soweit mußte es kommen, wenn die Schätze der Vergangenheit an das Licht einer unwürdigen Gegenwart gezogen wurden! Die beiden anderen saßen stumm da.

Valente empfand, daß er etwas Verletzendes getan hatte, und sprach: «Was ist denn da weiteres dabei? Ich wollte nicht beleidigen, Vincente –.»

Da brach dieser in ein schallendes Gelächter aus: «Du hast mir ein Beispiel gegeben, Valente, nur durch das Lustspiel wird die Tragödie besiegt. Die ganze Welt ist nur eine Posse, und Schiwa wird tanzend den Erdball zerstampfen. Ich will es wie du machen!» Schon wollte er das Fläschchen an seine Lippen setzen, da riß ihn Bolza zurück: «Um Gotteswillen, was tun Sie! Jenen schützte die Unwissenheit, aber für den Wissenden ist es Verderben!»

Vincente ließ Fläschchen und Kugel in seine Rocktasche fallen. «Komm, Valente, ich habe dir etwas Besonderes zu sagen.» Er verabschiedete sich von den beiden Zurückbleibenden und ging hastig mit seinem Bruder davon. Man hörte, wie das Klirren des Kristalls in seiner Rocktasche immer schwächer wurde.

«Was geht in Vincente vor?» fragte der Professor. «Sein Lachausbruch ist mir nicht recht verständlich. Es ging mir durch Mark und Bein.»

«Lieber Freund, Vincente ist vielleicht weiter als wir beide. Er hat sich durch sein Lachen von Fesseln befreit, in denen wir beide noch liegen. Erinnern Sie sich der Märtyrer, die unter den furchtbarsten Qualen auflachten und ausriefen: Mein Gott, wie ist das alles lächerlich!»

«Wie darf er aber so schwere Probleme so leicht nehmen?»

«Schwer und leicht, was heißt das? Der Papierdrache dort wiegt einige Pfund – und sehen Sie, wie leicht er emporsteigt! Alles menschliche Leid wiegt nicht mehr als eine Flocke für den, der es überwunden hat, und ist doch für den anderen schwerer als die Last der Berge.»

Bolza fragte nicht. Er verstand. Und er gedachte seines eigenen liebeleeren Lebens, und eine Träne rollte in seinen grauen Bart. D'Arnoult nahm seine Hand und sagte: «Auch ich –.»

Valente war noch am selben Tag in seine Heimat gefahren, und das Leben im Palast de Noves nahm seinen gewöhnlichen Gang. Mafalda hatte mit ihrer Ausstattung viel zu tun, bei der ihr das alte Fräulein behilflich war. Zwischen den beiden Frauen hatte sich ein Verhältnis inniger Freundschaft entwickelt, in dem alle Standesunterschiede verschwanden und das Herz unmittelbar zum Herzen sprach. In den Lebensgang der ältlichen Hausfrau war ein freudiger Zug eingetreten, als sie die junge Braut mit besorgter Mütterlichkeit umgab.

Als Hochzeitstermin wurde die Nacht vor dem ersten Adventtag gewählt. Vincentes bizarre Laune hatte bestimmt, daß die Vermählung gerade zu Mitternacht stattfinden sollte. Er hatte nach schwerer Entschließung auf den Kampf mit den Templern verzichtet. Der Pfarrer von St. Agricol gab nach längerem Zögern seine Zustimmung, die Dokumente waren in Ordnung. Als Trauzeugen erboten sich Professor Bolza und das Fräulein de Noves. Monsignore d'Arnoult war verhindert. –

In derselben Nacht sollte der Konvent der Templer zusammentreten. Schon waren die Teilnehmer aus allen Ländern versammelt, schon hatte Ephrem seine Maurerarbeiten beendet. Ein großes Ereignis stand bevor, von dem außer den beiden Vorsitzenden niemand etwas wußte. Doch beide hüllten sich in unnahbares Schweigen. Selbst Gilda und Frau Margherita waren in die Vorbereitungen nicht eingeweiht worden. Diese beiden Frauen waren durch das gemeinsame Erleben aneinander gebunden, aber wie gemeinsames Lieben beseligt, so macht gemeinsamer Haß traurig. Vincente hatte zu Mafalda zurückgefunden, hatte sie beide verschmäht, und da ihre Rache an der Nebenbuhlerin keine Wirkungsmöglichkeit fand, hatten sie sich notgedrungen den im Grunde verhaßten Templern angeschlossen. Das ist ja das Wesen des Bösen, daß es an sich den Menschen nicht auf seine Seite ziehen kann, und daß es der Verblendung des Menschen bedarf, um überhaupt in Erscheinung zu treten. Und das ist seine Tragik, daß es immer gegen die bessere Überzeugung getan wird, getan werden muß. Der von Adam ererbte Fluch ist der Kampf des Dämons mit dem Seraph, zwischen Gestaltung und Idee. Und die Frau wird immer ihrer Stammutter folgen und der Gestaltung erliegen, solange diese nicht von der Idee des Mannes durchtränkt wird.

Der Wind jagte durch die Gassen und trieb vom Meer her

schwere Wolken gegen die Alpen. In Regenmänteln eingehüllt, schritten die beiden Frauen zu Leftini, dem einzigen, vor dem sie ihr Gewissen erleichtern konnten. Der Grieche hatte mit Rabbi Mordechai eine Wohnung am Rhonequai, im höchsten Stockwerk eines alten Hauses. Er hatte die beiden Frauen erwartet.

«Also heute abend. Ist alles in Ordnung?» fragte er.

«Ich habe eine wahnsinnige Angst», sagte Frau Margherita. «Am liebsten möchte ich in den ersten besten Schnellzug stürzen und fortfahren, gleichviel wohin.»

«Ich werde abends nicht erscheinen», sagte Rabbi Mordechai, «ich habe es mir überlegt. Denn wenn wirklich die Bundeslade und der siebenarmige Leuchter dort sind, so will ich nicht Zeuge der Gotteslästerung sein. Der Gott der Väter hat seine Hand von seinem Volk abgewendet, die heiligen Geräte sind tot, sind Leichname. Aber Gott ist etwas Lebendiges und nicht an Geräte gebunden. Wenn Israel wieder erstehen soll, braucht es Gott im Herzen und nicht die Lade und den Leuchter. Die Lade ist ein Schrein ohne Inhalt, und unserem Leuchter des Verstandes fehlt das Licht der Liebe. Es wäre also nur bloße Neugier von mir, und das Gesetz verbietet es, sich mit toten Gegenständen zu beschäftigen.»

«Wenn auch die heiligen Geräte tot sind, noch lebt der Baphomet!» warf Leftini ein. «Wie, wenn er mit seiner astralen Kraft die Salomonischen Geräte erfüllen und das, was in der Vorzeit das Heiligste war, zum Sitz des Verruchtesten machen würde?»

«Das ist nicht wahr!» rief Rabbi Mordechai aus. «Die Scheidung zwischen Gut und Böse ist jedem Herzen gegeben. Darum mußte die Alchimie zugrunde gehen, weil der Mensch nicht mehr die Kraft hat, das ursprünglich mit dem Bösen vereinigte Gute von jenem zu scheiden. Alchimie ist Scheidekunst, ist die Kunst, das Böse zu erkennen, auch wenn es unter der Maske des Guten auftritt. Und das Böse ist immer das, was sich gegen das Gesetzmäßige empört.»

«Deshalb», warf Gilda ein, «haben die Templer die Burg der Gegenpäpste zu ihrem Sitz gewählt als Protest gegen den rechtmäßigen Papst in Rom.»

«Ich sehe», sprach Frau Margherita, «daß wir alle vier im Herzen von dem Baphomet abgefallen sind und einen Ausweg suchen, aber keinen finden.»

«Wir haben schon zuviel von seinen Kräften in uns aufgesogen, wir sind seine Knechte, und er gibt uns nicht frei», seufzte Leftini. «Wie es den Nachtfalter gegen das tödliche Feuer treibt, so hat es uns in das Verderben getrieben. Und doch wollte ich nichts als Liebe und Freude! Und jetzt ist Verzweiflung und Traurigkeit mein Los», klagte sich Gilda an.

«Mein Lebenswerk ist zerstört», sprach der Grieche, «durch eigene Kraft und Wissenschaft habe ich nichts erreicht. Durch Mord und Betrug bin ich in den Besitz der Arkana gelangt, und das Elixier, das ich herstellte, war ein Trank des Todes.»

«Ich habe an Gott, dem Geist, gezweifelt, und suchte Gott in der Gestalt», beichtete Rabbi Mordechai. «So hat er mich mit Blindheit geschlagen, daß ich ihn auf dem Irrweg der geheimen Wissenschaften finden wollte, aber ich traf nicht ihn – geheiligt sei sein Name – sondern das Tier.»

«Wir sind verdammt», klagte Leftini. «Niemand kann uns befreien.» Da flog die Tür auf, und Ephrems dunkle Gestalt erschien im Zimmer. In seiner Hand schwang er eine Lederpeitsche. «Da sind also die Verräter!» und die Peitsche schmitzte über die beiden Frauen, die in Angst in die Knie gesunken waren. Schon erhob er die Riemen, um sie auf Gildas Rücken niedersausen zu lassen, da fiel ihm Leftini in den erhobenen Arm. «Zurück, wer sie berührt, hat es mit mir zu tun.»

«Mensch, weißt du, was du tust? Ich habe Macht, dich wie einen Wurm zu zerdrücken», schnaubte Ephrem.

«Drohe nur, ich fürchte dich nicht mehr, der Baphomet hat keine Macht mehr über mich. Ich habe mich losgesagt von euch für immer, ich werde euch hassen und verfolgen, soviel in meinen Kräften steht. Meine Brust ist offen für eure Blitze, aber hüte dich, dich an diesen zwei Frauen zu vergreifen. Sie stehen unter meinem Schutz.»

Ephrem riß die noch immer kniende Gilda auf. «Steh auf und gehe sofort nach Hause! Melde dich bei Brettigny zur Bestrafung! Und Sie, Margherita, gehen mit mir!»

«Niemand hat hier das Recht zu befehlen!» fuhr ihn Leftini an und stellte sich vor die Tür. «Rabbi Mordechai, gehen Sie bitte zur Polizei und lassen Sie diesen Mann verhaften!»

«Schuft!» brüllte Ephrem auf und stürzte sich auf ihn. Aber der Grieche hatte seine Hände mit eisernem Griff umklammert und zischelte ihm ins Ohr: «Ich habe noch mein Elixier. Es gehört dir, wenn du die beiden Frauen freigibst und sie unbehelligt läßt.»

«Das Aurum potabile? Du hättest gestern allein vor dem Baphomet erscheinen sollen. Warum bist du nicht gekommen?» Ephrems Hände erschlafften. «Das wirkliche Elixier? Du willst mich betrügen, ich glaube dir nicht.»

Leftini griff an sein Herz und zog eine schmale Phiole hervor, in der noch einige Tropfen einer grünlich schimmernden Flüssigkeit schimmerten. «Willst du dich überzeugen? Gib mir ein Kupferstück.» Ephrem griff in die Tasche und holte ein Sousstück hervor. Die Frauen waren aufgestanden und standen scheu neben dem Tisch. «Bitte, Gilda, reinigen Sie das Kupfer!» bat Rabbi Mordechai, und Gilda scheuerte das Kupferstück mit einem Lappen blank, daß es glänzte. Dann befeuchtete Leftini das Metall mit der Flüssigkeit, und sofort nahm die Oberfläche einen gelben Goldglanz an. Ephrem staunte, und seine Hand, die das Sousstück hielt, zitterte. «Das Aurum potabile –» stammelte er.

«Es gehört dir, wenn du auf meine Bedingungen eingehst.» «Ja.» – «So werden wir dir die Eide zurückgeben, die wir in deine Hand abgelegt haben. Und im Namen des Baphomet wirst du uns freisprechen.»

«Ja. Bereitet die Zeremonie vor!»

Rabbi Mordechai zündete ein Räucherbecken an und streute Weihrauch auf die glimmenden Kohlen. Leftini verhängte die Fenster und zündete zwei Wachskerzen an, zwischen die er ein Kruzifix stellte. Der Tisch wurde beiseite geschoben und Ephrem zeichnete mit der Holzkohle, die er aus der Räucherpfanne genommen hatte, drei konzentrische Kreise. Mit dem Kompaß wurden die Weltgegenden bestimmt, und Leftini schrieb die Namen der vier Hüter der Welt ein.

Rabbi Mordechai mußte sich als Unbeteiligter entfernen. Leftini nahm das handschriftliche Ordensbuch der Templer, den Rotulus signorum arcanorum, aus der Schublade seines Tisches, Ephrem trat in den Kreis und las die Einweihung satzweise vor. Leftini aber sprach nach jedem Satz statt einer Anrufung eine Verfluchung des Baphomet aus und an der Stelle, wo die göttliche Dreieinigkeit gelästert wird, betete er mit Inbrunst sein Credo, schwur alle Verirrungen ab und bat Gott mit heißen Worten um Verzeihung.

Dann sprach Ephrem lateinisch: «Ich verbanne dich aus dem Tempel des Temohpab! Ausgerissen soll werden aus deinem Herzen der Samen Myrobaleni!»

Und Leftini respondierte: «Ausgerissen ist aus meinem Herzen der Samen Myrobaleni.» Dann betete er laut das griechische Vaterunser. Ephrem spie ihm dann auf die Stirn, und Leftini war ausgestoßen. Da wich es wie ein Alpdruck von Leftinis Seele, und sein Herz empfand ein Glücksgefühl, daß er vor Freude laut aufschreien wollte. Die Erschütterung war so groß, daß er zum Tisch schwankte, in die Knie sank und das Kreuz mit beiden Händen umklammerte. Indessen nahm Ephrem die Entlassungszeremonie mit den beiden Frauen vor, die weniger umständlich, aber von unzüchtigen Bewegungen des Exkommunizierenden begleitet war. Gilda betete, schluchzend vor Angst das Vaterunser, und Margherita verging vor Scham, als sie die häßlichen Worte nochmals in den Mund nehmen mußte. Noch einmal erlebte sie alle Greuel des phallischen Baphometkults, und es war ihre letzte Wollust, als sie von der Wollust Abschied nahm. Was sollte nun aus ihr werden? Barduzzi war tot. Vincente hatte sie verschmäht. Grenzenlose Trauer über ein enttäuschtes, verlorenes Leben kam über sie und machte sie so schwach, daß sie nicht einmal weinen konnte.

Und Gilda zuckte zusammen – war das nicht Musik, die an ihr Ohr drang, fern, ganz fern – der Triumphmarsch aus Aida! Und sie sah Vincente vor sich auf der Piazza Vittorio Emmanuele, und seine begehrenden Blicke trafen sie wie lebendiges Feuer. Der aufreizende metallische Klang traf wie Keulenschläge ihr Ohr, wie Hohn! Und heute wurde Mafalda seine Frau! Vor Eifersucht schrie sie auf und bemerkte nicht, wie Ephrem ihr seine Verachtung auf die Stirn spie. Die Zeremonie war zu Ende. Der Weihrauch hatte zu brennen angefangen und legte sich in dicken Schwaden, die das Atmen schwer machten, über das Zimmer. Ephrem stand noch immer im Kreis mit einer unanständigen Geste, so daß die Frauen, die sich von den Knien erhoben, angewidert wegblickten.

«Nun, Leftini, mein Elixier!» rief er mit gieriger Stimme. Der Grieche schrak aus seiner Betrachtung auf, riß die Vorhänge von den Fenstern und ließ die Luft in das stickige Zimmer strömen. Tief sogen die Lungen das flutende Licht in sich, und mit ersticktem Jubelruf drängten sich die Frauen an das Fenster.

Gilda sank der älteren Freundin an die Brust und stöhnte erlöst: «Die Sonne!»

«Das Elixier, Leftini!» rief Ephrem noch immer im Kreis.

«Wir drei sind also losgelöst von dir für immer? Der Baphomet hat kein Recht auf uns, weder hier noch im Jenseits, im Namen Schaddais, Barbuels, des Alpha und'des Omega und aller Planetenfürsten dieser Stunde. Hemen – Etan!»

«Schwöre es in Namen des Jod-He-Vau-He, vor dessen Namen die Hölle erzittert!»

Da kam Rabbi Mordechai, der etwas unter dem Arm trug. Hastig fragte er: «Komme ich noch zurecht? Die Beschwörung ist ungültig, wenn sie nicht mit Blut besiegelt wird.»

«Was haben Sie, Rabbi, unter dem Arm?» fragte Gilda in neuer Angst.

Er warf den Mantel zurück und zeigte auf ein junges Böcklein, das laut sein Mäh zu schreien begann. «Kein Sakrament ohne Blut, kein Vertrag mit den Dämonen ohne Blut.» Er reichte das Tier Ephrem hin mit dem Messer. Die Frauen schrien vor Entsetzen auf und preßten sich aneinander, die Augen von dem Opfer abgewandt. Ephrem durchschnitt mit schnellem Ruck die Kehle und ließ das Blut im Kreis um sich herumfließen. «Im Namen Adonais, ich habe keinen Anteil mehr an euch, Leftini, Gilda und Margherita. Eure Namen sind durch dieses Blut aus der Liste der Unsrigen gestrichen.» Er zeichnete die Signatur des Baphomet in den rauchenden Kreis und ließ die ausgeblutete Tierleiche fallen.

Der Grieche war an ihn herangetreten, reichte ihm das Fläschchen hin und sprach: «Ich habe keinen Anteil mehr daran. Es sei dein!» Ephrem griff hastig danach und drückte es an seine Lippen. Er trat aus dem Kreis, nahm seinen Hut und wandte sich zum Gehen. Auf der Schwelle kehrte er sich noch einmal um und blickte zu den beiden Frauen, die sich unwillig von ihm abwandten. Ohne Gruß ging er davon und warf die Tür hinter sich zu.

«Die Kerzen brennen noch», sagte Rabbi Mordechai und löschte sie aus. «Kommen Sie aus dem Zimmer! Es ist nicht gut, an einem Ort zu verweilen, wo Opferblut für die unterirdischen Mächte geflossen ist. In der Nacht wäre es schrecklich, hier zu bleiben.»

«Kommen Sie», sagte Margherita, «dieser Ort ist furchtbar. Ich nehme im Hotel vier Zimmer für uns.»

«Kann ich bei dir bleiben?» bat Gilda, «ich fürchte mich so.»

Leftini bezahlte die Wohnungsvermieterin und folgte den anderen nach. Als sie auf den Quai hinaustraten, brach die Sonne aus den Wolken hervor, und die Glocken läuteten Mittag. Gilda riß das erste Kind, das sie traf, an sich und küßte es wie unsinnig.

Zankend kam die Mutter herbeigelaufen. Leftini nahm Gildas Hand und streichelte sie wie ein Verliebter.

Es hatte Mühe gekostet, den Widerstand Fräulein de Noves zu besiegen, die gern eine Hochzeit mit großem Pomp gesehen hätte. Sie nahm die Fügung, daß sich ein Paar in ihrem Hause zum ewigen Bund gefunden hatte, mit Freuden auf und sah es als ein Zeichen an, daß der Fluch, der auf ihrer unfruchtbaren Einsamkeit lag, nunmehr gebrochen war. Mit mütterlichem Eifer flog sie durch die Säle ihres weiten Palastes, um alles für den festlichen Tag vorzubereiten. Als Hochzeitsgemach wählte sie ein Zimmer aus, dessen Einrichtung in das Trecento zurückging, das aber durch die sorgfältige Umsicht der Vorfahren sehr gut erhalten war. Die Familientradition erzählte, daß hier jene berühmte Laura, die Geliebte Petrarcas sich mit ihrem Gatten Hugo vermählt habe. Wieviele Seufzer des Dichters hatten dieses Zimmer umkost! – Noch stand hier auf vier geschnitzten Pfeilern das mächtigbreite Bett mit brokatenen Vorhängen, hoch auf einem Postament wie ein Thron der Liebe. Verblichene Gobelins, Meisterstücke aus Arras, bedeckten die Wände, die Füße sanken in den dicken Teppichen ein, und von der Decke hing ein Lüster aus venezianischem Glas. Das Fräulein hatte eigenhändig das Bett frisch überzogen, neue Daunen in die Kopfkissen getan, den Kamin geheizt und die Bettpfeiler mit Rosen umwunden, die der Stadtgärtner aus dem Treibhaus geliefert hatte. Noch einmal kam sie nachschauen, ob alles in Ordnung wäre, und Wehmut preßte ihr Herz zusammen. «Wie glücklich sie sind – und was bleibt mir?» Mit einem Seufzer sank sie auf einen Stuhl, während ihre Hände das kühle Bettlinnen streichelten. –

Zur gleichen Zeit saß das liebende Paar im Speisesaal. Vincente las ihr aus Dantes Vita Nuova vor, während sie strickte. Da unterbrach er sich: «Wir wollen beichten gehen und das Sakrament im Stande der Gnade empfangen. Komm, es ist höchste Zeit.»

Sie zeigte kein Widerstreben und folgte ihm. «Wohin sollen wir gehen? Ich fürchte, daß alle Kirchen schon gesperrt sind. Wir hätten heute morgen daran denken sollen.»

«Irgendeine Kirche wird wohl noch offen sein. Versuchen wir unser Glück!» St. Agricol und St. Bénézet waren schon zu. «Komm, gleich daneben liegt das Clarissinnenkloster. Vielleicht finden wir hier noch einen Priester.»

Sie traten in die alte Kirche ein, die mehr einer Kapelle glich. Zufällig waren die Liebenden in die Kirche gekommen, wo Petrarca Laura de Noves am Karfreitag des Jahres 1327 zum ersten Male erblickt hatte. Durch die Mauer hörte man wie ein fernes Rauschen die monotonen Stimmen der Nonnen, die den Rosenkranz beteten. Der verlöschende Tag fiel durch die schmutzigen Fensterscheiben und gab allen Dingen ein gespenstiges Aussehen. Sie empfand Angst und schmiegte sich an ihn: «Komm, es ist niemand mehr hier. Wir werden doch zum Abbate Camassa gehen müssen.»

Er hatte sich nochmals umgeblickt. «Sieh, dort im Beichtstuhl sitzt noch ein Priester!» Er ging näher und fragte den Geistlichen, ob er ihm die Beichte abnehmen würde. Dieser nickte. Vincente gab Mafalda den Vortritt, setzte sich auf einen hellen Platz und begann in einem Gebetbuch, das liegengeblieben war, zu lesen. Er schaute auf. Mafalda brauchte lange. Indessen wurde es immer dunkler, und die Buchstaben verschwammen vor seinen Augen. Kaum konnte er noch die Zeiger seiner Taschenuhr sehen. Schon eine Viertelstunde kniete sie im Beichtstuhl. Und der Priester saß regungslos, als ob er von Stein wäre. Auch nicht das geringste Flüstern war hörbar, Mafalda bewegte kaum die Lippen. Da reichte er ihr die Stola zum Kuß, segnete sie, und sie stand auf. Ihr Antlitz leuchtete, als sie an Vincente vorüberging und ihm zuflüsterte: «Ein Heiliger!» Vincente kämpfte noch einmal mit der Scham vor der Selbsterniedrigung und kniete dann rasch entschlossen nieder. Er spürte, wie eine unsägliche Güte von dem Priester ausging, und eröffnete ihm ohne Rückhalt das Herz.

Er konnte sich später dessen nicht entsinnen, was er mit dem Priester gesprochen hatte, er wußte nur, daß dessen geistiges Auge in die geheimsten Tiefen seiner Seele geschaut und alles Beklemmende von ihr genommen hatte. Am Schlusse sagte er: «Hochwürden, ich danke Ihnen aus ganzem Herzen, Sie haben meine Seele von allen Schatten der Vergangenheit befreit. Darf ich Sie morgen wieder besuchen, um Sie betreffs einiger theologischer Probleme zu befragen? Welches ist Ihr Name?»

«Ich bin morgen nicht mehr in dieser Stadt. Man nennt mich Pater Irenäus. Als Buße beten Sie den schmerzhaften Rosenkranz.»

Vincente küßte seine Stola, ging zum Altargitter, wo Mafalda kniete, und betete seine Buße.

Als die beiden mit ihrer Andacht fertig waren, war es vollständig finster geworden, nur das ewige Licht brannte ruhig vor dem Tabernakel. Eine Nonne kam mit dem Schlüsselbund, um das Tor zu schließen. Vincente ging auf sie zu und fragte: «Ehrwürdige Schwester, könnte ich noch mit dem Pater Irenäus sprechen?»
«Pater Irenäus?» fragte sie. «Einen Priester dieses Namens gibt es im Kloster nicht. Der Spiritual heißt Pater Verecundus.»
«Doch, einen Benediktiner! Er verläßt schon morgen Avignon! Ich habe soeben bei ihm die Beichte abgelegt. Er ist der gelehrteste und heiligste Priester, mit dem ich jemals gesprochen habe. Dort in dem Beichtstuhl saß er!»
«Sie müssen sich täuschen, mein Herr. In dieser Kirche haben nur die Franziskaner das Recht, die Beichte zu hören», sagte die Klosterfrau und klapperte mit dem Schlüsselbund.
Mafalda faßte Vincentes Hand, und sie verließen die Kirche.
«Wir müssen es sofort dem Monsignore melden! Vielleicht kennt er diesen Priester. Und ist dir nicht aufgefallen, daß wir sein Weggehen nicht gehört haben? Er hatte Sandalen an den Füßen, und deren Tritt hätten wir doch hören müssen», sprach er.
«Wie glücklich haben mich seine Worte gemacht und von aller Schuld befreit!» jubelte Mafalda.
Sie fanden Monsignore d'Arnoult noch zu Hause an, beschäftigt mit den Vorbereitungen zum Konvent in der Papstburg. Seitdem Lascari und Bolza es abgelehnt hatten, ihn zu begleiten, beruhte alle Zuversicht nur auf seinen guten Nerven. Er hatte die letzten neun Tage in strengster Zurückgezogenheit gelebt, kein Fleisch zu sich genommen und sich schwierigen geistlichen Übungen unterworfen. So konnte er sich mit Gottes Beistand für genügend gerüstet halten, dem Dämon entgegenzutreten. Als Vincente bei ihm stürmisch eintrat, erstaunte er, jenen in einer schneeweißen Ordenstracht zu sehen, die nur durch ein rotes Zingulum zusammengehalten war.
«Ich habe soeben die Beichte abgelegt», sprudelte Vincente hervor, «bei einem heiligmäßigen, sehr gelehrten Benediktiner und ich fühle mich glücklich wie ein Kind nach der ersten Beichte. Ich möchte diesen Priester noch einmal sprechen. Vielleicht kennen Sie ihn? Er heißt Irenäus.»
D'Arnoult griff an sein Herz. «Irenäus hier? Dann werde ich beim Konvent nicht allein sein! Gott hat mich nicht verlassen.»
«Fast tut es mir leid, daß ich abgesagt habe», sprach Lascari.

«Um dieses Priesters willen wäre ich dem Baphomet entgegengetreten.»

«Ihre Sache ist in den besten Händen, wenn der Heilige auf unsere Seite tritt.» Unten fuhr der Wagen vor, den die Templer geschickt hatten, um ihren Gast und Gegner abzuholen. Hart rollten die Räder auf dem Pflaster, und Vincente faßte besorgt die Hand des Priesters. «Monsignore, gehen Sie nicht hin! Es ist ein Kampf auf Tod und Leben, ich habe Angst um Sie. Wenn jener Priester Irenäus ohnedies dort erscheinen wird, ist ihre Anwesenheit nicht notwendig. Bleiben Sie bei uns und vollführen Sie statt des Abbé Camassa die Trauung. Erweisen Sie uns diese Ehre! Nur Ihrer Standhaftigkeit haben wir es zu danken, daß wir uns dennoch gefunden haben.»

«Zu spät, lieber Freund! Ich habe meinen Harnisch angezogen, und es wäre Feigheit, jetzt zurückzuweichen. Der Wagen wartet. – Leben Sie wohl!» Er ging mit ruhigen Schritten davon. Vincente spürte ein Angstgefühl in seiner Kehle, riß das Fenster auf, um dem Davonfahrenden noch etwas zuzurufen, griff nach der Beinkapsel – doch schon war es zu spät, der Wagen war fort.

Er stürzte davon und traf seine Braut, die ihn suchte. «Komm zum Abendbrot. – Doch du zitterst! Was ist dir geschehen?»

«Der Monsignore ist schon fort. Ich wollte ihm noch im letzten Augenblick die beiden Arkana übergeben.»

«Sprich nicht davon! Der Heilige hat unsere Vergangenheit ausgelöscht.»

Sie gingen in den Speisesaal, wo das Fräulein und der Professor warteten.

Es war einige Minuten vor Mitternacht. Die brennenden Kerzen warfen ein rötlich flackerndes Licht auf den nächsten Umkreis, während der übrige Raum in Dunkelheit starrte. Der Abbé Camassa, ein grämlicher, selten rasierter Mann, stand schon in der Sakristei bereit und zog nervös die Uhr. Eine verrückte Idee, diese Trauung um Mitternacht! Auf was für Gedanken diese jungen Leute kommen, wenn es ihnen zu gut geht! Hätte sich Monsignore d'Arnoult nicht für das Brautpaar eingesetzt, so hätte ihn keine Macht der Welt aus dem warmen Bett jagen können. Aber dieser Monsignore war sicher einer der vielen Spione des Vatikans, mit dem man es sich nicht verderben durfte.

Der Kirchendiener kam und meldete: «Sie kommen schon!»

Camassa ging dem Brautpaar entgegen, dem nur die beiden Zeugen, Fräulein de Noves und Professor Bolza, folgten. Mafaldas Gesicht war weiß wie die matte Seide ihres Kleides, um den entblößten Hals schlang sich eine Perlenschnur und ihr Haar trug eine Krone von Orangenblüten, zwischen denen einzelne Edelsteine aufblitzten. Sie knieten nieder.

Da begann die Orgel zu spielen im zarten Hauch, wie von überirdischen Melodien begeistert, und wie Seraphslaut quoll es von oben herab. Mafalda schlug die Augen auf und fuhr erschreckt zusammen. «Dort sieh!» flüsterte sie Vincente zu. Auf dem Altarblatt grinste ihnen die verzerrte Fratze eines bärtigen Dämons entgegen. Die Lampe des ewigen Lichts hatte ein Loch, durch welches ein Lichtkegel kreisrund auf das Gemälde fiel und das schreckliche Antlitz beleuchtete, während der übrige Teil des Bildes, wahrscheinlich ein heiliger Michael oder Georg, im tiefen Schatten lag.

Bolza hatte die Ursache des Zusammenfahrens bemerkt und schob die Lampe in die Höhe, so daß der Lichtkegel auf ein leuchtendes Heldenhaupt fiel. Es war der Erzengel Michael.

Der Priester sprach die Worte, durch welche die irdische Bindung zum Bund für das Jenseits wird. Als gerade zweimal das Jawort gesprochen wurde, klang vom Turm der erste Schlag der Mitternacht. Eine lähmende Angst wehte über alle, das Orgelspiel hatte ausgesetzt und man wartete das Ende der dröhnenden Schläge ab. Alle standen wie versteint da, selbst das ausdruckslose Gesicht Camassas war in unheilvollem Schrecken erstarrt. Es war, als ob ein eiskalter Hauch sie alle streifte.

Der letzte Glockenschlag vibrierte mit langem Summen nach, und auf einmal dröhnte von unten herauf durch das Gestein ein ferner undeutlicher Ruf, der wie «Yallah» klang, und Mafalda zuckte wieder zusammen. Doch Lascari stand unbewegt da, sein Auge mutig auf das leuchtende Gesicht des Erzengels gerichtet.

Der Priester beendete die Zeremonie und reichte das Trauungsdokument zur Unterschrift hin. Die Orgel war mit einem langen Akkord verstummt.

Als sich Vincente umwandte, sah er, wie aus dem Dunkel eines Pfeilers vier Gestalten hervortraten, zwei Frauen und zwei Männer. «Gilda, Frau Margherita!» rief Mafalda aus. In blitzartiger Erleuchtung war alle Furcht von ihr gewichen, und sie stürzte schluchzend in die Arme ihrer Freundin. Es kam so unfaßbar für

Mafalda, und doch wußte sie, daß es so und nicht anders kommen konnte. Wie Schwestern lagen sie sich im Arm. Frau Margherita küßte die Braut auf die Stirn, und ihre Hand liebkoste wortlos ihr blasses Gesicht. Leftini und Rabbi Mordechai drückten Lascari in stummer Rührung die Hand.

Abbé Camassa sprach noch ein Gebet pro sponsis und der Trauungsakt war beendet.

Man fuhr in das Palais de Noves zurück, wo ein warmer Imbiß und der Champagner bereit standen. Alle Gäste standen wohl unter dem Bann des Erlebten, doch die erwartete Fröhlichkeit wollte sich nicht einstellen. Man wollte das Brautpaar nicht ermüden und Bolza schlug vor, zur Ruhe zu gehen. Man verabschiedete sich.

Das Fräulein ließ es sich nicht nehmen, das Brautpaar in das Hochzeitsgemach zu führen, und begleitete es mit einer brennenden Kerze. Vor der Tür riß sie die Braut mit einem heftigen Kuß an sich und stürzte mit der ausgelöschten Kerze davon.

Dann warf sie sich auf ihr Bett und ließ ihren Tränen freien Lauf. Sie weinte bis zum Morgen.

Gegen vier Uhr früh hörte sie, wie ein Wagen vorfuhr. Es mußte der Monsignore sein, der von dem Konvent der Templer zurückkehrte.

Man saß beim Frühstück, und das Fräulein prüfte die Gesichter, ob man ihr die rotgeweinten Augen anmerke, als der Telegraphenbote kam. Neben einer Menge von Glückwunschdepeschen war nur ein einziges Telegramm aus Florenz. Nein, aus Rifredi. Wahrscheinlich von dem guten Luigi. Vincente wollte es beiseite legen, doch seine Frau nahm es in die Hand. «Laß seh'n?» Sie riß es auf und erschrak. Mechanisch las er das dargebotene Blatt: «Um Mitternacht Feuer im Bodenraum ausgebrochen. Villa brennt. Feuerwehr erst um zwei Uhr. Brennt noch immer. Kommt schnell. Luigi.»

Vincente war aufgesprungen, sein Gesicht glühte. «Herrlich! Es brennt nieder, was mich an die dunklen Mächte fesselte! Die Bücher sollen brennen, das Laboratorium, das Bockshaupt und das alchimistische Kreuz! Igne natura renovatur integra, im Feuer wird die ganze Natur erneuert! Habt Dank, wenn das die Rache der Templer ist! Mafalda, wir sind rein und glücklich und nichts mehr hat Macht über uns!»

«Nie mehr kehren wir nach Florenz zurück!» jubelte Mafalda. «Die Ländereien soll Luigi in Pacht übernehmen.» «Ich rühre keinen Soldo an, der von der Erbschaft des Marchese kommt! Ich will arbeiten, wo auch immer, und lieber in Armut leben, als etwas aus Rifredi berühren. Valentes Fabrik braucht kräftige Arme. Ich will als einfacher Arbeiter bei ihm eintreten.»

«Keine romantischen Schwärmereien», ermahnte ihn der Professor. «Valente wird Sie nicht als Arbeiter annehmen, dazu sind Sie viel zu gut. Sie haben doch Ihre Studien absolviert. Und vergessen Sie nicht, daß Monsignore d'Arnoult einen ungeheuren Einfluß im Vatikan hat. Er liebt Sie, und es kostet ihn nur ein Wort, um Ihnen eine angesehene Stelle zu verschaffen. – Schläft er noch! Ich brenne vor Ungeduld zu erfahren, was er erlebt hat.»

Gilda fragte: «Wer war denn der geheimnisvolle Orgelspieler? Wer hat ihn bestellt?»

Einer sah den anderen fragend an. Leftini sprach: «Ich hatte mich schon um halb zwölf in der Kirche eingefunden und beim Choraufgang niedergesetzt. Nach einigen Minuten sah ich, wie eine weißgekleidete Gestalt lautlos näher kam und die Treppe emporstieg.» Mafalda flüsterte ihrem Gatten zu: «Der Pater Irenäus? Sonst konnte doch niemand anders von der Trauung wissen.»

Aber wichtiger als die Ereignisse von gestern war den Liebenden das Heute und Morgen. Jetzt galt es einen Kampf um das Leben, einen Kampf, der alle Muskeln straffte und mit überschäumendem Kraftgefühl erfüllte. Vincente entwickelte Pläne, wie er sein weiteres Leben gestalten wollte. Mafalda war Feuer und Flamme für seine Zukunft, die auch die ihre war, und fürchtete sich vor keiner Arbeit, die dem Gatten die Hälfte seiner Mühen abnehmen sollte. Vergebens wollte die Hausfrau sie von abenteuerlichen Plänen zurückhalten und bot Vincente eine Stelle als Verwalter ihrer Güter bei Cavaillon an. Vincente versprach ihr, das Angebot zu bedenken, aber zuerst drängte es ihn, mit seiner jungen Frau durch die Welt zu reisen und ihr ihre Herrlichkeit zu zeigen. Er hatte noch einige tausend Lire Bargeld, die aus seinem Besitz in Rifredi stammten. Diese mußten verschwendet werden, und arm wie ein Bettler, ohne ein schützendes Dach über seinem Haupt, wollte er seine Zukunft aufbauen.

Während sie nun erregt darüber sprachen und das Fräulein den übermütigen Leichtsinn der Jugend schalt, war Monsignore d'Arnoult gekommen. Das Gespräch war mit einem Male verstummt, alle blickten ihn erwartungsvoll an. Seine Augen waren rot umrändert, sein Gesicht und Haar zeigte talergroße Brandflecken. Die linke Hand lag in einem notdürftigen Verband.

«Um Gotteswillen, Hochwürden, was ist geschehen?» rief das Fräulein aus.

«Brandblasen», sagte er. «Kann ich nicht ein wenig Essig als schmerzlinderndes Mittel bekommen?» Mafalda öffnete den Verband und tränkte frische Leinwandstreifen mit Essig. Die Haut hatte sich vom Fleisch gelöst und hing in verbrannten Fetzen herab. Er biß die Lippen vor Schmerz zusammen, als der Essig mit dem offenen Fleisch in Berührung kam.

«Ein Tropfen von dem Aurum potabile auf die Wunden, und sie schließen sich sofort. Wollen Sie, Monsignore? Es steht zu Ihrer Verfügung», sagte Vincente.

D'Arnoult lehnte ab: «Das hieße den Teufel durch Beelzebub austreiben. Eben das Elixier hat mir die Wunden gebrannt. – Ich sehe Ihre Blicke fragend auf mich gerichtet, Sie möchten gerne wissen, was ich gesehen und erlebt habe. Ich könnte Ihre Wißbegier und Neugierde befriedigen, aber es würde die Ruhe des Herzens stören, die Sie erst vor kurzer Zeit erlangt haben. Außerdem verpflichtet mich ein Eid zu schweigen, den ich in die Hände meines Vorgesetzten, des Priesters Irenäus, abgelegt habe. Nur der heilige Vater soll alles erfahren. Sobald es meine Wunden zulassen, muß ich nach Rom reisen. Bitte daher keine Fragen an mich zu stellen. Ich habe nur das Recht, Ihnen das mitzuteilen, woran Sie aus eigenem Erlebnis mitbeteiligt sind.

Ihnen, lieber Freund», und er wandte sich an Bolza, «kann ich sagen, daß weder Ihre Annahme, der sagenhafte Baphomet wäre ein Tierdämon der Vorzeit, noch die meinige, er wäre eine Objektivierung der erregten Sinne, ein Egregorium, stimmt. Man kann sagen, er ist beides, und doch ist er keines von beiden. Er ist mehr. – Fragen Sie weiter nicht! Seine Stellung in der Alchimie als Hüter der Schwelle ist richtig erschaut. Aber das Geheimnis der Welt liegt nicht bei ihm, sondern beim Menschen. Jeder Gedanke, jedes Wort, jede Bewegung des Körpers ist ein größeres Wunder als alle Wirkungen des astralen Lichts und des baphometischen Feuers. Ein liebender Blick, Vincente, ist mehr als der Lapis und das Elixier. Sie haben zu derselben Zeit ein größeres Wunderwerk vollbracht als alle Adepten. Sie haben mich beschämt, daß ich das

Wunderbare anderswo suchte als im Menschen. Weil ich das wahre Feuer nicht in mir hatte, ist es von außen auf mich gefallen und hätte mich verzehrt, wenn Irenäus mich nicht gerettet hätte. –
So darf ich die Templer nicht mehr hassen, denn ihnen schulde ich die größte Erkenntnis. Ich kann sie nur bemitleiden, wie man Kranke und Irre bemitleidet.» –

«So sollte man sie ausrotten!» fuhr Bolza auf.

«Der Irrtum ist die noch nicht entwickelte Wahrheit. Wer darf eine Knospe verdammen, weil sie noch nicht Frucht ist? Wenn wir die Knospe ausrotten, bringen wir uns um die Frucht.»

«So wäre denn alles Handeln unnütz?» fragte Bolza.

«Nicht unnütz, wenn wir dabei auf seinen Sinn kommen und seinen Geltungsbereich abstecken. – Doch, liebe Freunde, wozu diese Debatte? Sehen Sie, das Brautpaar ist still. Die Glücklichen wissen alles, sie fragen nicht mehr. Sie haben den inwendigen Stein gefunden, der alles, was in ihre Nähe kommt, zu Gold und Licht verwandelt.»

Die Liebenden lächelten vor sich hin und schämten sich, daß man ihrer überhaupt Erwähnung tat. Denn wer so ganz von seinem inneren Licht erfüllt ist, verlangt nach nichts anderem, als sein Glück vor den anderen zu verbergen.

Die Wintersonne fiel schräg durch das Fenster auf das weiße Tischtuch, das im Gegenschein aufleuchtete und die Sitzenden in ein seltsames Licht tauchte. Sie saßen schweigend da wie bei einem Liebesmahl, jeder in seine Gedanken versunken.

«Hochwürden, ich werde Ihnen die beiden Arkana übergeben», sagte Vincente, der sich erhoben hatte.

«Ich kann sie nicht annehmen, sie sind bedeutungslos geworden. Der Kirche stehen kräftigere Mittel zur Verfügung. Und der Baphomet kann nicht ausgerottet werden, er ist ewig, solange noch Menschen im Fleische wandeln. Ephrem wurde durch das Feuer, das er freventlich entfesselt hatte, getötet und Brettigny ist unschädlich gemacht. Das Elixier, das Ephrem von Ihnen, Leftini, erhalten hatte, ist aufgebraucht.»

«Ich will die Arkana nicht mehr bei mir haben», sagte Lascari. «Wie kann ich mich ihrer entäußern, ohne daß sie mir Schaden bringen?»

«Sie entstammen dem Urfeuer. Geben Sie sie dem Element zurück, welches belebt, wenn es verzehrt», riet d'Arnoult.

«Ich glaube, es wäre besser, wenn Vincente sie zu Mistrà in der

Gruft seines Ahnherrn Michael niederlegen würde. So wäre der Kreislauf geschlossen», meinte der Professor.

«Nein, so wäre sein Sieg nur ein halber und keine Entscheidung. Denn wenn Vincentes Kinder herangewachsen sind, wer bürgt dafür, daß sie die Kämpfe des Vaters nicht neu aufnehmen müssen? Baphomet hat eine Niederlage erlitten. Ihm ist alle Hoffnung auf Rache abgeschnitten, wenn die Arkana nicht mehr sind. Selbst im festesten Gewölbe des Vatikans sind sie nicht vor ihm sicher.»

«Ich verstehe, Hochwürden. – Mafalda, wir fahren morgen nach Neapel! Zum Krater des Vesuv!» D'Arnoult nickte zustimmend. –

Leftini erzählte dann, unter welchen Bedingungen er Ephrem das Elixier übergeben hatte, und sagte dann zu d'Arnoult: «Hochwürden, ich bitte Sie, mir vor Ihrer Abreise das Sakrament der Taufe zu spenden. Kann Gilda meine Taufpatin sein?»

Er lächelte: «Sicher! Doch das wäre eine geistliche Verwandtschaft und ein Ehehindernis.»

Leftini wurde blutrot und kam sich wie ertappt vor. Gilda senkte den Kopf, und Mafalda lauschte gespannt.

Bolza half über die heikle Situation hinweg, indem er sagte: «Keine Besorgnis, Leftini, ich übernehme gern die Patenstelle bei Ihnen.»

Das Fräulein hatte sich unbemerkt davongeschlichen und sich an das Spinett gesetzt, um ihre Erregung zu bemeistern. Wie glücklich die Freunde sind – und morgen ist das ganze Palais wieder traurig und leer! Sie durfte das Glück der anderen nur von ferne sehen, ihr selbst war es immer fremd. Entsagen! Unter ihren Fingern quollen Akkorde hervor, die sie noch niemals gehört hatte, und Melodien verschlangen sich zu einem Band, das unendlich wie der Bund zwischen Gott und dem Menschen war, unendlich wie der Bogen, der Himmel und Erde liebend umschlingt. Sie war wie von einem übernatürlichen Geist ergriffen, und das Leid, das ihrem Herzen entströmte, flog leicht zum Himmel empor wie Opferrauch, der der vernichteten Gabe entquillt. Und was als Klagelied begann, endete im Wonnegesang.

Wonnegesang!

«Klingt es nicht wie die Melodie der Orgel bei der Trauung?» fragte Mafalda flüsternd ihren Gatten.

Und alle fühlten, wie das Leiden göttlich macht.

EPILOG

Die Sterne funkelten über dem Golf und erhellten mit milchigem Silberlicht die schweigende Landschaft. Tief unten träumte das Meer stahlblau im weitgeschweiften Bogen und verlor sich hinter Capri und Ischia in die Unendlichkeit. Von der Stadt war nur die leuchtende Perlenschnur der Lichter sichtbar, welche die Hauptstraßen bezeichneten. Vom Cap Misenum blitzte in gleichen Zwischenräumen das Blinkfeuer wie ein Glühwurm auf.

Durch die klotzigen Lavablöcke des Feuerbergs klomm auf ungebahntem Weg ein junges Paar empor, der braunroten Feuersäule nach, die immer näher und immer unheildrohender wurde. Zuweilen ließ sich von unten ein unheilvolles Grollen hören, das wie ein Seufzer eines gefesselten Riesen klang, Die beiden Wanderer waren still, nur manchmal führte die Frau die Hand des Mannes an ihr Herz, das laut hämmerte, als ob diese Berührung es besänftigen könnte.

Schon zischte da und dort aus Spalten weißer Dampf, der in wirre Fetzen zerflatterte. Durch die Sohlen brannte die Glut des Feuers, und man mußte auf erkalteten Stellen ausruhen, bevor man sich weiter ins Ungewisse wagte. Das Observatorium lag abseits. Vincente strebte dem Hauptkrater zu, der rechts oben einen hellen Feuerschein auswarf, als ob der Berg brennen würde. Stickige Schwefeldämpfe drangen dort hervor, und das Rollen und Kollern wurde immer lauter. Manchmal zischte feurige Asche an ihren Ohren vorüber, und die Augen verklebten sich mit brennendem Staub. Ängstlich hielt Mafalda den Geliebten umschlungen und beschwor ihn, nicht weiter vorzudringen. Doch dieser wies auf den Block, der dunkel wie ein Riff in das Feuermeer hinausragte. Sie umhüllten die Hände mit Tüchern und krochen durch die stickig heiße Asche. Die Hitze wurde unerträglich wie in einem Backofen. Endlich standen sie oben. Tief unter ihnen brodelte schwarz die Hölle, auf der dann und wann stechend grelle Feuerblitze züngelten. Das gewaltige Schauspiel hatte sie sprachlos gemacht. Sie waren in Andacht versunken zwischen den Feuern der Sterne über ihnen und der Flammenwut der Erde unter ihnen. Und sie ahnten den Sinn des furchtbarsten Elements und erlebten noch einmal alle Feuer des Herzens.

Schluchzend lagen sie sich im Arm.

Als sich Vincente nach zeitloser Seligkeit aus ihrem Arm riß, glühte schon ein fahler Streifen über dem Meer, und der Schrecken des Feuers war erloschen. Wie irrsinnige Wische flackerten noch die Reflexe, und die Dämpfe waren nicht mehr Phantome.

Mit Leidenschaftlichkeit griff Vincente an seine Brust und schleuderte die beiden Arkana im weiten Bogen in den noch nachtschwarzen Schlund. Ein dumpfes Knurren wie das eines wilden Tieres war die Antwort. Dann schoß eine schmale Flamme wie eine Rakete hervor und zerprasselte in stiebenden Sternen. Einer fiel leicht wie eine Flocke Mafalda ins Haar, ohne sie zu versengen. Ein letzter Gruß und eine Huldigung vor der Siegerin.

Nun hatte das Feuer wieder, was ihm entsprossen war. Die Urweltskräfte waren versöhnt, und das Herz war von ihnen befreit. Die Sonne stieg wie ein Triumphgesang empor, und ihr reines Feuer verschmolz mit der Glut der Liebenden. Unendlich schwoll der Atem der Brust.

Und unten leuchtete das Meer und die prangende Erde.

ENDE

NACHWORT

Die Frage der Schuld oder Unschuld der Templer ist bis heute nicht eindeutig entschieden. Es gibt gewichtige Stimmen dafür und nicht minder gewichtige Zeugen dagegen. In letzter Zeit wurde die Frage neuerlich aufgeworfen durch das überaus lesenswerte Buch von Robert L. John: «Dante», Wien 1946, das sich bemüht das zu beweisen, daß Dante selber wenn nicht Templer, so doch Templeradept war und daß die ganze Divina Commedia nichts anderes als eine Verherrlichung der Templermystik ist, voll von Beziehungen zu dem Templerprozeß und seinen politischen Auswirkungen. Um endlich einmal klarer zu sehen, wird es eine Aufgabe der künftigen Forschung sein müssen, den Zusammenhang der Templer in Castrum Peregrini mit den im Orient damals bestehenden mystischen Sekten aufzuzeigen oder wenn dies nicht mehr möglich ist, ihn aus dem Yezidismus der noch lebenden Kurden zu rekonstruieren. Daß den auf der Folter erpreßten Geständnissen keinerlei Beweiskraft zukommt, ist klar und ebenso, daß die eigentliche Ursache des Einschreitens gegen die Templer nicht angebliche moralische Verfehlungen, sondern die nackte Raubgier des französischen Königs Philipp des Schönen war. Die Beschuldigungen des Denunzianten Noffo Dei, die zur Verurteilung führten, sind an den Haaren herbeigezogen, der Tod des letzten Großmeisters auf dem Scheiterhaufen ist ein klarer Fall von Justizmord. Aber rätselhaft ist das plötzliche Verschwinden des Ordens und sein unterirdisches, geheimes Weiterleben. Darüber fehlen eindeutige Beweise, so daß man nur auf Vermutungen angewiesen ist. Weil aber in allen Geheimlehren des späten Mittelalters gewisse typische Formen wiederkehren, die dann in den klassischen Werken der Alchimie ihre Symbolkraft bewahren, ist der Gedanke nicht von der Hand zu weisen, daß wir in ihnen letzte Ausstrahlungen der Templergnosis erblicken können. Schließlich hat die moderne Psychologie in den symbolischen Formen der Alchimie die ihnen zugrundeliegenden seelischen

Prozesse erkannt (Herbert Silberer, J. C. Jung) und dadurch bewiesen, daß es sich bei ihnen um mehr als um Verirrungen krankhafter Gehirne handelt. Damit ist der Weg zur vergleichenden Mythologie und Magie gegeben. Angesichts dieser Probleme ist die Frage nach der Schuld oder Unschuld der Templer eine bloß historische, hinter der sich die ungleich wichtigere erhebt: wie führt die Erkenntnis des Guten und Bösen nicht zu einem neuerlichen Sündenfall, sondern zur Läuterung und Erlösung?

Wer sich also für das Templerproblem und seinen doppelten Aspekt interessiert, sei auf folgende Werke verwiesen:

F. Wilcke, Geschichte des Ordens der Tempelherren nebst Bericht über seine Beziehungen zu den Freimaurern und Pariser Templern, Halle, 1860.

H. Prutz, Entwicklung und Untergang des Tempelordens, Berlin 1888.

J. Gmelin, Schuld und Unschuld des Tempelordens, Stuttgart 1893.

H. Finke, Papsttum und Untergang des Tempelordens, Münster 1907.

K. Schottmüller, Der Untergang des Tempelordens, 1887.

H. Prutz, Geheimlehren und Geheimstatuten des Tempelordens, Berlin 1879.

Merzdorf, Die Geheimstatuten des Ordens der Tempelherren, Halle 1877.

Ch. V. Langlois, Le procès des Templiers d'après des documents nouveaux, Revue des deux Mondes, 1889, 382 ff.

A. Lavocat, Procès des frères de l'Ordre du Temple, Paris 1888.

Loiseleur, La doctrine secrète des Templiers, Paris 1872.

H. de Curzon, La Règle du Temple, Paris 1886.

Wien, am 14. Oktober 1947.

F.S.

Weitere lieferbare Werke aus dem Ansata-Verlag, Schwarzenburg:

Edward Bulwer-Lytton
ZANONI
Das Hohelied des Opfers
Esoterischer Roman

428 Seiten, gebunden / Schutzumschlag 38.–

Unter den zahlreichen unvergänglichen Romanen Edward Bulwer-Lytton's (1803–1873) ist zweifellos der zauberhafteste von allen sein esoterischer Rosenkreuzer-Roman »Zanoni«. Dieser entstand aus des Autors Bedürfnis, seinen Gedanken um die tiefsten Geheimnisse des Menschenlebens Gestalt zu geben. Seit über einem halben Jahrhundert wird dieses geistige Hohelied der Liebe und des Opfers erstmals wieder in einer v o l l s t ä n d i g e n und ungekürzten deutschen Übertragung vorliegen.

Mit den Augen der erwachten Seelen gesehen, sind die handelnden Personen des Romans Verkörperungen der in jedem Menschen miteinander um die Herrschaft ringenden Mächte. Denn die innere Seite des Romans offenbart uns innerseelische Dimensionen von bisher unerkannter Aussagekraft. Hier wurden in einer großartigen und leuchtenden Sprache personifiziert: Die Urgestalt des Lichts unseres tiefsten Seelengrundes –, die unsterbliche Kraft der höheren Erkenntnis –, die sich himmelwärts sehnende, unsicher zwischen Zeit und Ewigkeit flatternde Seele –, die erdwärts sich neigende, sinnengebundene Seele –, die Hüterin der Schwelle als Königin des Totenreiches und schreckenerregender Dämon der Furcht, sowie die ungeläuterte, frevelnde Neugier einer unerwachten Seele.

In die Handlung hineingewoben wurden die Erkenntnisse und geheimen Lehrsätze der erhabenen Bruderschaft der Rosenkreuzer: Perlen uralter Weisheit über eine magisch-mystische Daseins- und Naturlehre, die Geheimnisse um die Herstellung des Steins der Weisen und des unsterblichmachenden Elixiers, sowie über das Mysterium der letzten Dinge an der Grenze menschlichen Verstehens.

Von Edward Bulwer-Lytton wird demnächst im Ansata-Verlag erscheinen:
MARGRAVE
Die seltsame Geschichte eines schwarzen Magiers
(Roman)

Verlagsauslieferung für Deutschland:
Verlag Hermann Bauer KG, Freiburg i. Br.

Patricia Garfield
KREATIV TRÄUMEN

Aus dem Amerikanischen übersetzt, sowie mit einem Index und Anmerkungen versehen von Dr. F. Walter. 280 Seiten, gebunden / Schutzumschlag   35.–

In diesem ausgezeichneten Buch zeigt Ihnen Patricia Garfield, wie Sie Ihre Träume planen und kontrollieren können für ein glücklicheres, sinnerfülltes und von Ängsten befreites Leben. Denn noch heute nacht können Sie kreativ zu träumen beginnen. In dem Ausmaß, wie Sie sich mit Erfolg die Methode des kreativen Träumens aneignen, wird Ihre Konzentration und Ihr Erinnerungsvermögen zunehmen. Sie werden Ihre Alpträume bewußt während des Geschehens bewältigen und überwinden lernen. Sie werden deshalb nie mehr angsterfüllt aufwachen mit dem schrecklichen Gefühl, völlig hilflos und ausgeliefert gewesen zu sein. Mehr noch: Sie werden Ihre errungenen Erfolge in ihrer ganzen Klarheit mit in Ihr Tagesbewußtsein hinübernehmen. Kreatives Träumen läßt Sie herrliche Abenteuer und wunderbare Geistesflüge erleben. Sie können die höchsten sexuellen und erotischen Empfindungen mit dem Partner Ihrer geheimen Wünsche genießen, in verborgenes Wissen alter und neuer Zeiten eindringen und längst vergessene Begebenheiten wieder erinnern. Sie werden sich und Ihre einzigartige Persönlichkeit besser kennen und verstehen lernen. Sie werden Lösungen und Hilfe für alle Ihre Alltagsprobleme finden. Damit werden Ihrem Leben neue Dimensionen verliehen und Ihre kühnsten Träume werden zur wunderbaren Alltagsrealität.

Mit Patricia Garfield lernen Sie, Ihre Traumzeit bewußt und direkt mitzuerleben. Aus ihrem Buch werden Sie lernen, diesen wichtigen Zeitabschnitt glück- und erfolgbringend für Sie arbeiten zu lassen, denn es zeigt einfache und bewährte Methoden kreativen Träumens. Nutzen Sie die leicht zu befolgenden Regeln, und Sie besitzen die Macht der bewußten Traumlenkung, nebst der absoluten Erinnerungsfähigkeit während und nach dem Traum.

Das Buch lehrt Sie, wie Sie ein Traumtagebuch und eine richtige Traumkontrolle durchführen sollen. Es führt Sie in die fantastischen und abenteuerlichen Welten des luziden (leuchtend bewußten) Traumes. Erst wenn die Nacht zum Tag wird, geben Sie Ihrem Leben jene umfassende Bedeutung und inneren Reichtum zurück. Die Nacht beschenkt Sie wieder mit ihren verborgenen Schätzen: Aktivität, schöpferische Ideen, neue Empfindungen und Abenteuer.

Es ist erstaunlich, auch von verschiedenen Traditionen zu hören, welche sich seit jeher damit auseinandergesetzt haben und die mit dem kreativen Träumen gegebenen Chancen zu nutzen wußten. Denn Patricia Garfield bringt eine große Fülle von kulturgeschichtlichem und praktisch verwendbarem Material. Sie zeigt heilende Traumrituale der verschiedensten antiken Völker, luzide Traumexerzitien tibetischer Yogis, die geheimen Traumwelten der nordamerikanischen Indianer, sowie das kreative Traumleben der malayischen Senoi.

Hier ist endlich ein sicherer und gangbarer Weg beschrieben, der Ihre Träume zu einem wesentlichen Teil Ihres Lebens machen kann!

Eliphas Levi
EINWEIHUNGSBRIEFE
in die höhere Magie und Zahlenmystik

Aus dem Französischen übersetzt und mit Anmerkungen versehen von Agnes Klein. 280 Seiten, mit vielen Abbildungen und Figuren im Text. Gebunden / Schutzumschlag 36.–

Der in diesem Buch zum ersten Male vorliegende Briefwechsel mit dem neapolitanischen Baron Nicholas-Joseph Spedalieri ist für jeden esoterisch und okkult interessierten Leser von besonderer Wichtigkeit. Denn, da dieser Briefwechsel nicht für die Öffentlichkeit bestimmt war, konnte Eliphas Levi die bedeutendsten esoterischen Fragen ohne Angst vor Mißbrauch viel tiefer behandeln und klar beantworten.

Die vorliegende Korrespondenz geht auf die Zeit 1861–1863 zurück, als Levi (1816–1875) schon seine Hauptwerke geschrieben hatte und auf eine reiche okkulte, esoterische und magische Erfahrung zurückgreifen konnte.

Auf Grund seiner Berühmtheit wandten sich immer wieder höhergestellte Persönlichkeiten an ihn, die hohe Summen dafür boten, von ihm tiefer in die Mysterien der Magie eingeweiht zu werden. Da Baron Spedalieri, der einem Martinistenorden angehörte, von Levi selbst als einer der fortgeschrittensten Schüler bezeichnet wurde, konnten die wesentlichen esoterischen Fragen in viel präziseren und rigoroseren Formulierungen behandelt werden. Überdies wurden zur völligen Klarstellung genaue Klassifizierungen und Aufstellungen gegeben, die durch ein sehr reichhaltiges Bild- und Symbolmaterial noch weiter ergänzt werden.

Die Korrespondenz, die von Levi als aufbauender »Lehrgang« geplant war, beginnt mit wichtigen esoterischen Grundregeln, die in kritischer Form dargestellt werden. Darauf folgen äußerst detaillierte Studien über die Beziehungen zwischen Zahlen und Buchstaben, sowie den Tarotkarten, wie sie in dieser Klarheit und symbolischen Ausdeutung wohl nirgends sonst bei Levi gefunden werden können. Auch Vertraulichkeiten über die Okkultisten und Magier seiner Zeit, deren Hauptwerke in vielfach schonungsloser oder ironisierender Offenheit besprochen werden, fehlen nicht.

Wohl kein anderes Werk bringt die verborgenen und persönlichen Aspekte dieses berühmten Esoterikers, der oft als Neubegründer der Magie bezeichnet wird, so deutlich zum Ausdruck.

Dion Fortune
SELBSTVERTEIDIGUNG MIT PSI
Methoden der Verteidigung gegen PSI-Angriffe

Aus dem Englischen übersetzt, eingeleitet und mit Anmerkungen und Registern versehen von Agnes Klein. 278 Seiten, mit 1 Zeichnung und 1 Tabelle, gebunden / Schutzumschlag 28.–

Dion Fortune (Violet M. Firth) studierte Psychologie und war später als Psychotherapeutin in England tätig. In einer Nachfolge-Loge des berühmten Hermetischen Ordens Golden Dawn konnte sie ihre großen sensitiven Fähigkeiten fördern und ausbilden. Später gründete sie ihren eigenen Orden »Bruderschaft des Inneren Lichtes«.

In ihrem wohl fundiertesten Buch, das sich mit den Auswirkungen destruktiver Kräfte und Praktiken befaßt, zeigt sie anhand vieler praktischer Beispiele aus ihrem eigenen großen Erfahrungsschatz, wie eine wirksame Befreiung aus der Manipulation der Umwelt und von den Zugriffen unsichtbarer Kräfte möglich ist. Mit einer ungeheuren Energie setzte sie sich für die Opfer okkulter Angriffe bis zum letzten ein und nutzte jede Erfahrung gleich wieder als eine beispielhafte Lehre für andere. Es ist das untrügliche Zeichen einer sehr reifen Seele, daß sie ihre eigenen Erfahrungen nicht für sich behält, sondern als Anschauungsmaterial an ihre bedürftigen Mitmenschen weitergibt, um die vielen Mißbräuche mit psychischen Kräften, aber auch unsere eigenen geheimen Abwehrkräfte klar aufzuzeigen. Große Eingeweihte haben dieses Geheimwissen immer streng gehütet. Genug zu enthüllen, um wirksame Hilfe zu geben, ist das aufrichtige Anliegen dieses praktischen Ratgebers.

Darin werden die verschiedensten PSI-Angriffe, ihre Heimtücke und Gewalt, sowie ihre unheilvollen Wirkungen auf Körper und Seele genauestens analysiert. Es werden aber auch detaillierte Anweisungen gegeben, mit welchen Mitteln solchen Einwirkungen begegnet werden können. Gerade heute, wo gewissenlose Sekten den Drang jedes jungen Menschen nach dem Numinosen ausnutzen und skrupellos wertvolle Seelensubstanz zerstören, kann dieses Buch bahnbrechend wirken und echte Heilmethoden aufzeigen.

Dion Fortune will trotz den unzähligen sonderbaren und unheimlichen Begebenheiten, die sie schildert, nicht nur das Grauen lehren, sondern uns die Augen für die Art und Wirkungsweise der Kräfte öffnen, die unter der Oberfläche des täglichen Lebens am Werk sind. Ihr Buch ist daher unentbehrlich für alle, die sich in irgendeiner Weise mit dem Okkultismus beschäftigen, und ebenso für Psychotherapeuten, denen es hilft, ihre Kenntnisse auf einem Gebiet zu vervollkommnen, mit dem sie wahrscheinlich in ihrer Praxis häufiger konfrontiert werden als sie annehmen.

Agrippa von Nettesheim
(1487–1535)
MAGISCHE WERKE

samt den geheimnisvollen Schriften des Petrus Abano, Pictorius von Villingen, Gerhard von Cremona, Abt Tritheim von Sponheim, dem Buche Arbatel, der sogenannten Heilig-Geist-Kunst und verschiedenen anderen. Nachdruck der berühmten und seltenen Barsdorf-Ausgabe, Berlin 1924. 5 Bücher in zwei Bänden, über 1700 Seiten, mit vielen Abbildungen und Falttafeln. 98.–

Das Werk versucht eine Synthese von Christentum und Magie auf dem Boden der neuplatonischen Mystik. Gott ist der Schöpfer des Alls aus dem Nichts; die Schöpfung ging vor sich aufgrund der Archetypen seines Geistes, die in der Schöpfung nachgebildet erscheinen. Sie gliedert sich in drei Bereiche: in jenen der Elemente, zu welchen als »quinta essentia« der übergeordnete Weltgeist kommt, der auf die anderen einwirkt, dann in jene der himmlischen Gestirne und schließlich in den höchsten der Geister (Engel). Die Namen der Gottheit, der Sephirot der Kabbala, sind gleichsam Ausstrahlungen der göttlichen Macht. Da der Mensch Anteil an allen drei Bereichen hat, kann er geistig in sie eindringen. Dieses höhere Wissen, das, richtig angewendet, zu Gotteserkenntnis führt, ist die Magie; sie versetzt den Menschen in die Lage, sich die geheimen Kräfte der Natur dienstbar zu machen und sie zu beherrschen.

Wir lassen Agrippa für sein Werk selber sprechen:
»Die magische Wissenschaft, der so viele Kräfte zu Gebot stehen, und die eine Fülle der erhabensten Mysterien besitzt, umfaßt die tiefste Betrachtung der verborgenen Dinge, das Wesen, die Macht, die Beschaffenheit, die Kraft und die Kenntnis der ganzen Natur. Sie lehrt uns die Verschiedenheit der Übereinstimmung der Dinge kennen. Daraus folgen ihre wunderbaren Wirkungen, indem sie die verschiedenen Kräfte miteinander vereinigt und überall das entsprechende Untere mit den Gaben und Kräften des Oberen verbindet und vermählt. Die Magier suchen die Kräfte der Elementarwelt nach den Regeln der höheren Magie und der Astrologie mit den Strahlen und Einflüssen der himmlischen Welt zu verbinden. Dann verstärken sie dies alles vermittels heiliger Zeremonien und Rituale durch die Gewalt der verschiedenen geistigen Wesen (Intelligenzen).«

Agrippa's großes Werk, geschrieben an der Schwelle zwischen dem ausgehenden Mittelalter und der beginnenden Neuzeit, ist ein wahres Vermächtnis aller geheimen Lehren vor seiner Zeit: der Antike, Neuplatoniker, Babylonier, Chaldäer, Hebräer und Araber.